世界国别与区域地理研究丛书

秦大河 杜德斌 主编

越南地理

苏盼盼 著

商务印书馆
The Commercial Press

图书在版编目（CIP）数据

越南地理 / 苏盼盼著. —北京：商务印书馆，
2024. —（世界国别与区域地理研究丛书）. — ISBN
978 - 7 - 100 - 24368 - 1

I. K933.3

中国国家版本馆 CIP 数据核字第 2024GL2608 号

权利保留，侵权必究。

世界国别与区域地理研究丛书
越南地理
苏盼盼　著

商　务　印　书　馆　出　版
（北京王府井大街36号　邮政编码100710）
商　务　印　书　馆　发　行
北京启航东方印刷有限公司印刷
ISBN 978 - 7 - 100 - 24368 - 1
审 图 号：GS京（2024）1039 号

2024年10月第1版　　　开本 787×1092　1/16
2024年10月北京第1次印刷　印张 18
定价：138.00元

"世界国别与区域地理研究丛书"总序

地理学作为一门古老的学科,是伴随着人类文明的滥觞一并出现,并随着生产力的进步、社会需求的提高和人类对不同尺度人地系统认识的深化而逐步发展起来的。15—17世纪,欧洲封建社会走向衰落,资本主义生产方式开始兴起,经济发展对原料地和销售市场提出了新的要求,驱动着哥伦布等一批航海家开始向外冒险,从而在人类历史上开启了一段可歌可泣的伟大历程——地理大发现。地理大发现极大地拓展了人类的认知空间,第一次凸显了地理知识的强大威力。有了日益丰富的地理知识的武装,欧洲一些规模较大的大学开始开设专业地理学课程并开展相关的研究,包括地图绘制、航海术和制图学,地理学逐渐走出推测与假说,逐步摆脱对其他学科的依附而成为一门显学。

到了19世纪末,欧洲殖民主义的扩张达到了高潮,地理学被称为"所有宗主国科学中无可争议的皇后",成为西方国家知识领域中不可或缺的部分。在西方殖民扩张过程中,涌现出大批杰出的地理学家,其中包括德国地理学家亚历山大·冯·洪堡(Alexander von Humboldt,1769—1859)。洪堡是19世纪最杰出的科学家之一,他的科学考察足迹遍及西欧、北亚、中亚、南美洲和北美洲,所到之处,高山大川无不登临,奇花异草无不采集。正是源于对世界各地的深入考察,他科学揭示了自然界各种事物间的因果关系,把包括人在内的自然界视为一个统一的、充满内在联系的、永恒运动的整体。洪堡的科学考察活动和学术思想,推动了千百年来纯经验性的地理现象和事实描述向科学规律探索的转变,使得地理学成为一门真正的科学,洪堡也因此被誉为近代地理学的奠基人。

20世纪初,随着各领域科学技术的进步,特别是横贯大陆铁路的出现,以俄国和德国为代表的陆地力量迅速崛起，给以英国为代表的海洋霸权带来巨大冲击和挑战。为警示英国政府，英国地理学家哈尔福德·麦金德（Halford Mackinder，1861—1947）于1904年在英国皇家地理学会宣读了题为"历史的地理枢纽"的论文。在该文中，麦金德首次将世界视为一个整体，从全球海陆结构的视角来考察人类数千年的发展历史，发现亚欧大陆内陆的大片区域构成了人类战争和经济史上最重要的"枢纽地区"（后称"心脏地带"）。麦金德认为：谁统治了东欧，谁就能控制"心脏地带"；谁统治了"心脏地带"，谁就能控制"世界岛"；谁统治了"世界岛"，谁就能控制全世界。

麦金德的"历史的地理枢纽"一文发表10年后，第一次世界大战爆发。大战中，所有参战国较大的地理机构均被各国情报部门利用起来，为军队提供最新的地理信息和地图。大战结束后的巴黎凡尔赛和平会议上，美国地理学家艾赛亚·鲍曼（Isaiah Bowman，1878—1950）、威廉·莫里斯·戴维斯（William Morris Davis，1850—1934）和埃伦·丘吉尔·森普尔（Ellen Churchill Semple，1863—1932），法国地理学家埃马纽埃尔·德·马东（Emmanual de Martonne，1873—1955）及其他主要国家一些地理学家都被邀请作为和谈代表团顾问，参与重绘战后世界政治地图的工作。20年后，第二次世界大战爆发，再次验证了麦金德的预言，也进一步凸显了地理学理论和思想的强大威力。

进入21世纪，新一轮科技革命深入发展，新的全球问题不断涌现，国际力量格局深刻调整，大国博弈持续加剧，世界又一次站在历史的十字路口。面对世界之变、时代之变、历史之变，中国政府提出构建"人类命运共同体"理念和共建"一带一路"倡议，为促进世界和平发展和完善全球治理体系积极贡献中国智慧、提供中国方案。这对新时代中国地理学的发展提出了新的要求，也带来了前所未有的历史机遇，尤其赋予区域国别地理（世界地理）学科新的重大使命。

中国地理学家对于区域国别地理的研究具有悠久的历史。早在20世纪30—40年代，中国人文地理学的奠基人之一胡焕庸先生就曾编写出版了中国第一套区域国别地理（志）著作，包括《法国地志》《俄国地志》《英国地志》《德国地志》《南欧地志》《日本地志》《美国经济地理》等。50—60年代，百废待兴的中华人民共和国，出于了解外部世界的迫切需求，区域国别地理受到高度重视。

1956年，中国科学院外国地理研究组（后更名为世界地理研究室）作为我国第一个区域国别地理研究机构的成立，对推动学科发展具有重要意义。1963年中国地理学会世界地理专业委员会的成立，标志着中国的区域国别地理研究的发展由自发阶段进入有组织化阶段。此后，一批世界区域国别地理研究机构在各高校相继成立，并在研究区域上形成明确的分工，如华东师范大学的西欧北美地理研究室、南京大学的非洲经济地理研究室、暨南大学的东南亚经济地理研究室等。70年代，又陆续成立了北京师范大学的北美地理研究室、东北师范大学的日本和苏联经济地理研究室、华中师范学院的拉丁美洲地理研究室、福建师范大学的东南亚地理研究室等，全国14家出版社还联合翻译、出版了72部（套）区域国别地理著作。80年代，在中国地理学会世界地理专业委员会的组织和协调下，中国地理学家先后完成大型工具书《中国大百科全书·世界地理卷》和《辞海·世界地理分册》、大型专业丛书"世界农业地理丛书"、《世界钢铁工业地理》《世界石油地理》等重大科研项目，为深入了解世界发展、普及世界地理知识做出了重要贡献。但令人遗憾的是，由于种种原因，中国的区域国别地理研究工作并没有随着改革开放的深入发展而持续繁荣，相反自90年代起就日渐衰落，相关研究机构几乎全部关闭或处于名存实亡的状态。直至今天，区域国别地理研究依然面临研究力量薄弱、研究经费不足、研究质量亟待提高的问题。

在此百年未有之大变局下，中国地理学人肩负新的历史使命，应树立更加宽广的世界眼光，赶上时代，引领时代，充分发挥学科优势，在世界文明发展中阐释人与自然生命系统和谐演进的科学机理，为人类命运共同体建设贡献专业智慧、提供专业方案。特别是，要加强对世界区域国别地理研究，让国人读懂世界，同时对外讲好中国故事，让世界读懂中国。

从学科发展的角度看，区域国别地理是地理学的基础性学科。区域是地理要素的集合体，地理学的任何理论成果和规律，只有通过世界性的综合研究和区域性的比较分析才能得以证实；普遍规律和特殊规律，只有放在全球的尺度上，方能理清脉络，分清层次。忽视区域国别地理研究，就会有"只见树木、不见森林"之虞。正如胡焕庸先生所说，地理学研究既要用"显微镜"，横察中国现世；更须用"望远镜"，纵观世界大势。

一直以来，我就倡导中国学者要牢固树立"世界眼光、家国情怀、战略思维、服务社会"的治学价值观。2020年2月，我受邀担任华东师范大学世界地理与地缘战略研究中心主任。四年来，我和杜德斌教授等同人一同发起举办了世界地理大会，启动了"世界国别与区域地理研究丛书"，还分别主编了《中国大百科全书》（第三版）冰冻圈科学卷和世界地理学科卷，围绕共建"一带一路"倡议共同完成了多项研究课题。我们力图通过这些学术活动和项目研究来推动自然地理学与人文地理学的深度融合，促进中国区域国别地理研究的繁荣，使中国地理学更好地服务国家战略，造福世界人民。

"世界国别与区域地理研究丛书"是推进区域国别地理研究发展的一项实质性重大举措，符合时代之需、民族之需和学术之需。此套丛书由华东师范大学世界地理与地缘战略研究中心和商务印书馆共同策划，初步规划对世界主要国家和区域开展地理研究，分期分批出版。丛书以国家为主，区域为辅，力求向读者呈现一个真实立体的世界地理全貌。愿此套丛书的出版能吸引更多有志青年投身到世界区域国别地理的学习和研究中，与国家同频共振！

中国科学院院士

华东师范大学世界地理与地缘战略研究中心主任

秦大河

2024年5月30日

前　言

当前，世界百年未有之大变局加速演进。推进共建"一带一路"倡议和构建"人类命运共同体"成了具有中国特色的新时代国际权力观与全球治理观的"中国方案"。截至2023年，中国已与150多个国家、30多个国际组织签署了共建"一带一路"合作文件，共建"一带一路"也从理念转化为行动，从愿景转变为现实，从谋篇布局的"大写意"落实为精耕细作的"工笔画"。

随着中国日益走近世界舞台中央，中国对外合作交流更加广泛，人员交流更加密集，参与全球治理的深度、广度进一步拓展，全方位对外开放的进程正加速推进。进一步加强区域国别研究，深入了解世界格局变化以及各国家和地区国情民意，动态把握局势变化和最新动向，做到提前谋划预判、知己知彼、精准施策，成为当前区域国别研究亟待解决的重要问题。

在此背景下，中国需要更加细致地"读懂世界"、读懂共建"一带一路"国家和地区，才能为建设"人类命运共同体"奠定坚实基础。

越南是中国的邻国之一，位于东亚地区和东南亚地区交界处，处在中国、印度两个亚洲大国的地缘战略交汇区，也是"21世纪海上丝绸之路"的第一站和"一带一路"建设的前沿地带。历史上，越南曾作为中国的藩国，受到儒家文化的深刻影响，是东南亚地区唯一的以东亚文化为主的国家，这更加巩固了其作为东亚地区与东南亚地区桥梁的角色。地理上，东南亚是太平洋和印度洋、亚洲和大洋洲交汇的"十字中心"，越南位于东南亚腹地，素有"东南亚心脏"之称。近代西方曾把越南作为入侵中国的"跳板"，故越南在亚洲甚至全球地缘政治中扮演着重要角色。

越南是世界上为数不多的社会主义国家之一。作为一个中等规模的国家，其面积在东南亚排名第四，人口规模在东南亚排名第三。该国的国土呈狭长的"S"形，自然条件优越，矿产资源丰富。因地处北回归线以南，属热带季风气候区。北方四季分明，南方分旱季（10月—次年4月）和雨季（5月—9月）。越南拥有亿级的人口规模，是一个相对年轻的群体，但人口结构正逐渐偏离金字塔形状，底部区域开始向内收缩，处于人口红利的末期。

1986年，越南效仿中国的改革开放，开始了本国的革新开放之路，由此打开了经济发展的大门。20世纪90年代以来，越南成为人均GDP增长最快的国家之一，经济发展速度在世界名列前茅，常常位于中国之后，排名第二。越南加入东南亚国家联盟（ASEAN，以下简称"东盟"）、亚太经济合作组织（APEC，以下简称"亚太经合组织"）、世界贸易组织（WTO，以下简称"世贸组织"）等组织，逐渐融入国际社会，深化全球化进程，对外贸易由逆差变为顺差。在几十年的时间里，越南经济呈现出跨越式发展趋势，并从世界上最贫穷的国家之一转变为中低收入国家。

越南是传统的农业国家，拥有南北两个丰沃的平原，即湄公河平原和红河平原，特别是湄公河平原，它是该国的"饭碗"。越南是世界三大稻米出口国之一，也是咖啡、橡胶、腰果、胡椒等世界农产品出口大国。狭长的山脉和漫长的海岸线，赋予了越南林业和渔业发展的自然本底。越南的工业化步伐较为迅猛，加工制造业不仅构成国民经济的物质支撑和产业骨干，还扮演着工业领域的核心角色。目前，越南的全球价值链参与程度处于"有限加工制造"水平。该国的科技水平相对薄弱，与国际科技水平存在较大差距，但政府比较重视科技创新体系的发展。

"一根扁担挑着两个箩筐"是对越南国家比较形象的比喻，这不仅体现在国土形状上，更表现在经济发展上，以河内市为主的红河平原地区和以胡志明市为主的南部东区是拉动该国经济的两大引擎，并成为发展的两个极点，远远超过该国的其他四个地区。该国的六个经济区各具特色，共同塑造着越南独特的经济地理格局。

本书从构思到出版历时近五年，在此期间得到众多良师益友的帮助。感谢丛书主编秦大河院士、杜德斌教授的悉心指导和专业意见，感谢丛书其他作者们的鼓励和支持，感谢商务印书馆郑勇副总编辑、李娟主任及编辑们的细致审校和耐心沟通。正是有了你们的指导与帮助，本书才得以不断完善。

本书章节安排如下：第一章为绪论，主要描述越南的地理位置、历史情况及行政区划，探讨地理位置对越南历史、文化的影响以及对现有行政规划的作用；第二章为自然环境与自然资源，主要分析越南的地形、气候、水文及资源禀赋，讨论其地貌特征、季节变化对生产生活的影响；第三章为人口结构与城镇化，主要讲述越南的人口分布、民族构成、劳动力布局及城镇化发展历程；第四章为革新开放与经济发展，主要探讨越南经济发展结构、对外贸易格局、外国直接投资（FDI）变化及城乡发展；第五章为农业结构与农业生态区，主要阐述越南的农业地理，包括水稻生产格局、农产品出口情况及林业与渔业发展状况；第六章为制造业崛起与高新技术区，主要剖析越南的工业、制造业的演变及科技创新现状，突出越南在全球价值链中的地位；第七章为国土空间结构，主要解析越南的两极经济空间结构、六大经济社会地理区及四大重点经济区，强调地理条件对国土空间结构的影响。通过本书，读者可以了解越南的自然、人文、经济和区域地理，从而更好地理解这个国家的过去、现在和未来。

本书涉及的人口、经济、外贸等数据，大部分来源于越南统计局（General Statistics Office of Vietnam）和世界银行（World Bank），有部分资料来源于越南政府的官方网站，如农业与农村部、自然资源部、交通运输部、计划投资部、工业贸易部等，还有部分资料来源于联合国贸易数据库、联合国粮食及农业组织或世贸组织等国际数据库。

笔者希望通过本书的出版，使读者更深入地了解和读懂越南。本书虽经过数次修改、校对，囿于时间和精力，资料和数据掌握不够全面，书中可能存在不足或疏漏，敬请各位学者、同人批评指正。

目　录

第一章　绪论 ·· 1
　　第一节　地理位置与战略价值 ······························ 1
　　第二节　历史沿革与疆域变迁 ······························ 7
　　第三节　行政区划与交通规划 ······························ 12

第二章　自然环境与自然资源 ···································· 21
　　第一节　地形结构 ·· 21
　　第二节　气候特征 ·· 28
　　第三节　河流水文 ·· 36
　　第四节　自然资源 ·· 47

第三章　人口结构与城镇化 ······································ 63
　　第一节　人口结构与变动 ·································· 63
　　第二节　人口与劳动力分布 ································ 80
　　第三节　多民族与多元文化 ································ 88
　　第四节　城镇化与城市扩张 ································ 99

第四章　革新开放与经济发展 ···································· 114
　　第一节　经济发展进程与现状 ······························ 114
　　第二节　对外经济贸易与联系 ······························ 119
　　第三节　FDI 的时空结构变化 ······························ 131
　　第四节　城乡发展与规划 ·································· 148

第五章　农业结构与农业生态区 ⋯⋯⋯⋯⋯⋯⋯⋯⋯⋯⋯⋯⋯⋯⋯⋯⋯⋯⋯⋯ 154

第一节　世界三大稻米出口国之一 ⋯⋯⋯⋯⋯⋯⋯⋯⋯⋯⋯⋯⋯⋯⋯⋯⋯ 154

第二节　世界农产品出口大国 ⋯⋯⋯⋯⋯⋯⋯⋯⋯⋯⋯⋯⋯⋯⋯⋯⋯⋯⋯ 166

第三节　林业与渔业发展 ⋯⋯⋯⋯⋯⋯⋯⋯⋯⋯⋯⋯⋯⋯⋯⋯⋯⋯⋯⋯⋯ 175

第四节　农业生态区的发展与挑战 ⋯⋯⋯⋯⋯⋯⋯⋯⋯⋯⋯⋯⋯⋯⋯⋯⋯ 188

第六章　制造业崛起与高新技术区 ⋯⋯⋯⋯⋯⋯⋯⋯⋯⋯⋯⋯⋯⋯⋯⋯⋯⋯ 194

第一节　工业发展与演变特征 ⋯⋯⋯⋯⋯⋯⋯⋯⋯⋯⋯⋯⋯⋯⋯⋯⋯⋯⋯ 195

第二节　崛起的加工制造业 ⋯⋯⋯⋯⋯⋯⋯⋯⋯⋯⋯⋯⋯⋯⋯⋯⋯⋯⋯⋯ 206

第三节　科技发展与创新体系 ⋯⋯⋯⋯⋯⋯⋯⋯⋯⋯⋯⋯⋯⋯⋯⋯⋯⋯⋯ 218

第四节　高新技术区分布格局 ⋯⋯⋯⋯⋯⋯⋯⋯⋯⋯⋯⋯⋯⋯⋯⋯⋯⋯⋯ 229

第七章　国土空间结构 ⋯⋯⋯⋯⋯⋯⋯⋯⋯⋯⋯⋯⋯⋯⋯⋯⋯⋯⋯⋯⋯⋯⋯⋯ 235

第一节　两极经济空间结构 ⋯⋯⋯⋯⋯⋯⋯⋯⋯⋯⋯⋯⋯⋯⋯⋯⋯⋯⋯⋯ 236

第二节　六大经济社会地理区 ⋯⋯⋯⋯⋯⋯⋯⋯⋯⋯⋯⋯⋯⋯⋯⋯⋯⋯⋯ 251

第三节　四大重点经济区 ⋯⋯⋯⋯⋯⋯⋯⋯⋯⋯⋯⋯⋯⋯⋯⋯⋯⋯⋯⋯⋯ 264

第一章 绪论

越南，全称越南社会主义共和国（越南语：Cộng hòa Xã hội Chủ nghĩa Việt Nam），是当今世界上的五个社会主义国家之一。该国国土狭长，南北各有一个肥沃的平原，拥有丰富的自然资源和漫长的海岸。越南国土面积在东南亚地区排名第四，人口排名第三，属于中等规模国家。越南共有 54 个民族，以越族为主，多数信仰佛教，是东南亚国家中唯一的以东亚文化为主的国家。越南与中国山水相依，历史上曾作为中国的藩国。虽然后来摆脱法国殖民统治，独立为一个国家，但其处于中国与东南亚相连的地理位置，使得其发展变化时刻与大国博弈相关，这些大国博弈又往往与控制、侵入和遏制中国相关。近现代的越南可谓是饱经战乱，战争使得该国经济受到重创。但是，战后，越南"以中国为师"，革新开放，重整旗鼓，实现了令人瞩目的经济发展，成为亚洲"四小虎"之一，也被誉为世界上最具发展潜力的"展望五国"之首。越南在亚洲乃至全球范围内被认为是新兴经济体之一，经济发展速度世界领先，社会建设日新月异。

第一节 地理位置与战略价值

越南在东南亚陆地上中南半岛的最东边（图 1-1）。它坐落于北半球，在全球最大的大陆——亚欧大陆的东南角和太平洋西岸海域——中国南海的西岸，地处太平洋和印度洋的中间位置。东南亚地区被称为太平洋和印度洋、亚洲和大洋洲交汇的"十字中心"，越南位于东南亚腹地，地理位置优势赋予其众多优良港口和发达航道，因此被誉为"东南亚心脏"，具有极为重要的区位和战略地位。

图 1-1 越南的区位

越南国土呈狭长的"S"形，从北部的河江省一直延伸至南部的金瓯省，南北最长处约 1 650 千米，而东西方向上最窄处仅 50 千米。陆地面积约 32.90 万平方千米。越南北部与中国广西、云南接壤，其中越陆地边界线长 1 347 千米[①]；西部与老挝、柬埔寨交界；东部和东南濒临中国南海。这种地理位置使得越南与邻国之间拥有众多天然通道，方便互通有无。越南国土的狭长形状和地理位

---

① 商务部国际贸易经济合作研究院、中国驻越南大使馆经济商务处、商务部对外投资和经济合作司：《对外投资合作国别（地区）指南——越南》，2022 年。

置的特殊性对其自然资源、经济交流与人文交往产生重要影响，使其成为独特而具有战略意义的国家。

一、东亚与东南亚地区的交界点

中南半岛是亚洲三大半岛之一。它位于亚洲大陆东南部，处于亚洲与大洋洲、太平洋与印度洋的交汇处，是中国和南亚次大陆之间的重要区位。它南濒马六甲海峡和新加坡海峡，北接中国广西、云南、西藏，东临南海，西濒孟加拉湾和安达曼海，扼控太平洋和印度洋间的海上交通要冲。虽然越南的国土面积在全球范围内并不大，但在中南半岛却是地位显著的大国。作为中南半岛的一部分，越南位于东部，被誉为该半岛的"前沿屏障"和"重要门户"。中南半岛地理位置的独特性使其成为亚洲重要的战略交汇点和地缘要冲。越南作为中南半岛的重要一员，地理位置优越，为其在区域经济合作、外交事务和安全合作等方面发挥重要作用提供了有利条件。

南海被誉为"亚洲地中海"，其地理位置和资源丰富性使得该区域涉及多个国家的利益。作为南海沿岸国家，为了维护自己在南海的利益诉求，越南采取了"大国平衡、小国捆绑"的策略，即在中国、美国、俄罗斯等国家间寻求平衡，与东南亚小国家联合起来共同在南海争端中发挥影响力。这使得南海地区局势更加复杂，也为越南在地区地缘体系中争取到了一定的地缘优势。越南在南海问题上的立场和行动，对于南海局势的发展和地区稳定产生着重要影响。

地理位置在很大程度上决定了一个国家或地区的战略价值和地缘政治重要性。美国地缘战略学家斯皮克曼认为："谁支配着边缘地区，谁就控制亚欧大陆；谁支配亚欧大陆，谁就掌握世界的命运。"索尔·科恩认为东南亚是世界上两个"破碎地带"中的一个，而越南正位于此。东南亚地区作为一个"边缘地带"，在全球地缘格局中扮演着重要的角色，而越南则是该地区中一个海洋与大陆两大地缘体系交接的狭长"边缘地带"。

边缘地带通常是海洋、大陆体系相交的区域，因此往往容易发生利益纷争和地缘冲突。这些地区常常成为战略关键地域，吸引各国在政治、经济和军事方面的竞争。在海上势力和陆上势力的冲突中，边缘地带发挥着一个广大缓冲地带的作用,成为制衡的重要区域。

越南背靠中南半岛,面向中国南海,作为东南亚地区的边缘地带,地理位置决定了其在地缘政治中的重要地位。这使得越南在东南亚地缘体系中具有重要的双重功能,既在海上势力和陆上势力的冲突中起到制衡的作用,又成为地区各国角力的中心。越南地理位置的特殊性使其成为连接东亚、东南亚和南亚的重要纽带。其与亚洲的地缘联系和与世界其他地区的海上联系共同塑造了越南的历史,而这种区位优势将继续在各方面发挥重要作用。

在政治地理学上,越南有着重要的战略地位。历史上,越南一直是多个大国竞争的焦点,其地理位置使其成为中南半岛和东南亚地区的关键节点。19世纪,法国殖民者将越南视为"东南亚的锁钥",首先侵占越南并以此为基地对整个中南半岛进行殖民掠夺,还把越南作为侵略中国大陆的跳板,由此进窥中国西南边疆。二战期间,日本占领了越南,将其作为战略要地,进而对东南亚各国发动侵略战争。二战后,越南成为美国发动越南战争的主要战场之一。美国对越南的干预是为了阻止共产主义革命运动在东南亚地区蔓延,认为越南的"失守"将威胁到"自由世界"的利益。一些西方理论家将越南视为中国大陆与东南亚之间的"垫板",意指越南在地理上扮演着连接中国大陆和东南亚的纽带,地理位置使得越南在两大地缘体系之间具有重要的过渡和交流作用。这决定了越南在国际政治中具有重要影响力,该国将继续影响着该地区的安全和稳定,并成为大国博弈的焦点之一。

越南作为中南半岛国家,是中国西南地区进入中南半岛国家的重要陆路前沿地区之一,也是老挝、泰国、缅甸等国家通向中国的重要出海通道。因此,在中国-东盟自由贸易区和大湄公河次区域合作中,越南发挥着重要的角色。它在中国-中南半岛经济走廊和"21世纪海上丝绸之路"中是关键节点,也是"一带一路"建设的前沿地带。

越南的地理位置使其在中国和东盟合作中具有战略地位与重要影响力。它作为中国与东盟国家的交汇点,为地区经济合作和贸易交流提供了便利,也促进了区域一体化和互联互通。作为桥梁,越南能够加强中国和东盟国家之间的合作与对话,推动共同发展,实现共赢。中越从古至今有着千丝万缕的联系,在政治、文化上有着互通互信的基础。这使得越南在中国-东盟合作中具有特殊的区位优势。

二、亚洲大国的地缘战略交汇区

中国和印度作为亚洲的两个大国，拥有世界上最多的人口数量。根据世界银行的统计数据，截至 2019 年，中国人口 13.98 亿，印度人口 13.66 亿，两国总人口占全球人口总数的约 36%。作为亚洲唯二的"金砖国家"，中国和印度在经济发展方面展现出显著的实力与潜力。它们都是世界上增长最快的经济体之一，被认为是亚洲经济发展的引领力量。两国的经济规模庞大，对全球经济增长和发展都具有重要影响。

中国经济自改革开放以来实现了长期高速增长，已经成为世界第二大经济体。中国在制造业、科技创新、基础设施建设等领域取得了世界瞩目的成就，在国际贸易和全球产业链中有着重要地位。印度也是亚洲重要的经济体，其经济增长率长期保持在相对高水平。印度在信息技术、服务业、农业等领域有着突出的表现，成为全球软件和服务外包的重要中心。中国和印度作为亚洲的两大经济强国，共同推动了亚洲地区的经济繁荣和发展，它们的合作与发展持续对亚洲乃至全球经济产生重要影响。

中国和印度作为亚洲大陆上的两个重要大国，在政治、经济、军事等方面都拥有显著的影响力。它们的发展对周边国家产生重大影响，导致了亚洲地缘政治体系的变化。中国和印度在全球政治与经济舞台上的崛起，使得它们成为国际事务中不可忽视的重要参与者。同时，它们在周边地区的影响力也日益增强，特别是对中南半岛国家来说，中国和印度的崛起带来了新的地缘政治挑战。

在不均衡的地缘政治力量关系结构中，周边国家与大国接近常常意味着面临更多的挑战。越南地处中国和印度之间，决定了其在地缘政治中的特殊地位，使得其在中国和印度的竞争中面临复杂的外交挑战。

越南地处东南亚地区，由于其地理位置和历史背景，受到了多元文化力量的熏陶和影响，其中中国和印度文化也最为显著。

中国与越南山水相连，自古以来就是友好邻邦。越南的东部和南部被南海环抱，与中国雷州半岛和海南岛隔北部湾相望。越南的北部与中国云南、广西接壤，边界线上大部分地区是崇山峻岭和低缓岗丘。红河、沱江（黑水河）和明江等河流形成峡谷，尽管有几处陡崖峭壁，但谷地宽而浅，山间多洼地和干湖盆，交通相对便利。在中越边界地区，有两个重要的天然通道口：一个在中国广西的友谊关与越南的谅山之间；另一个在中国云南的河口与越南的老街之间。这两个通道自古以来就是中越人民频繁交往的天然通途，架起了两国人民友谊的桥梁，促进了两国之间的经济、文化交流。

在古代，越南很长一段时间都是中国的藩国，受中国的影响较深。两国之间无论是官方还是民间都有着紧密的联系。越南文化大部分受到东亚文化的影响，汉语语音和词汇在现代越南语中仍有保留。此外，越南在宗教、民间信仰、民俗、饮食、节气等方面也受到中国文化的影响，留下了一定的中国印记。

近代以来，中越两国在抗美援越战争中结成了深厚的革命友谊，使得两国关系更加紧密。目前，中越两国之间已发展为全面战略合作伙伴关系，保持着千丝万缕的联系。双方在政治、经济、文化等方面开展了广泛合作，共同维护着地区和世界的和平与稳定。

这种历史和现实的联系，使得中越两国之间形成了深厚的情感纽带和战略合作伙伴关系。中越两国共同继承和发扬了双方的历史文化传统，在共同发展繁荣的道路上继续携手前进。

越南中南部地区受到南亚文化的熏陶，在越南文化中留下了烙印。许多国外研究者认为，东南亚地区是受到中国和印度双重影响的区域，越南作为东南亚国家，自然也受到这两大文化力量的影响。这种影响不仅表现在文化方面，还体现在经济、政治、社会等各个领域。

与中国的关系是越南外交中的一个重要方面。中国和越南于 1950 年建交，尽管两国关系经历过波折，但在 1991 年双方就"结束过去，开辟未来"达成共识，中越关系随后恢复正常并深入发展。双方的高层互访频繁，建立了一定的社会合作基础，两国之间的合作在经济、文化等领域都有所增强。然而，南海问题仍然是中越关系发展的一个潜在障碍。

越南和印度 1972 年建交，建交以来两国关系不断发展并在多个领域取得了进展。印度对越南的友好立场可以追溯到苏联时期，也源于反对西方帝国主义的共同意识形态。20 世纪 90 年代，印度推出"东向政策"，将越南视为该政策的重要对象之一。此后,两国之间的高层交往频繁并建立了紧密的战略伙伴关系。越南对印度开放港口提供维修服务,使印度海军能够接近中国海军基地,同时印度也帮助越南升级战机和提升海军战斗力,这些举动显示了两国在防止中国在南海地区"一家独大"方面的共同关切。

综上所述,越南在地理上属于中国和印度的地缘战略交界区与缓冲区,在文化上属于中国和印度的文化磁场交汇区。

第二节 历史沿革与疆域变迁

越南狭长的国土形状,平时不利于国内交往,战时也易被敌方切割而难以防御。

越南的版图形状如此狭长,既是历史扩张的产物,又有自然地形的原因。10—18世纪,越南用800年的时间塑造了自身的国土形状。10世纪左右,越南领土面积只有现在的1/4左右。因其东边是大海,北方是强大的中国,向西和向南就成为越南领土扩张的主要方向。向西有着天然屏障——长山山脉,造成地理上的不便利。因此,南进成了越南的主要目标。那时南边和越南接壤的是占城(又称占婆)国,占城国灭亡后,越南便和南方的真腊国(柬埔寨)接壤。现在越南最南部的湄公河三角洲,原本是属于真腊国的领土。越南趁着柬埔寨王室内斗的机会,屡次蚕食该地区,使该地最终变成了越南的土地。历史上,越南曾进行过西部扩张,向西跨过长山山脉,吞并了老挝大片领土。据越南古代史书记载,自李朝到陈朝的300多年间,越南对老挝发起的规模较大的征伐战争就达13次。到近现代,英法等国又对东南亚进行了殖民统治,才逐渐形成越南现在的疆域。

纵览越南4 000多年的历史,发现其国土形状、面积随着历史车轮的滚滚前进而呈现不同的变化,而"南进"一直贯穿于越南的发展长河中,其发展历史主要分为以下五个阶段。

一、史前时期

越南是一个历史悠久的国家。早在远古时代，这里就已有人类活动的痕迹。人们用石器或动物骨头做成工具，在红河、泸江、马江沿岸和其他地方都曾发掘出类似的石器或骨器。到中石器时期及新石器时期，北部地区出现过数种文化遗址，如"和平文化"（和平省）、"北山文化"（谅山省北山）等，先民利用石器、竹木器、陶器等物品，从事狩猎与采集。慢慢地，越南原始民族开始使用铜和铁来制造工具，奴隶占有制社会开始出现。在原始公社中，部落、氏族之间经常发生战争，代表每一个部落的人称为蒲政，代表氏族的称为貉将或貉侯，代表部族的称为貉王。越南历史上最早的部族是交郎部族。

古代越南北部属于百越中的雒越之地。根据越南的神话传说，越南最早的王朝是鸿庞氏。鸿庞氏首位君主禄续，是神农氏的后代，获封为"泾阳王"，治理南方，号"赤鬼国"。泾阳王娶洞庭君龙王之女，生下貉龙君（名崇缆）。越南人称貉龙君为"百越之祖"，而其长子则称为"雄王"（又作骆王、雒王），继承王位，建立文郎国，历18代，共2 000多年。因此，越南人自称是"雄王子孙"或"仙龙后代"。公元前257年，蜀国末代王子蜀泮率领其族民，灭文郎国，建立瓯雒国，并自称为安阳王。传说中的文郎国和瓯雒国是越南古代国家的雏形。

二、郡县时期

秦始皇在统一六国之后的公元前207年，派大军越过岭南占领今日的广西、广东、福建，征服当地的百越诸部族，秦朝在这一带大量移民并设立了三个郡，其中越南北部（即骆越）归属于象郡。秦朝灭亡后，汉朝继起，秦朝的南海尉赵佗自立为南越武王，越南中北部成为南越国的一部分。公元前111年，汉武帝灭南越国，并在越南北部和中部设立了交趾、九真、日南三郡。在之后长达1 000多年的时间里，今越南中北部一直是中国各朝代（汉朝、东吴、晋朝、南朝、隋朝、唐朝、南汉）的直属领土，历史上将这一时期称为"北属时期"或

"郡县时代"。

三、自主时期

10世纪,中国进入五代十国时期,越南(当时叫安南)利用中国当时四分五裂的局面,摆脱了中国的控制。公元939年,吴权击败中国南汉并称王,史称前吴王,建立吴朝。但吴权只是称王没有建立国号,而且未能有效统治越南北部。直至968年丁朝建立,越南(交趾)才正式独立。北属时期之后,越南成为中国的藩属国,并且未脱离中华文化的影响,使用汉字并效仿古代中国的政治制度,建立了多个封建王朝。968年,丁部领(丁先皇)以武力征服境内的割据势力,建立丁朝,定国为大瞿越国,这是越南历史上第一个正式国号。

10世纪,越南的对外政策有两个:对于北方宋朝这样大的封建国家实施臣服的政策,而对于南方占城这样弱小的封建国家则要其臣服于自己。1010年李公蕴建立李朝,1054年改国号为"大越",越南开始进入民族封建制度巩固阶段。李朝向宋朝进贡,对南方的占城则开始强迫对方进贡并侵占占城的土地。1020年,李公蕴派军攻打占城,占城请求臣服李朝。1061年,占城停止纳贡,李朝活擒占城王,占城将布政、麻令、地哩三州(今日的广平、广治北部)作为交换赎身,越南的版图扩张到广平、广治一带。

13世纪末至14世纪初,当时的统治王朝陈朝与哀牢(古代老挝)之间也经常发生战争。1335年,陈朝攻打哀牢,哀牢开始臣服陈朝。对于南方占城,越南也一直图谋逐步深入。1397年,陈朝将这两个地方改名为顺州和化州,即今日的顺化省。1402年,越南直捣占洞(广南)和古垒洞(广义)并打败占城军,越南的版图扩展到广南和广义。

1471年,越南当时的后黎朝灭占城国并将其分裂为三个国家,还占领了关槃、太占、古垒,把这三个地方并入大越的广南道并组成三府、九县,由黎朝官吏进行治理,疆土逐渐向南扩张。1527年,莫登庸篡夺后黎朝,建立莫朝。1531年,后黎朝在郑、阮两大家族的支持下复辟(又称中兴黎朝),与莫朝对峙,越南开始进入200多年的南北分裂时期。1592年,后黎朝灭莫朝,名义上统一全国,但越南继续分裂,北部由郑氏家族控制,南部则由阮氏家族控制,两大家族不断发生战争，史称"郑阮纷争"。1611年，阮潢占领了今日的富安一带；1653年，阮氏家族进一步侵占到藩朗河并攻略今日的庆河一带；1693年，侵占到藩里一带；1698年，阮氏家族出兵吞并下高棉（今湄公河三角洲），奠定了当代越南的版图；之后，阮氏军队又扩张到今日的永隆、新安一带，由此开始，阮氏占据和控制了今日越南的整个南部地区。

1771年，阮文惠三兄弟先后灭阮、郑，统一全国，建立西山朝。1802年，原阮氏家族的后代阮福映在法国支持下灭西山朝，建立阮朝（1802—1945年）。次年阮福映遣使宗主国中国，请求改国号为"南越"，最终嘉庆皇帝下赐国号"越南"，并册封阮福映为"越南国王"。这就是越南国名的由来。

17世纪初到18世纪下半叶的百余年中，越南阮朝使用多种手段将水真腊国（下柬埔寨）蚕食殆尽，使得真腊国全面越南化，并从政治、经济、文化、军事等各方面采取措施促使这一过程的加速。虽然柬埔寨人民奋起反抗，但终究不敌阮朝。而后若干年，越南又几乎吞并了陆真腊，蚕食至与暹罗毗连之地。

四、殖民共和时期

19世纪中叶以后，法国开始侵略越南，清朝作为宗主国派兵抵抗。1862年，越南被迫签下第一次《西贡条约》；1874年，越法签订第二次《西贡条约》，法国取得越南南方六省的领土，几乎将湄公河最富庶的领土全部纳入其统治范围，并将该领土称为交趾支那。1885年，中法战争结束，清政府与法国签订《中法新约》，放弃了对越南的宗主权。越南沦为法国殖民地，阮朝名存实亡，法国的印度支那联邦总督驻扎西贡。二战前，中南半岛（印度支那）分为五个政治单位：安南帝国、柬埔寨王国、交趾支那、东京[①]、寮国。

1945年9月2日，胡志明领导的越盟（即后来的越南共产党）在越南北方的河内宣布独立，胡志明发表《独立宣言》，宣布越南民主共和国成立（即"北越"）。1954年，北越与法国之间的奠边府战役打响，后以北越胜利而结束。

---

① 此东京并非日本首都东京，而是越南的一部分。

越南取得"奠边府大捷"后，有关结束越南、老挝、柬埔寨战争的印度支那问题的《日内瓦协议》得以签署。

1955年，美国撕毁《日内瓦协议》，取代法国在越南南方的地位，吴廷琰在美国支持下发动政变，建立越南共和国（即"南越"）。1961年，越南战争爆发，美国与韩国、菲律宾、泰国、澳大利亚、新西兰等国组成联军，介入了这场战争。1973年《巴黎协定》签订，美国承认越南民主共和国在国际上的法律地位，退出越南战争；同年3月，从越南南方（越南共和国）撤出全部军队及其同盟者军队和军事人员。1976年7月，越南南北宣布统一为"越南社会主义共和国"。

五、统一后至今

1979年，柬埔寨红色高棉统治残暴，国内民怨沸腾，越南趁机大举入侵柬埔寨，将以波尔布特为首的红色高棉赶出城市，扶植韩桑林政权。同时，越南南方发生了大规模排华暴乱，大肆驱赶在越华侨并不断侵占中国边境领土以及中国南沙群岛的部分岛礁，中国于1979年进行了对越自卫反击战，中越关系一度恶化。1986年越南实行革新开放，对外调整与中国及东盟邻国的关系，对内进行经济体制改革，使越南走上发展之路。1995年，越南加入东盟；2019年，联合国大会选举越南等五国为2020年和2021年安理会非常任理事国。

纵观越南的国家成长历程，古代交趾人的居住区，约处于红河流域的左右岸地区；随着吴、丁、前黎朝的崛起，越南的管辖区扩展到今北部的平原地区以及清化、义安地区；到李朝初年，越南北部与中国接壤，南部以衡山（今义安、河静省内）为界与占城接壤，其后便开启了对邻国的寇边、蚕食和占领。历史上的越南在不同时期都经历了边疆的变动和领土的扩张。在对外政策中，越南对周边大国，主动要求臣服或者进贡；对于周边弱小国家，又强迫他国臣服于自己，侵略并扩张自己的领土。越南的封建政权只要有所安定和巩固，即实行"北犯、南进、西掠"的政策。直到19世纪初期，越南的疆界到达前所未有的领域。到了近代，越南又是被殖民的"受害者"和发动战争的"侵略者"。从历史到现代，越南的地缘战略思想可谓始终如一，这种"内帝外臣"的战略使得越南的历史进程就是努力摆脱北方强大邻居的影响，在东南亚不断开疆拓土的过程，这一战略奠定了越南今日的国土与版图，也是越南今日狭长"S"形国土形成的原因。

第三节 行政区划与交通规划

一、行政区划

行政区划是国家为了实现政权统治和有效管理而采取的一种政治手段。根据越南国家宪法颁布的《地方政府组织法》，全国的行政单位主要包括：①中央直辖市和省级行政单位（简称"省级单位"）；②省辖县、区、市和中央直辖市辖区（简称"县级单位"）；③村、街道、镇（简称"乡级单位"）；④特别行政经济单位[①]。这些行政单元构成了越南行政管理体系的基本构成部分（图1-2）。目前，越南拥有58个省和5个中央直辖市、713个县级单位以及11 162个乡级单位。

作为一个单一制国家，越南划分为省、中央直辖市；省份划分为县、镇和属于省份的市；中央直辖市划分为区、县、镇和等同于行政区的行政单位；县划分为乡、镇；属于省份的镇、市划分为街道和乡；区划分为街道。国会成立特别行政经济单位。

越南设有两个重要的中央直辖市，即河内市和胡志明市。这两个中央直辖市因其巨大的经济规模而被归类为"特殊城市"，在国家政治经济中扮演关键角色；另外还有三个次要的二级城市也属于中央直辖市，分别是海防、岘港和芹苴（按人口规模降序排列）。在越南，通常用"城市"一词来指代中央直辖市或省会城市。

在行政上，除了五个中央直辖市具有复合区的地位外，其他所有城市均作

---

① 特别行政经济单位是属于省份的行政单位，由国会决定设立，具有特殊的经济社会发展机制和政策，拥有简化的地方政府和附属机构，保证有效和高效地运作。因其特殊性，一般不列入常规的行政区划，故图1-2中不作考虑。

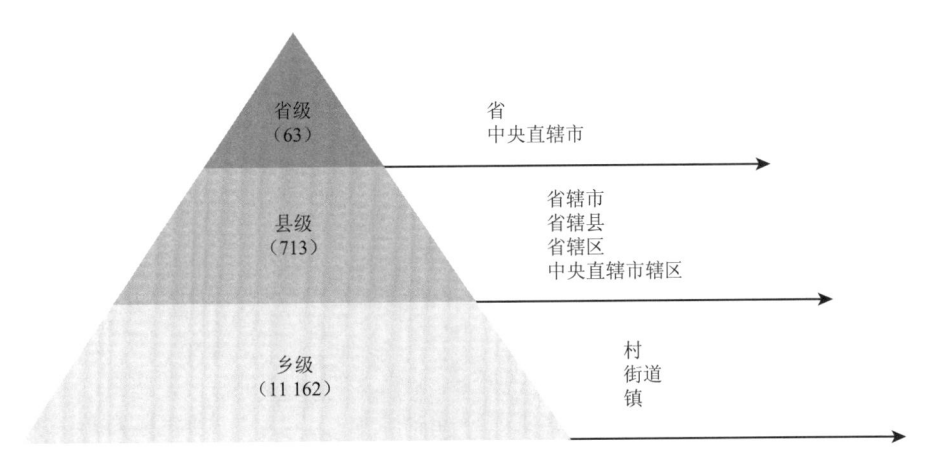

图 1-2　越南的行政结构

资料来源：World Bank Group. Vietnam's Urbanization at a Crossroads: Embarking on an Efficient, Inclusive, and Resilient Pathway. 2020-11-01. https://openknowledge.worldbank.org/entities/publication/71d15ebb-cc88-570b-a497-9ab98e52e983.

为单一行政单位存在。所有省会城市都适用这一原则，它们下面不会再划分出其他区级行政单位。

越南按地域划分为 8 个大区[①]：①红河平原地区（包括 11 个省、直辖市），面积 1.49 万平方千米；②东北地区（包括 11 个省），面积 6.40 万平方千米；③西北地区（包括 4 个省），面积 3.75 万平方千米；④中部北区（包括 6 个省），面积 5.16 万平方千米；⑤中部南沿海地区（包括 6 个省、直辖市），面积 3.32 万平方千米；⑥西原地区（包括 5 个省），面积 5.47 万平方千米；⑦南部东区（包括 8 个省、直辖市），面积 3.48 万平方千米；⑧湄公河（九龙江）平原地区（包括 13 个省、直辖市），面积 4.06 万平方千米。

但越南统计局根据地理环境、经济发展水平及文化特征，将全国划为六大经济社会地理区（表 1-1、图 1-3）。本书基于统计数据计算的方便和需要，也按照六个经济社会地理区来分析越南的经济社会情况。

[①] 商务部国际贸易经济合作研究院、中国驻越南大使馆经济商务处、商务部对外投资和经济合作司：《对外投资合作国别（地区）指南——越南》，2022 年。

表 1-1 越南的六大经济社会地理区

地区	省份	辖区	省会	地区	省份	辖区	省会
北部边境和山区（14省）	河江省	1市10县	河江市	中北部和中部沿海地区（14省市）	清化省	2市1镇24县	清化市
	高平省	1市12县	高平市		义安省	1市3镇17县	荣市市
	北𣴓省	1市7县	北𣴓市		河静省	1市2镇10县	河静市
	宣光省	1市6县	宣光市		广平省	1市1镇6县	洞海市
	老街省	1市8县	老街市		广治省	1市1镇8县	东河市
	安沛省	1市1镇7县	安沛市		承天-顺化省	1市8县	顺化市
	太原省	2市1镇6县	太原市		广南省	2市1镇15县	三岐市
	谅山省	1市10县	谅山市		广义省	1市13县	广义市
	北江省	1市9县	北江市		平定省	1市1镇9县	归仁市
	富寿省	1市1镇11县	越池市		富安省	1市1镇7县	绥和市
	奠边省	1市1镇8县	奠边府市		庆和省	2市1镇5县	芽庄市
	莱州省	1市7县	莱州市		宁顺省	1市6县	藩朗-塔占市
	山萝省	1市11县	山萝市		平顺省	1市1镇8县	藩切市
	和平省	1市10县	和平市		岘港市		
红河平原地区（11省市）	永福省	2市7县	永安市	西原地区（5省）	昆嵩省	1市9县	昆嵩市
	北宁省	1市1镇6县	北宁市		嘉莱省	1市2镇14县	波来古市
	广宁省	4市2镇8县	下龙市		多乐省	1市1镇13县	邦美蜀市
	海阳省	2市1镇9县	海阳市		达农省	1镇7县	嘉义镇
	兴安省	1市1镇8县	兴安市		林同省	2市10县	大叻市
	太平省	1市7县	太平市	湄公河平原地区（13省市）	隆安省	1市1镇13县	新安市
	河南省	1市5县	府里市		前江省	1市2镇8县	美湫市
	南定省	1市9县	南定市		槟知省	1市8县	槟知市
	宁平省	2市6县	宁平市		茶荣省	1市1镇7县	茶荣市
	河内市				永隆省	1市6县	永隆市
	海防市				同塔省	2市1镇9县	高岭市
南部东区（6省市）	平福省	1市2镇8县	同帅市		安江省	2市1镇8县	龙川市
	西宁省	1市8县	西宁市		建江省	2市13县	迪石市
	平阳省	1市4镇4县	土龙木市		后江省	1市1镇5县	渭清市
	同奈省	2市9县	边和市		朔庄省	1市2镇8县	朔庄市
	巴地-头顿省	2市1镇5县	头顿市		薄寮省	1市1镇5县	薄寮市
	胡志明市				金瓯省	1市8县	金瓯市
					芹苴市		

资料来源：越南历年统计年鉴中对各省市的区域划分，http://www.gso.gov.vn/。

图 1-3　越南的行政区划

越南国土面积相对较小，其行政区划在规模上与中国存在差异。在越南的行政区划中，省与中国的地级市相对应，县与中国的镇相对应。此外，越南的市、镇、区、县在同一级别内，这与中国的行政区划结构不同。另一个显著特点是，许多越南省会城市与省份名字相同。

越南的国土面积比我国的云南省还要小一些，却划分出 63 个省级行政区，主要受以下因素影响：

第一,历史因素,受法国殖民时期的行政地域管理体制影响。法国接管越南后,将印度支那联邦总督设在西贡,并依照法国的行政管理体制建立了越南的行政框架,划分该国为 8 个大区,一级行政区包括 58 个省和 5 个直辖市,二级行政区包括 74 个市、41 个镇、508 个县。因此,越南的省级行政划分较小,是受到法国殖民历史影响的结果。

第二,将行政区划小有利于维护国家稳定。在历史上,越南的南北部长期处于分离状态。直到 18 世纪中期,越南基本实现南北统一。如今,越南的政治中心位于北部的河内市,经济中心则位于南部的胡志明市(西贡)。越南的领土狭长,南北差异较大,若将国土划分为几个大区,可能会导致地方割据和分裂,因此,将领土划分为 63 个省级行政区,每个区域规模较小,有助于加强中央对地方的管理。

第三,扁平化行政管理体系有利于降低行政成本,提高行政效率。越南的地方行政体系只有两级,相对于中国的四级行政体系,具有一定的优势。首先,这种简化的行政体系可以减少政府机构的设置数量,从而降低政府的开支成本;其次,这种结构可以实现扁平化管理,有助于提高行政运行的效率。

二、交通规划

在越南,公路运输是主要的运输方式,国道、省道和高速公路构成了主要的公路交通网络。截至 2019 年底,这三类公路的总里程约为 47 000 千米,其中国道 17 300 千米,省道 27 700 千米,高速公路 2 000 千米。2019 年,越南的公路系统为经济发展和人口流动提供了重要支持,公路运输服务了约 51.4 亿人次的旅客,同比增长 11.2%;同时,公路运输货物达到了约 16.84 亿吨,同比增长 9.7%。[①]

目前,越南正计划建设和规划中的高速公路数量超过 40 条,总里程达到 6 313 千米,这些项目划分为五个不同的路网:①南北高速路网,包括两条线

---

① 亚洲开发银行使用美国国家海洋和大气管理局提供的夜间灯光图像(2017 年 4 月 1 日和 2018 年 8 月 10 日访问)、美国橡树岭国家实验室 LandScan 数据集提供的网格人口数据(2017 年 8 月 31 日和 2018 年 8 月 31 日访问)所做的估计。

路，全长 3 621 千米，其中东线长 1 753 千米，西线长 1 868 千米，连接南部和北部；②北部高速路网，包括六条线路，与首都河内市相连，总长 1 074 千米，为北部地区提供高速公路交通连接；③中部和西部地区高速路网，包括四条线路，总长 524 千米，连接中部和西部地区；④南部高速路网，包括八条线路，总长 1 094 千米，为南部地区提供高速公路交通。其中，河内市和胡志明市环城高速路网，包括三条线路，其中河内市三环线长 56 千米、四环线长 136 千米，胡志明市三环线长 83 千米。此外，河内市五环线和胡志明市四环线的建设也在计划中，主要目的是连接这两个城市的周边卫星城。尽管该国地形狭长，但完善的公路网络将所有城市紧密地连接在一起，形成城市系统。

2022 年，越南全国铁路网总里程 3 315 千米，其中主要干线里程 2 646.9 千米，车站线路及支线 515.46 千米，还包括一些其他线路。这些铁路路线涵盖了不同的轨宽，主要以 1 米轨为主（占总长度的 85%），其余为标准轨和 1435 级套轨。其中，河内市到胡志明市的统一线路全长 1 726 千米，经过三次提速后，全线行程约 29 小时。然而，2019 年，越南铁路运输的旅客数量为 800 万人次，同比下降了 6.9%；货物运输量为 520 万吨，同比下降了 9.1%；2020 年，铁路客运量比上年下降 54%，营业额下降 52.2%；2021 年，客运量比上年下降 62.6%，营业额下降 57.6%；2022 年，新冠疫情得到控制，铁路客运活动开始恢复（与上年相比，客运量增长了 3.2 倍，货运量增长了 2.5 倍），但与疫情暴发前的 2019 年相比，仅分别达到 2019 年客运量的 55% 和货运量的 51% 的水平。

随着廉价航空和高速公路的迅猛发展，越南的铁路运输业正面临一系列困境，如运行速度较慢、设施陈旧以及竞争力不足等问题，导致其逐渐被边缘化。当前，越南铁路运输的客运量仅占全国旅客交通运输总量的不足 1%，乘坐火车成为人们的最后选择。鉴于这种情况，越南已经意识到了铁路运输业面临的挑战，并制定了相应的规划和举措。根据《至 2020 年铁路发展规划》，未来越南将重点发展城市铁路交通，并加强城市内与郊区之间的铁路运输连接。其中，优先考虑对河内市到胡志明市的铁路线进行改造和升级，以提升其运营效率和服务质量。

在越南，南方的湄公河平原部分省市已于 2017 年启动了胡志明市至芹苴市的快速铁路可行性研究，并成立了跨省（市）部联合工作组来推进该项目。该举措旨在加快与中国铁路的连通，进而打通通往中东和欧洲的铁路通道。2018年4月，越南交通运输部组织召开了专家研究会，探讨了建设海防-河内-老街391千米标准轨电气化铁路线的可行性。该铁路线的客车设计运行速度将达到160千米/小时。

在经过调整后的铁路发展规划中，越南计划在2050年之前分段建设连接河内市和胡志明市的南北高速铁路，跨越20个省市，总里程1 559千米。该高速铁路的设计时速为350千米，运行时速为320千米。

2022年，越南共有22个航空港正在运营，其中包括10个国际航空港。总运营能力达到每年9 500万人次。河内市内排机场和胡志明市新山一国际机场是越南规模最大的两个枢纽航空港，均符合4E标准（ICAO标准）。越南的民航业拥有3家本土航空公司，2019年共运送旅客约5 530万人次，同比增长11.3%；航班正点率达到86.9%，高于全球平均水平。

除了越南的3家本土航空公司外，还有来自25个国家的68家外国航空公司经营着越南的国际航线。这些航空公司已经开通了连接越南国内20多个城市以及包括中国、韩国、日本、美国、泰国、马来西亚、俄罗斯、德国、澳大利亚、法国、英国、印度等28个国家的130多条航线。

越南管理和开发的内地水路总长达1.9万千米，其中大部分是自然形成的，国家级内运线有6 700千米。北部内河航道的航行深度保证在2—2.5米，南部内河航道的航行深度保证在3米以上。内河运输在越南全国运输业中位居第二，仅次于公路运输。内地水路港口共计131个，其中有13个港口能够停泊外国船只。主要的内河港口位于胡志明、河内、北宁、越池、宁平、和平等省市。

越南的内河运输主要使用520吨级到1 000—2 000吨级的船只，牵引力较低，约每马力4—5吨，速度相对较慢，每小时5—8千米。内河运输是越南广泛采用的一种运输方式，主要运输的货物包括粮食、煤炭、水泥、石头、沙子等。2019年，越南内河运输旅客量达到2.006亿人次，同比增长5.6%；货运量达到3.034亿吨，同比增长5.6%。

近年来，越南海洋运输发展迅速，目前共有49个海港，包括一类港口17个、二类港口23个、三类港口9个，共有靠泊码头272个。这些海港被划分为六大港口群，从北向南依次是广宁省至宁平省的北部港口群、清化省至河静省的北中部港口群、广平省至广义省的中部港口群、平定省至平顺省的南中部港口群、南部港口群以及湄公河平原港口群。吞吐量主要集中在北部港口群和南部港口群，约占总吞吐量的80%。全国海港的设计吞吐能力约为4亿吨。

值得注意的是，目前越南尚未拥有国际中转港，因此，进出口货物往往需要经过新加坡、中国香港等地中转。越南的海运船队主要由国内自主建造的新船和国外进口的二手船组成，总计有1 600多艘海运船只，总吨位达到620万吨，在全球排名第31位。

越南以优先发展公共交通和关键交通基础设施为目标。在铁路运输方面，越南计划进行结构性调整，将铁路用于大量中远程货运，同时发展连接大城市的中程客运和公共交通。未来，越南还将分离铁路基础设施管理和铁路运输业务。现有的南北铁路将进行升级和现代化，同时建设南北高速铁路系统。中部省份将建设连接西原和海港的铁路。此外，越南还将研究泛亚铁路项目，进一步促进铁路交通的国际连接。

在海运方面，越南计划将用于进出口的海运船舶市场份额从当前的25%增加到30%。2020年，越南港口货物吞吐量6.92亿吨，占越南港口运输总量的78.7%。越南将加大对国家海港系统和关键经济区的国际港口口岸的投资，以提升港口的功能和效率。

在航空领域，越南政府致力于增加廉价航空的市场份额，并促进国内航空货运。

参 考 文 献

[1] 〔澳〕澳大利亚Lonely Planet公司编，李冠廷译：《越南》，中国地图出版社，2017年。
[2] 〔越〕陈重金著，戴可来译：《越南通史》，商务印书馆，2020年。
[3] 成汉平：《越南海洋战略研究》，时事出版社，2016年。
[4] 范毅、周敏：《世界地图集》(2版)，中国地图出版社，2011年。
[5] 古小松：《从交趾到越南》，世界知识出版社，2022年。
[6] 古小松：《越南：历史 国情 前瞻》，中国社会科学出版社，2016年。
[7] 郭振铎、张笑梅：《越南通史》，中国人民大学出版社，2001年。
[8] 黎伯草：《越南的领土及地理区域》，越南世界出版社，1998年。
[9] 李春霞：《从国家利益分析越南的东盟政策演变》，中国社会科学出版社，2017年。
[10] 李连广：《陷入泥淖：美国越南战争政策的演变（1961—1968）》，华中科技大学出版社，2018年。

[11] 刘子超:《沿着季风的方向:从印度到东南亚的旅程》,人民文学出版社,2019 年。
[12] 〔英〕迈克尔·瓦提裘提斯著,张馨方译:《季风吹拂的土地:现代东南亚的碎裂与重生》,上海人民出版社,2021 年。
[13] 〔澳〕米尔顿·奥斯本著,杨浩浩、曹耀萍译:《东南亚简史》,华中科技大学出版社,2016 年。
[14] 覃丽芳:《越南海洋经济发展研究》,厦门大学出版社,2015 年。
[15] 〔日〕石泽良昭著,瞿亮、吴呈苓译:《东南亚:多文明世界的发现》,北京日报出版社,2019 年。
[16] 余富兆:《越南社会经济地理》,世界图书出版公司,2014 年。

第二章　自然环境与自然资源

地形地貌即地表的形态，是指地势高低起伏的变化，具体分为高原、山地、平原、丘陵、盆地五大基本地形（地貌形态）。地貌是自然环境最基本的组成要素，不仅复杂多变，而且在不同尺度上制约着气候、植被、土壤、水文等其他自然环境要素的变化，进而控制着自然环境的分异。越南虽然面积不大，但境内地貌多样、类型丰富：既有连绵的山脉，也有富饶的平原；既有开阔的高原，又有漫长的海岸。

在越南，从海洋过渡到陆地，首先是沿海平原和冲积平原，接着是丘陵地带，沿海平原和高山地带之间地势较为起伏，多山丘。东北部和北部是长山山脉低矮或中等高度的山峰，西北部和西原地区是高原地区（原岳，1972）。

第一节　地形结构

越南的国土形状为狭长的"S"形。南部和北部分布着中南半岛最肥沃的三角洲——湄公河三角洲与红河三角洲，它们分别由湄公河与红河冲积而成。两个三角洲由长山山脉连接起来，形成越南地形脉络。"一根扁担挑着两个箩筐"是对越南地形的形象比喻。

一、地形特点

1. 中部狭窄，南北突出

越南地形狭长，整个国家的地势分布不均衡，北部和南部地势突出，中部地势较狭窄。北部和西北部为高山、高原，黄连山主峰番西邦峰海拔3 142米，为越南最高峰。西部为长山山脉，长1 000多千米，纵贯南北，西坡较缓，在嘉莱、昆嵩、多乐等省形成西原高原，面积约3.7万平方千米，地势险要。东部沿海为平原。北部有红河三角洲，面积约1.5万平方千米，地势低平，河网密布，一般海拔3米左右，是越南主要产米区之一。南部有湄公河三角洲，面积广阔，约4.4万平方千米，其中越南境内占4.06万平方千米，是越南著名的产米区。该地河网密布，地势低平，海拔一般在3米左右，越南南方60%—70%的农业人口集中于此。

2. 地势由西北向东南渐缓

越南的地势由西北向东南倾斜，西北部高，东南部低，这是其地貌总体轮廓的显著特征。全境4/5为山地和高原，北部和西北部高山、高原盘踞，西部长山山脉纵贯南北，构成越南地形的骨干。长山山脉起自中国西藏和云南，构成了越南与老挝和柬埔寨的边界。中部山地中有几处高原，高低起伏，形状不规则，北部山地狭窄而崎岖。山地南部伸出许多分支，将狭窄的海岸平原分隔成许多成串的小块平原。这些地形特征使得南北交通不通畅。近海处地势较低，渐渐演变成平原地区。

越南西北部是最险要的山脉区域，由中高山脉和高原相互平行组成，包括马江上的山脉、马皮岭-木州石灰岩高原、沱江矮山区、黄连山山脉和斋河上游的群山等，这些山脉多形成于火成岩造山运动（黎伯草，1998）。山间的河谷通常比较窄，形态各异，有的呈"V"形，有的呈条状，保留着河流侵蚀的痕迹。湍流和暗礁较多，汛期容易造成塌方、滑坡、山洪等自然灾害。

山脉和高原的中间地带地势相对较低，海拔500—800米。在波来古市周围可以见到死火山口。山口区是流向大海的河流和流入湄公河的河流的分水岭。

在南中部沿海平原上，通往各高原的交通受到限制，这主要是因为两座既宽又长的花岗岩山阻挡了交通通道，有些山脉甚至延伸至海边。其中，巴江北岸和南岸山脉以及北长山的许多山峰横向插入，形成一系列险阻险道，使得各个平原之间只能通过这些狭窄的山道来连接。

3. 以片岩覆盖的山丘地形为主

总的来看，越南地形多由片岩覆盖的山丘组成，由于炎热和潮湿的气候，山体上的岩石受到破坏，形成厚厚的风化地表层。不同类型的岩石厚度不同。例如，花岗岩比富含黏土的片岩厚，它们在地表和地下层之间形成隔垫层。风雨、河川、重力等自然作用不断分割和剥蚀这些隔垫层，使得地下层暴露出来。人类活动也对地形产生影响。为了营造坡地，人们破坏灌木丛，导致已经被半平原化的丘陵产生表面蜂窝岩化现象，有些地方还会产生硬结现象。硬结现象通常起源于火成岩，特别是富含铁和镁的碱性火成岩。花岗岩等酸性火成岩的存在导致水分渗入较容易，并促成深度风化，形成富含石英的风化层，使水分往深处渗透，增加了风化层的厚度。花岗岩山峰常常呈尖顶状，与片岩山峰的圆顶不同。许多山坡较陡，易被水流分割。这种地形特征使得在湿热地区（如庆和一带）形成了奇异的山景。

石灰岩山脉形成海拔较高的山峰，一般不易风化，但原始森林树根分泌的酸性物质会导致形成较厚的风化层，成为侵蚀的诱因，因此，石灰岩山脉在越南北部、东北部和西北部地区是一种特殊的地貌现象。在南方，只有在五行山或泰国湾沿岸的建江省一带才能见到石灰岩。水在石灰岩表面和内部持续作用，形成许多长形岩洞和蛙嘴洞穴等景观。山腰的岩石崩塌形成许多巨大的山石，使地势变得陡峭，从塔形变成斗笠形。

红河以北的山区主要包括低矮山脉和丘陵，特别是自斋河以东，地势越来越平缓，形成红河三角洲北缘的半平原地带。从地质结构上来看，这个地区可以分为两部分：①西北—东南走向的山脉：从斋河右岸到红河盆地，其中有斋河上游2 000米左右的花岗岩山峰，如西昆灵山高达2 431米。这些山脉与红河左岸海拔较低的山脉相连，形成一个延伸的山系。②石灰岩和片岩山脉以及其他岩石山脉相互交错。这些山脉自泸江至锦江各盆地一直延伸到广宁海滨，形成一条弓形山脉，呈扇形向北部延展。

二、长山山脉

长山山脉，也译为安南山脉，老挝称其为"富良山脉"。它是中南半岛东部最主要的山脉，是越南、老挝和柬埔寨的天然边界，也是湄公河与南海水系的分水岭。长山山脉是中国横断山脉在中南半岛的延续，它是越南的"屋脊"，斜着贯穿越南的北部和南部。

长山山脉的东坡较陡，逼近海岸处多峭壁和岬角，形成东南部的多乐高原；西坡较缓，构成老挝和柬埔寨境内的高原地区。山脉中拥有丰富的矿藏、森林和野生动物资源。

在越南历史上，长山山脉是重要的交通通道，著名的胡志明小道就沿着这条山脉通往中部和南部。越战时期，许多传奇故事发生在这里。长山山脉还构成越南地形的骨架，对越南的地理格局和经济发展有着重要的影响。

长山山脉的地质构造非常复杂，不同地段呈现不同的岩石组成：北段主要由石灰岩、砂岩、花岗岩和片麻岩构成；南段有褶皱结晶岩基底露出，一些地区被玄武岩熔岩流所覆盖，形成了高原，如老挝南方的波罗芬高原、越南南方的昆嵩高原和多乐高原。随着向南移动，山脉在芽庄以西升高到2 300米以上，后终止于西贡平原。

长山山脉从越南西北部高原地区向东南方向绵延约1 100千米，山脉走向与海岸平行，呈现西北—东南方向的缓和弧形。北长山山势高耸，山峰海拔多达1 500—2 000米，最高峰莱岭海拔2 711米，主要分布在越南境内，并形成西北部高原地区的主要山脉。南长山山势较低，并逐渐向丘陵、波状高原过渡，跨越越南、老挝和柬埔寨，连接三个国家。

北长山自朱江右岸到海云岭有许多平行的山脉，分割了至少两个高原，其中有较高海拔（900—1 000米）和较低海拔（400—500米）的半平原。由西向东的河流不断侵蚀长山，形成了丰富多样的地貌。广平省境内的丐板河和昂溪的石灰岩山脉是越南最险要的山群之一，地势复杂险峻。北长山东麓向风，从夏末到冬至降水量较大，雨水侵蚀严重。有些山系直接横向插入大海，分割平原，形成南北交通的天然障碍。

南长山从海云岭开始，一直延伸到东南高地末端，全部处于古地块和地堑旁边。这个地区地形复杂，包括高原、山地、丘陵和盆地。在北昆嵩以北，南长山多形成高山和大山，包括广义省西南最高的花岗岩山峰——玉岭（2 598米）以及一些海拔 2 000 米左右的高峰。南长山的南端有梯田式高原，最高峰海拔 1 500 米。

中部沿海地区的清化市到藩切市之间是一片平原，位于南北两大平原之间，构成一连串大小不等的平原。这些平原主要由流经长山东部的河流冲积而成，形成各省之间地界的依据。长山的一些支系横向入海，因此平原会被这些山脉切割，形成一系列被山岭隔开的平原地带。例如，海云岭等横向山脉相当于天然屏障，分割了平原地区。

中部平原长而窄，面积有限。最大的清化平原面积 3 100 平方千米，由马江、朱江以及红河的一部分泥沙被岸边泥沙流带到峨山形成。其他平原则分散在义安省到富安省绥和市之间，大多不超过 2 000 平方千米，例如义安平原（1 850平方千米）、河静平原（1 800 平方千米）、广南平原（1 800 平方千米）、广义平原（1 450 平方千米）等等（黎伯草，1998）。这些平原虽然面积有限，但在农业和经济发展中扮演着重要角色，是粮食和经济作物的主要种植区，也是人口聚集地。

由于南长山东坡向海边推移，所以从庆和省宁和市到平顺省藩切市的平原面积均不大，隆宋河、垒江和丐河的冲积平原稀少而珍贵，当地居民逆峡谷而行，到地势较高的地方、低洼地和荒地进行开垦种植，增加耕地面积。

三、北方红河平原

红河平原是越南北方最大的平原，位于越南北部山区的东南面，以富寿省越池市为顶点，以海防市至带河口的海岸线为底边，构成三角形地区。这里曾是北部湾的一个港湾，逐渐被上千年来数量庞大的河流冲积物所填满，每年向北部湾推进约 100 米，主要由红河水系与太平江水系冲积形成，大部分是较肥沃的新泥沙，还有两条北部、南部边缘的古泥沙带。这些泥沙长年累月地累积起来，形成了广阔的三角洲平原。

这里是越南最早的人类聚居区，是红河文明的发祥地，很难区分天然的和人为的地形，几千年来的人类活动缔造或者改变了这里的地形地貌。现今，平原还在继续积累，向海生长，如红河河口处的海岸，每年向海伸展50—100米。

红河平原的形成与发展受到印度板块、亚欧板块和太平洋板块的影响，三大板块的运动和碰撞为平原的形成提供了条件，并形成红河平原地区的现代构造活动特征。该地是越南民族的祖居地，自古以来就是重要的农业和工业中心。红河的两条主要支流带来丰富的水资源，但也带来了洪水的威胁。人们通过建造堤防和运河系统来控制洪水，保护农田和居民，以灌溉富饶的稻作平原。

红河平原地势较低，海拔不超过3米，许多地区甚至只有1米或更低。红河平原的气候适宜农业，年均气温23℃左右，年均降水量1 400—2 000毫米。这里四季分明，也是越南唯一有冬季的平原。这样的气候条件适合种植水稻和热带农作物。

红河平原由内陆向海岸缓慢倾斜，整体上平坦，内部也有一些轻微起伏。平原内侧与北部山区相连，形成了25米和40米高的两级阶地，这些阶地可能是过去红河流域水位不断变化导致沉积物堆积而成。在临海的外侧，平原边缘零星点缀着几座不到200米高的山丘。山丘的岩壁上可以看到海水冲刷的痕迹，这或说明它们曾经是海中的岛屿。随着红河平原的扩展和沉积物的积累，这些岛屿最终与陆地连接在一起。

红河平原的土地非常肥沃，是世界上著名的谷仓之一。农业以粮食作物为主，水稻种植尤其占据主导地位。由于灌溉条件便利，越南人民因地制宜地发展农业，精耕细作，使其成为北部的粮食产地。该地区渔业资源也非常丰富，许多人依靠捕鱼和养殖水产品为生，是越南重要的渔业生产基地。该地还拥有丰富的煤炭资源，总储量达2 100亿吨，虽然具有开采价值，但由于位于地下200—2 000米深处，开采难度较大，近期内难以开采。

红河平原地区包括11个省市，面积1.49万平方千米，人口2 262万（2019年），人口密度1 064人/平方千米，远远超过越南平均人口密度。这里集中了越南北部70%以上的人口和耕地，是北方城市和工业集中地。该地是越南重要的交通枢纽。首都河内市位于红河平原中部，是越南的政治和文化中心，也是第二大城市。海防、越池、南定等城市也位于红河平原，是该地区的重要城市和交通枢纽。

四、南方湄公河平原

湄公河平原是东南亚最大的大河三角洲，由湄公河及其支流的泥沙冲积而成。它位于湄公河流域，濒临南海和泰国湾。该三角洲以柬埔寨首都金边为顶点，北起越南的巴地，南至金瓯角，总面积达4.4万平方千米，其中越南境内占4.06万平方千米，面积是红河平原的两倍多。这块辽阔肥沃的土地气候炎热，雨水充足。该地区的主要经济支柱是农业，主要种植水稻、水果和其他农作物，同时渔业资源丰富，捕捞和养殖水产品是重要产业。该地区不仅是越南最大的稻米产地、著名的大粮仓，也是著名的大果园、大渔场。

湄公河平原地面平坦低洼，平均海拔不到2米，许多地区甚至不足1米。该地区沼泽广布，河渠道纵横交错，形成稠密的水网。由于湄公河及其支流携带大量沉积物，使得湄公河平原每年向南海推进60—80米。

从柬埔寨金边开始，湄公河分成两支：北支主流从西北往东南流，称为前江；南支流称为后江（又称巴沙河）。前江以北的平原水道弯曲，沼泽连片，排水不畅，形成湿地地区。前江和后江之间的狭长平原特别低平，涨潮时海水倒灌入河，深入内地。湄公河在入海口分成九条支系，因此这里也被称为九龙江平原。

后江沿岸地势稍高，森林茂密，土质松软，地表下仍有泥浆。后江以南的金瓯半岛是越南国土大陆部分的最南端，沿海滨地区有大片生长红树林的泥滩，海内侧有淡水沼泽森林，溪流交错。

湄公河平原天然河系与人工渠道构成了复杂的水网。中间冲积地的地形也复杂多样，包括许多大的低洼地区。东南沿海地区有许多沙洲，而南部最西端的低洼地区则常常淹没在水中。由于东北向西南海边移动的淤积泥沙和泰国湾的两股逆时针海潮的影响，金瓯角每年向海洋推进60—80米。

在冲积平原的北部边缘，有一块古老的沙洲，从西宁省延伸到巴地-头顿省。从长山南麓往南倾斜，逐渐沉入新的沙层，很难明确平原和丘陵之间的界限。

巴地-头顿省的西南角具有冲积平原的特征，是由同奈河与草滩冲积而成的边缘平原，金瓯半岛也是边缘平原。这两个边缘平原大部分是盐碱地，与中心地带特别肥沃的冲积地有所不同。这些特殊地形和土地类型形成了湄公河平原丰富多样的自然景观。

每年7—8月的洪水给这里的地表带来丰富的淤泥，使得土壤更加肥沃。这种肥沃的土壤给水稻种植提供了良好的条件，因此水稻是湄公河平原的主要农作物。在这里，人们种植双季稻和单季稻，稻田一望无际，前江和后江之间的平原上遍布稻田。平原垦殖历史并不长，但该地人口占南部地区的1/3左右。

第二节　气候特征

气候是在自然地理环境多因子的相互作用下形成的，一般影响因素为地理位置、太阳辐射、海陆位置、洋流、地形、大气环流等。

越南位于北回归线以南，属于热带季风气候区。除了北部与中国华南地区接壤的地区带有大陆性气候特征外，其余地区几乎都受到海洋的影响。在越南北部地区，夏季平均气温22—27.5℃，冬季15—20℃，而南部地区的夏季气温范围较小，为28—29℃，冬季26—27℃（图2-1）。由于受海洋环流的调节，空气湿润，降水充足，但降水量分布不均，主要集中在夏季，全国年均降水量在1 500—2 000毫米。

越南被认为是受气候变化影响最大的五个国家之一，这是因为它很大一部分人口和经济资产位于沿海低地与三角洲地区。1971年以来，越南的气温平均每十年上升0.26℃，是全球平均水平的两倍。根据目前的趋势，预计到2040年，越南的年均气温将比1980—1999年升高0.6—1.2℃；越南海岸附近的海平面上升幅度将达到28—33厘米。除了气温升高和海平面上升外，预计降水的季节性变化也会增加，雨季将变得更为潮湿，旱季则更加干旱。极端降水和洪水事件也将更有可能发生，尤其在北部地区，包括首都河内市，山区发生山体滑坡的风险也将增加。

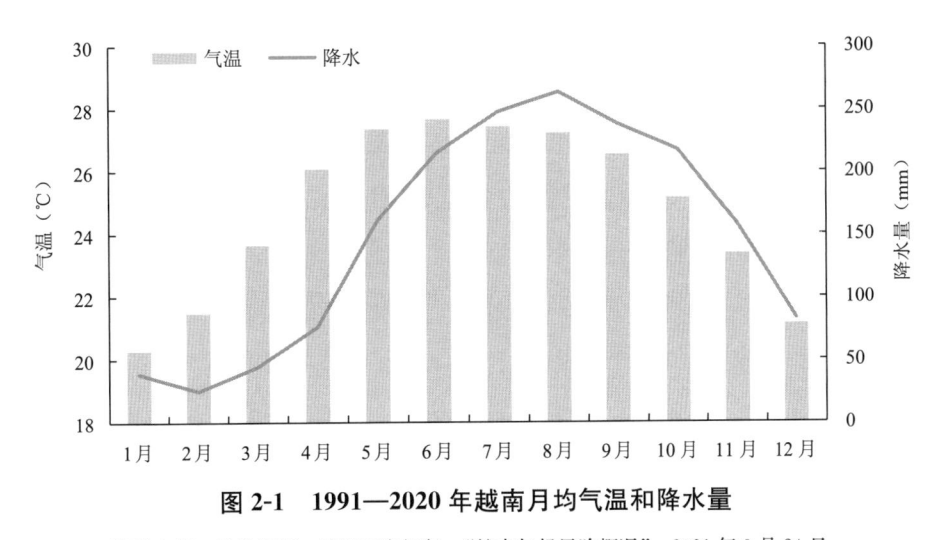

图 2-1　1991—2020 年越南月均气温和降水量

资料来源：世界银行、亚洲开发银行："越南气候风险概况"，2021 年 9 月 24 日，https://climateknowledgeportal.worldbank.org/country/vietnam/climate-data-historical。

一、北方四季，南方两季

受纬度和地形地貌差异的影响，越南各地气候也呈现显著的差异。在冬季或旱季（11月—次年4月），季风通常从东北方沿着海岸吹来，穿越北部湾，带走许多湿气，因此大部分地区的冬季相对干燥（当然仅相对于雨季或夏季而言）。夏季季风发生在5—10月，将潮湿的空气从西南方的印度洋吹向内陆，带来丰沛的降水。越南各地的年降水量从1 200毫米到3 000毫米不等，接近90%的降水集中在夏季。

气温受地形影响较大，越南平原地区的年均气温通常高于山地和高原。在平原地区，最冷的12月和1月的最低气温仅5℃；而在最热的4月，最高气温超过37℃。一些高地地区季节变化则不太明显，常年气温保持在21—28℃。

越南不同纬度地区的气候也有所不同，北部和南部的季节差异较为明显。北部地区季节分明，而南部只有旱季和雨季。例如，位于北部的河内市，月均气温在16—20℃，年均降水量1 700毫米；而南部的胡志明市则终年月均气温在26—27℃。

越南国土总体位于北纬8°—24°，横跨15个纬度，最北部地区刚好越过北回归线，最南部地区接近赤道，所以日照充足，气温较高，湿度较大。以胡志明市为例，该地区常年如夏季般炎热，特别是4月前后，胡志明市会经历热带季风气候区典型的"热季"，此时平均最高气温可达34.6℃，有时会出现高温天气，超过35℃的情况并不少见，历史上甚至出现过40℃以上的极端高温天气。中部的岘港地区虽然没有胡志明市那样明显的"热季"，但整体上也属于较热的气候。4—9月，岘港各月平均最高气温普遍超过30℃，平均最低气温也高于23℃。

1981—2010年，每年5—12月，西北太平洋和南海海域平均都会生成一个台风，尤其是7—10月，是台风最为活跃的季节。因此，越南几乎每年都会受到台风的影响，台风登陆时间主要集中在6—10月。当台风登陆时，越南不仅会面临强降水，还会伴随大风。除此之外，还有可能发生次生灾害：平原地区可能会遭受洪涝灾害，而山区则可能发生地质灾害。[①]

越南的气候可以大致由中部地区的海云岭为界线来划分，南北部的气候特点明显不同。这种气候分界方式与中国将秦岭-淮河一线作为南北方地理和气候的分界线有些相似。海云岭是长山山脉在越南中部的支脉，海拔470米，自西向东将越南的沿海平原切成两块。作为气候分界线，海云岭的天气多变，因其直接插入大海，岭上终年云雾缭绕。海云岭以北气候属于热带季风气候，有明显的四季变化，而海云岭以南气候则属于热带雨林气候，没有明显的季节变化。

越南北方的气候变化较大，呈现明显的春、夏、秋、冬四季，与中国海南岛东部的气候相似。一般来说，3—5月为春季，6—8月为夏季，9—11月为秋季，12月—次年2月为冬季。大多数地区的平均气温在23—25℃。北方7月最热，月均气温29℃；1月最冷，月均气温15℃。在山区和高原地区，有时气温甚至会降至0℃以下，例如位于黄连山山腰的沙巴、河江省的同文等，甚至可能出现降雪。

北部一年中会受到两种季风交替控制，夏季炎热多雨，冬季阴冷少雨。南亚地区的西南季风经过孟加拉湾，穿越长山山脉，给北部带来丰沛的雨水。

整个海云岭以北地区，随着地理位置向南移动，雨季的结束时间逐渐推迟。

---

① 宋英杰、霍云怡："越南——东南亚少有的拥有四季之地"，2017年5月14日，http://news.weather.com.cn/2017/05/2705566.shtml。

以河内市为例，雨季通常在每年的5—10月，与夏季基本重合。而顺化市位于海云岭北坡附近，雨季8月才开始并持续至次年1月。由于顺化位于海云岭北坡，当赤道辐合带南下、东北季风逐渐形成时，偏北风导致雨势尤为磅礴。

越过海云岭，到达越南南部地区后，雨季会逐渐提前。以岘港（北纬16°）、芽庄（北纬12°）和胡志明市（北纬10.5°）作比较，可以观察到它们的雨季一个比一个提前。岘港的雨季从8月开始，一直持续到次年1月，与海云岭北侧的顺化相似；南边的芽庄雨季从9月持续到12月；而更南端的胡志明市雨季则从5月就开始，一直持续到11月。

越南南部靠近赤道，气候仅分为旱季（12月—次年4月）和雨季（5—11月）两个季节。多数地区年均气温维持在26—27℃，年温差很小。最热的月份是雨季来临前的4月，月均气温29℃；而雨季开始后，阴雨天气使得气温稍稍下降，不如旱季的4月那么炎热。最冷的月份是12月，月均气温也在26℃左右。

因海岸线绵长，除西北部外，南部地区受到海洋性气候的影响显著。每年7—11月，沿海地区常常遭受台风袭击。与北部相比，南部气温变化幅度较小，也没有北方那么多雾和细雨的天气。越南的降水量充沛，年均降水量1 800—2 000毫米，南部某些地区甚至高达3 000—4 000毫米（表2-1）。河内市全年下雨天数超过150天。全国的雨季降水量约占全年降水量的80%。

表2-1　2006—2019年越南部分监测站总降水量　　　　　　　　单位：mm

地区	2006年	2008年	2010年	2012年	2014年	2016年	2018年	2019年
莱州	1 727.0	2 628.0	1 857.8	2 618.7	2 267.2	2 186.4	2 895.1	2 542.5
山萝	1 212.0	2 083.0	1 209.8	1 480.0	1 414.6	1 472.3	1 539.6	1 015.3
宣光	1 596.0	1 721.0	1 284.3	1 995.3	1 499.2	1 494.9	1 534.2	1 455.6
河内	1 240.0	2 268.0	1 239.2	1 801.2	1 660.2	1 631.1	1 694.9	1 311.4
下龙	1 697.0	1 971.0	1 842.0	2 142.0	1 922.0	2 166.8	2 306.1	1 498.7
南定	1 114.0	1 800.0	1 461.4	1 772.8	1 721.4	1 612.3	1 800.1	1 265.0
荣市	1 951.0	2 120.0	2 716.5	1 892.5	1 466.5	2 174.9	1 918.7	3 195.2
顺化	2 479.0	3 850.0	2 854.0	2 370.0	2 309.5	3 799.5	2 517.3	1 984.6
岘港	2 233.0	2 528.0	2 236.8	1 696.1	2 224.1	2 688.7	2 539.1	2 150.4

续表

地区	2006年	2008年	2010年	2012年	2014年	2016年	2018年	2019年
归仁	1 291.0	2 337.0	2 684.9	1 483.0	1 627.9	2 518.3	1 843.8	1 951.6
波来古	2 178.0	1 645.0	2 725.4	2 207.5	2 457.7	1 890.0	2 329.3	2 062.0
大叻	1 698.0	1 577.0	1 849.1	1 859.5	2 079.0	2 033.8	1 872.3	1 680.5
芽庄	819.0	2 301.0	2 657.9	1 681.7	972.2	2 392.2	1 769.8	980.9
头顿	1 514.0	1 390.0	1 162.7	1 215.6	1 377.4	1 366.0	1 571.3	1 067.9
金瓯	2 387.0	2 679.0	2 244.4	2 153.9	2 065.7	2 304.1	2 007.8	2 262.9

资料来源：根据越南统计局网站部分观测站的总降水量数据整理，https://www.gso.gov.vn/don-vi-hanh-chinh-dat-dai-va-khi-hau/。

根据目前的研究数据，与基期（1986—2005年）相比，越南所有地区的年均和季节性地表气温（温度）呈上升趋势，增加量取决于RCP情景①（气候变化路径）和气候区域。按照RCP4.5情景（中等减排情景），预计21世纪中叶到末期，越南的年均气温升高幅度普遍为1.3—1.7℃。到21世纪末期，这一增加量将进一步达到1.7—2.4℃。一般来说，越南北方的温度相比南方较高。而按照RCP8.5情景（高排放情景），预计到21世纪中叶，越南北方的年均气温将提高2.0—2.3℃，而南方的增加量将在1.8—1.9℃。到21世纪末期，越南北部的温度将增加3.3—4.0℃，南部则将增加3.0—3.5℃。②

二、主要自然灾害类型

20世纪以来，越南面临的自然灾害主要包括洪水、风暴、干旱，偶有山体滑坡。其中，风暴是最常见的自然灾害，也造成了最多的人员伤亡和财产损失；其次是洪水和干旱。

风暴在越南发生的次数较多，特别是在夏季和秋季，强风和暴雨往往造成严重的基础设施破坏和人员伤亡。洪水也是越南常见的自然灾害之一，尤其在

---

① RCP（Representative Concentration Pathway）指代表性浓度路径。RCP情景是一种气候变化情景，用于预测和模拟全球气候系统对温室气体排放及浓度变化的响应。RCP2.6是四种标准RCP情景之一，其他三个是RCP4.5、RCP6.0和RCP8.5。RCP2.6通常被视为实现《巴黎协定》目标的一个可能路径。

② 越南气象水文和气候变化研究院："2020年气候变化情景"，2022年1月7日，https://imh.ac.vn/kich-ban-bien-doi-khi-hau-phien-ban-cap-nhat-nam-2020/。

雨季，河水泛滥、积水严重，给居民和农田带来巨大损失。与此同时，南部地区常年面临干旱的威胁，尤其是在旱季，水源缺乏给农业和居民生活带来困难。在山区，山体滑坡虽然不太频繁，但一旦发生，往往造成严重的破坏和人员伤亡（表2-2）。

表2-2 1900—2018年越南自然灾害

灾害类型	亚类型	事件数（个）	死亡人数（人）	受影响人数（人）	损失（美元）
风暴	对流风暴	8	160	4 513	10 100
	热带气旋	92	18 869	53 272 568	9 967 657
	其他	10	323	219 280	145 035
洪水	沿海洪水	6	804	4 353 316	749 000
	暴雨洪水	13	481	912 607	516 700
	河流洪水	52	3 644	25 637 158	2 896 407
	其他	16	1 012	2 011 287	160 055
干旱	干旱	6	0	7 860 000	7 399 120
滑坡	雪崩	1	200	38 000	—
	滑坡	4	109	40	—
	泥石流	1	21	1 034	2 300

资料来源：根据灾害流行病学研究中心（Centre for Research on the Epidemiology of Disasters，CRED）紧急事件数据库（EM-DAT）2018年11月26日的评估数据整理，https://www.emdat.be/。

（一）风暴

每年5—12月，越南处于雨季或暴雨季，南海形成的风暴会移动并直接影响越南大陆，尤其是沿海省份。根据越南统计局数据，每年平均约有56场风暴和23场热带低气压会影响越南。风暴季节一般从6月开始，持续到11月下旬，12月上半月结束，其中台风最为集中的时间是在8—10月。风暴的移动方向也因季节而异。在风暴季节的前半段，风暴的轨迹通常是西北、北、东北，常常在中国东南部和日本登陆；而在接下来的时期，风暴的轨道向西倾斜，朝向越南。

南海风暴的轨迹主要可以分为稳定型、复杂型、抛物线型、海上减弱和近岸增强五种类型。其中，近岸复杂而强烈的风暴形态是最难以预测的。[①] 每年的风暴都会对该国沿海地区造成严重的破坏，短时间内可能会有数百毫米的降水。当风暴与潮汐相结合时，会导致严重的洪水，增加危险性。此外，伴随风暴的龙卷风也可能吹倒建筑物、房屋和树木等，造成额外的破坏。

越南全境、沿海地区和沿海岛屿被划分为8个受风暴影响的地区：第一区：东北地区，包括老街、安沛、谅山、太原、河江、高平、宣光和北泮；第二区：西北地区，包括莱州、奠边和山萝；第三区：广宁-清化地区，包括三角洲省份、北部中部和沿海省份（广宁-清化）；第四区：义安-承天-顺化地区，包括义安、河静、广平、广治和承天-顺化；第五区：岘港-平定地区，包括岘港、广南、广义和平定；第六区：富安-宁顺地区，包括富安、庆和和宁顺；第七区：西原地区，包括昆嵩、嘉莱、多乐、达农和林同；第八区：平顺-金瓯-建江地区，包括平顺-金瓯-建江的南部省份和沿海省份（表2-3）。

表2-3 1961—2014年8个越南风暴区域基本特征

风暴分区	风暴最多的三个月	风暴总数（场）	风暴频率（场/年）	记录的最强风级	已发生暴雨（mm）平均降水量	已发生暴雨（mm）一天最大降水量
第一区：东北	7、8、9	70	1.0—1.5	10，后坐力12—13	100—150	546
第二区：西北	7、8、9	26	<0.5	9，后坐力12—13	50—100	336
第三区：广宁-清化	7、8、9	116	2.0—2.5	14，后坐力15—16	150—200	701
第四区：义安-承天-顺化	8、9、10	93	1.5—2.0	14，后坐力15—16	200—300	978
第五区：岘港-平定	9、10、11	66	1.0—1.5	13，后坐力14—15	150—200	593
第六区：富安-宁顺	10、11、12	48	0.5—1.0	13，后坐力14—15	150—200	628
第七区：西原地区	10、11、12	58	1.0—1.5	9，后坐力10—11	100—150	443
第八区：平顺-金瓯-建江	10、11、12	23	<0.5	10，后坐力12—13	50—100	273

资料来源：越南国家气象水文预报中心："越南的8个台风影响区"，2021年5月28日，https://nchmf.gov.vn/Kttv/vi-VN/1/phan-chia-8-vung-anh-huong-cua-bao-tren-lanh-tho-viet-nam-post20889.html。

---

① 越南国家气象水文预报中心："风暴的形成和活动"，2021年5月28日，https://nchmf.gov.vn/Kttv/vi-VN/1/hinh-thanh-va-hoat-dong-cua-bao-post20890.html。

洪水是影响越南经济的较大风险之一，据世界银行估计，洪水造成的灾害损失占每年平均灾害损失的97%。世界资源研究所（World Resources Institute，WRI）的AQUEDUCT全球洪水分析仪可以用于确定河流洪水暴露的基线水平。截至2010年，假设对25年一遇的事件进行估算，越南每年受洪水影响的人口为930 000人，预计每年对GDP的影响为26亿美元。[①] 这略高于联合国国际减灾战略与减轻自然灾害风险办公室（UNISDR）对所有洪水类型年均损失的估计值（23亿美元）。

根据世界银行的一项研究，以25年一遇的重现水平来衡量，越南约33%的全国人口容易受到洪水侵袭；在RCP2.6情景下，这一比例将增加到38%；而在RCP8.5情景下，这一比例将增加到46%。[②]

（二）干旱

每年7—11月，越南中部会出现一种季风，被称为"老挝风"，它是来自印度洋的西南季风。这种季风带来的气候条件非常燥热干旱，温度可能升高到40℃，相对湿度可降至45%。该季风持续时间可能只有两三天，也可能长达十天半个月。它所到之处，农作物迅速枯黄，像被焚烧了一样，对植物造成很大危害，因此也被称为"焚风"。

历史上，越南每年都会遭受旱灾。据档案记载，1993年在广治、广平两省发生的旱灾是最严重的一次，损失上万公顷的庄稼。土地龟裂的现象常常在西原、东南部、山萝等地发生。

越南可能会受到两种主要类型干旱的影响：气象干旱和水文干旱。气象干旱通常与降水不足有关，导致土壤水分不足，影响农作物的种植和生长。而水文干旱通常与地表和地下水流量不足有关，可能起源于该地区较大的河流流域。目前，使用标准化降水蒸发指数（SPEI）小于-2的定义，越南面临严重气象干旱的年均概率约为4%。这意味着大约有4%的可能性，越南会遭受气象干旱

---

① World Bank, Asian Development Bank. Climate Risk Country Profile, Vietnam. 2021-09-24. https://openknowledge.worldbank.org/entities/publication/e5668ec4-5147-5f5f-9bf5-d2532c74375d.

② World Bank. Resilient Shores: Vietnam's Coastal Development Between Opportunity and Disaster Risk. International Bank for Reconstruction and Development. 2020-10-20. https://openknowledge.worldbank.org/entities/publication/7597ee8c-95f2-582a-b362-6e15b8397717.

的影响，导致降水明显不足，对农业和生态系统造成重大影响。[1]

第三节　河流水文

越南的河流形态很大程度上附属于地形，但河流走向却是由气候决定的，这两个条件使得该国的河流星罗棋布，形成不同季节和区域变化差异很大的水文系统。对人类而言，有河流经之处必定有生活的脉搏，这首先反映在居民的分布和多方面的经济活动中。山地众多以及倾斜的地形使越南河流密布，其中10千米以上的大小河流多达2 860条。越南境内最大的河流——红河发源于中国云南，进入越南后一路流向东南方并在下游铺展开，形成支流密布、土壤肥沃的红河平原。而东南亚第一大河——湄公河同样发源于中国境内澜沧江[2]，流经缅甸、泰国、老挝、柬埔寨之后，到达位于越南的入海口，给越南南部带去另一个丰饶的平原——湄公河平原。

一、水系分布及特点

越南是一个山多水多的国家，大部分河流自西北流向东南并最终汇入海洋。以长山山脉和西部高原的分水岭脊线为界，东坡的河流大致偏向东流，西坡的河流大致偏向西流，然后再转折向南，最终流向东南部。

北部山区的河流流程较长，其中多数汇入红河并最终汇入海洋；长山山脉与西部高原东坡的河流流程较短，多数直接流入南海；西原地区的河流流程相对较长，常常汇入湄公河并最终流入海洋。这些河流形成一个密集的水网，为全国提供水利和电力资源，同时也为农田的灌溉提供水源（图2-2）。

越南拥有许多重要的大河，除了红河与湄公河之外，还有其他流域面积超

---

[1] World Bank，Asian Development Bank. Climate Risk Country Profile，Vietnam. 2021-09-24. https://openknowledge.worldbank.org/entities/publication/e5668ec4-5147-5f5f-9bf5-d2532c74375d.

[2] 澜沧江源于青藏高原，从云南省西部流出到越南。

图 2-2　越南密集的水网

资料来源：根据 HydroSHEDS①数据库中越南水系数据绘制。

过 10 000 平方千米、总水量 700 亿—800 亿立方米的大河，其中包括太平江、奇穷河、平江、马江、大河、秋盆河、巴江和同奈河等。另外，还有 166 条中等以上流量的河流，流域面积 500—10 000 平方千米，共计有 17 条河系属于这

---

① HydroSHEDS 项目由美国世界自然基金会于 2006 年发起，旨在创建免费的数字数据层以支持全球大规模水文生态研究和应用。HydroSHEDS 提供无缝水文数据产品，包括流域边界、河流网络和湖泊，网址为 https://www.hydrosheds.org。

一类别（不包括纳入运河的），其中最大的是筝江与茶曲河，最小的是丐河（藩切）和巴奇河，每个水系的水量在 10 亿—80 亿立方米。

越南拥有许多流域面积在 100 平方千米以下的小型河流，占全国河流总数的 92.55%。这使得各地区，尤其是山区和中游地区，能够享受到充足的供水。大部分地区的平均河流密度为每平方千米 0.5—1 千米，这些地区的年均降水量通常为 1 600—2 000 毫米，但由于水量损失较大，导致水资源较为紧缺。这些地区主要分布在中低山区和丘陵地区。

在越南中部的广治省，有一条河流叫贤良河，全长 66 千米，虽然长度不长，但由于其重要的历史意义而备受关注。1954 年苏联、美国、英国等达成《关于在越南停止敌对行动的协定》，规定了敌对双方之间的临时分界线。这条临时分界线就是边海河（即贤良河），该河将越南分割了长达 22 年。越南的沿海地带，有许多短小的河流，与贤良河的沿岸地形相似，它们在海边形成小的三角洲，有时相互连接，有时被山地分隔开，形成断断续续的中部沿海平原。

然而，平原地区的河流密度并不低于山区，甚至比山区更高。由于大量排水的需求，一些地区的河流密度最高指数升到每平方千米 2—4 千米，主要集中在红河与太平江三角洲的东南部以及湄公河平原地区。在一些低降水量地区，地质特征可能为石灰岩、沙土或红土，蒸发量较大，导致河流密度较低。

越南的水流汇合成深度约 2 740 毫米的水层，其中地面流量占总流量的 55%—80%，平均约为 70%，其余部分则是地下暗流。地面流量主要是由雨季的山洪形成，而地下暗流则是地下水供给河流的水量。

全国每年的泥沙流量达到 3 亿吨，其中红河约 1.3 亿吨，湄公河约 1 亿吨。这两个水系的泥沙总量占全国的 2/3。和水流量一样，泥沙流量也会随季节变动，季节之间差异较大。雨季泥沙流量可能比旱季大很多倍。在雨季，红河的淤沙量达到 3 500 克/立方米，相当于旱季的 7 倍。红河的含泥量最大，水质终年浑浊。因此，即使在旱季，红河的淤沙量（500 克/立方米）也远超湄公河洪水季节的淤沙量（300 克/立方米）。

越南是一个水资源相对丰富的国家。除了本土的水源外，越南每年还从邻国（中国、老挝和柬埔寨）接纳约 1 328 亿立方米的水量。

总体来看，越南的水资源主要呈现以下特点：

1. 地表水资源严重依赖上流区域

越南境内国际河流较多,水源有60%来自邻国。因此,如果考虑到邻近国家未来用水量增加,则意味着流入越南的水量减少。该国最重要的两条河流——红河与湄公河,均属于国际河流。越南均处于两条国际河流的下游地区,在水资源争取上主动性小,严重依赖上游地区的水资源状况,使得越南的水资源利用处于被动地位。

2. 水资源地区时空不均

因位于赤道副热带气候区,夏季受西南季风影响,降水量占年降水量的70%—80%。北纬18°以上地区冬季相对干燥,形成东北季风气流,降水量只占年降水量的10%。在夏秋季节,沿海地区经常受到热带风暴和台风的影响,暴风雨频繁,降水量占年降水量的15%—20%。这导致河流径流呈现明显的汛期和非汛期。

不均衡的降水分布是导致汛期洪灾和非汛期缺水现象的主要原因之一。该国降水量从山区到中部地区再到平原区递减,同时海岸线的延伸方向也在降水分布上起着重要作用。东北部山地地区年均降水量高达2 500毫米甚至3 000毫米,超过了土壤渗透能力,导致大量地表径流。而东南沿海一带年降水量为2 300毫米,主要集中在夏季和秋冬季。沿岸地区因山地的阻隔,年降水量降低至700—750毫米。北方低山地区和中部高原地区,受西南季风控制,年降水量通常不超过2 000毫米,冬季降水量很少。南部平原地区年降水量约1 900毫米,大部分降水集中在夏季季风时期。

由于干季和湿季河流水文规律的差异,水资源的供求不协调。湿季水量过剩,常常引发洪水灾害;而干季河流水量不足,无法满足农作物生长需求,需要进行人工灌溉。

3. 水污染严重,水质退化

越南人口即将达到1亿,其中约2/3的人口集中在红河平原、湄公河平原与同奈河流域三个地区。经济发展和经济结构的变化快速消耗着自然资源,并产生大量污水,导致水环境严重污染。地表水、地下水和近海水已明显受到污染,尽管河流上游水质相对良好,但主要河流的下游水质较差,许多城市湖泊与河道已经成为污水排放的集中地。局部地区的地下水已出现污染和咸水入侵。

沿海地区的快速城镇化和工业化、港口和水运发展、沿海旅游扩张以及石油泄漏等导致近海水质退化。

二、主要河流

越南最主要的河流是红河与湄公河，它们是越南境内最大的两条河流，分别发源于中国的云南和青藏高原（图 2-3）。

图 2-3　越南的主要河流及流量

资料来源：根据 HydroSHEDS 数据库中越南水系数据绘制。

（一）红河：越南的"母亲河"

红河发源于中国云南省中部，全长约 1 200 千米，河源海拔高达 2 650 米。上游称为元江，流入中国哈尼族彝族自治州境内后称为红河，因为河流大部分流经热带红土区，水中混有红土颗粒，略呈红色，因此得名红河。继续向东南流至河口，经过老街后进入越南，最终流入太平洋的北部湾。

在越南境内的老街-安沛段，红河河谷狭窄，水流湍急，河中有 26 个急滩；在越池附近，沱江与泸江两大支流汇入，使得水量猛涨；在之下的河段，多个弯曲和支流交织，河面宽 500—1 000 米，水流缓慢。红河水位在冬季和夏季变化很大，七八月下游水位高出两岸平原约 10 米，因此沿河筑有大堤，为灌溉和通航提供便利。在平水位时，汽轮船可以自河内上溯至河口；7—10 月，船只可达老街地区。

沱江是红河最大的支流，全长约 900 千米，位于红河右岸。它发源于中国云南省景东彝族自治县，在中国境内称为把边江，随后流入越南境内，呈西北—东南流向。与红河平行向东南方向流动，到和平省附近，沱江拐弯并与红河汇合。沱江两岸高出河面 200—300 米，部分地段甚至高达 700 米。河道较窄，河水流淌在幽深的谷底，水呈黑色，因此又名黑水河。河谷中分布着许多礁石、浅滩和瀑布，其中有些瀑布的落差达到数十米。

沱江两岸森林资源非常丰富，沿江山地处处可见茂密的森林。河流中段从老街到安沛有 26 个大小湍流滩，下游自莱州到和平则有多达 60 个险滩，泸江的河段一直延伸至宣光，更是拥有约 70 个险滩、湍流和凸滩地。尽管这些河段并不适合航运，却是拦洪蓄水和修建水电站的理想选址。1979 年，政府在和平省和平市附近兴建了沱江综合水利工程及和平水电站。1994 年，沱江水电站已经投入使用，年发电量 80 多亿度（齐建国等，2013）。

泸江是红河的左岸支流，其上游发源于中国云南。泸江的主要支流明江和锦江在宣光汇合后形成泸江，全长约 452 千米。在汇合之前，泸江江面较窄，合流后江面宽度增加到 200—400 米，水流平缓，可以容纳 30 吨重船只，全年通行无阻。

泸江、沱江与红河汇合后，红河河道变得弯曲，分支众多，江面也相对宽阔，最宽处可达 1 000 米。由于地势平坦，河流流速较慢，导致泥沙淤积，某些地段河底甚至高出地面，形成"地上河"的景象。历史上，红河曾多次决堤，给流域内的人民带来了严重的灾难。越南统一后，政府积极兴修水利并实施宏大的治理工程，包括修筑堤坝等。目前红河流域已经成为河川密布、沟渠纵横的地区，在旱期和汛期都有良好的水利调节功能。这使得红河流域成为越南重要的农业基地，为当地的农业生产提供了保障。

（二）九龙江：湄公河最肥沃的一段

湄公河是中南半岛最长的河流，发源于被称为"亚洲水塔"的中国青藏高原，全长 4 500 千米，在中国境内的一段被称为澜沧江，出境后被称为湄公河。这条河流从中国出境后，先后流经缅甸、泰国、老挝三国边境，然后穿越柬埔寨中部，最后流入越南南部，流域面积达到 81 万平方千米。

湄公河流入越南南部后，分为九条河注入大海，这九条河被称为九龙江。最长的一条九龙江约 230 千米，每年的流量可达 10 亿立方米，是湄公河流域最肥沃、最易于开发的河段。九龙江的河宽超过 20 米，深度超过 2 米，因此易于通航，特别是到了汛期，河面更加宽阔。九龙江使得越南南部成为富饶的鱼米之乡，提供了丰富的水资源和农业发展机会。这里河网稠密，水上运输非常便利，河流的通航长度超过 2 000 千米，可以容纳 3 000 吨的船只。

三、港口与海岸

经过 20 年的海港规划，自 1999 年 10 月 12 日关于越南海港系统发展总体规划的第 202/1999/QD-TTg 号决议发布以来，越南已经建设了一个完整的海港系统，覆盖全国各地，从北到南。截至 2021 年 4 月 2 日，全国共有 286 个港口[1]，其中海防是港口最集中的地区，有 50 个港口；其次是巴地-头顿省，有 45 个港口；胡志明市排名第三，有 43 个港口。

目前，越南的海港系统与全国主要经济中心和区域同步规划。一些大型海

---

[1] 越南交通运输部："2021 年 4 月 2 日第 508/QD-BGTVT 号决议公布越南海港港口清单"，2021 年 4 月 2 日，https://luatvietnam.vn/giao-thong/quyet-dinh-508-qd-bgtvt-danh-muc-ben-cang-thuoc-cang-bien-viet-nam-200631-d1.html。

港已经形成,并成为货物进出口和推动整个区域发展的重要枢纽。例如,广宁、海防海港与北部重点经济区相连,承天-顺化、岘港、归仁海港与中部重点经济区相连,胡志明市海港、巴地-头顿、同奈海港与南部地区重点经济区相连,安江、芹苴海港与湄公河三角洲重点经济区相连。一些具有国际地位的现代化海港,如盖梅国际港(CMIT)-巴地-头顿、新港国际集装箱码头(HICT)-海防被列为深水集装箱港口,在世界航运系统中运送超长、超大型船舶。

在运输路线方面,越南已经建立32条海运航线,包括25条国际运输航线和7条国内运输航线。除了亚洲航线,北部地区已开通2条前往北美的航线,南部地区已形成16条通往北美和欧洲的航线。[①] 在东南亚地区,越南在海运航线繁忙程度方面排名第三,仅次于马来西亚和新加坡。

(一)港口"多、散、小"

越南《海事法》规定:海港是包括港口陆地和水域的地区,用于为船舶提供装卸货物、接载卸载乘客及其他服务的设施或基础设施。海港可以有一个或多个码头,每个码头可以有一个或多个泊位。2013年,越南政府通过第70/2013/QD-TTg号决议,将海港分类调整为14个Ⅰ类海港(包括3个ⅠA类海港)、17个Ⅱ类海港和13个Ⅲ类海港。海港分类标准根据海港服务区的面积、服务人口、海事服务能力、运输标准确定:Ⅰ类海港主要为全国或跨区域的经济社会发展服务;ⅠA类海港为国家门户港或国际中转港;Ⅱ类海港主要为地区或地方经济社会发展而设立;Ⅲ类海港为企业活动服务的特定用途港口(表2-4)。

整体上,越南的港口布局呈现"多、散、小"的特点,几乎每个沿海省份都设有港口。海防港(海防市)和胡志明港(胡志明市)是最主要的两个港口。它们在越南的贸易和经济发展中发挥着至关重要的作用,是越南经济增长的重要支撑点。这两个港口也在国际航运系统中扮演重要角色,具有较大的国际影响力。

---

① 越南统计局:"发展越南港口系统以适应国际一体化趋势",2021年5月29日,https://www.gso.gov.vn/du-lieu-va-so-lieu-thong-ke/2021/06/phat-trien-he-thong-cang-bien-viet-nam-dap-ung-xu-the-hoi-nhap-quoc-te/#_ftn2。

表 2-4　越南的海港分类

序号	类别	海港名称	所属省市	序号	类别	海港名称	所属省市
1	IA类海港	海防海港	海防	23	II类海港	前江海港	前江
2		庆和海港	庆和	24		槟知海港	槟知
3		头顿海港	巴地-头顿	25		同塔海港	同塔
4	I类海港	广宁海港	广宁	26		平顺海港	平顺
5		沂山海港	庆和	27		安江海港	安江
6		义安海港	义安	28		永隆海港	永隆
7		河静海港	河静	29		南根海港	金瓯
8		承天-顺化海港	承天-顺化	30		建江海港	建江
9		岘港海港	岘港	31		茶荣海港	茶荣
10		蓉橘海港	广义	32	III类海港	红玉码头	平顺
11		归仁海港	平定	33		黑狮子码头	
12		胡志明市海港	胡志明	34		金狮子码头	
13		同奈海港	同奈	35		双龙码头	
14		芹苴海港	芹苴	36		东海码头	
15	II类海港	海盛海港	南定	37		兰西码头	
16		太平海港	太平	38		大雄码头	
17		广平海港	广平	39		志灵码头	巴地-头顿
18		广治海港	广治	40		巴维码头	
19		淇河海港	广南	41		Vietsopetro码头	
20		永罗海港	富安	42		白犀角码头	
21		袈拿海港	宁顺	43		翠鸟码头	
22		平阳海港	平阳	44		督江码头	金瓯

资料来源：覃丽芳（2015）。

1. 北部主要港口

越南北部是电子、汽车和机械行业的重要枢纽。海防港和河静海港永安港[①]是北部国际集装箱运输的主要港口，虽然都不是深水港口，但在该地区起着重要作用。周边还有其他小港，如河内、雷东、广宁、锦普和广义等。北方港口

---

① 根据越南《海事法》第73条规定：应集中发展海港，避免扩散，每个省和直辖市只有1个海港，每个海港有多个港口。https://thuvienphapluat.vn/van-ban/Giao-thong-Van-tai/Bo-luat-hang-hai-Viet-Nam-2015-298374.aspx。

群传统上以散杂货为主。

海防港是河内地区重要的门户和中转站，也是北部最大的海港。主要工业包括机械、造船、纺织、水泥、玻璃、化工、搪瓷和罐头等。主要出口货物有铁、煤、大米、玉米、水泥、黑色及有色金属矿砂等，进口货物主要有机械和纺织品等。

河静海港永安港地理位置优越，位于广平省附近，邻近海外海上航线、主要公路和铁路。该港口还有一个巨大的工业区，拥有炼油厂和钢铁生产设施。

2. 中部主要港口

中部地区的主要港口是归仁港和岘港。中部港口群包括荣市、边水、顺化、岘港、归仁和芽庄，虽然涵盖了越南主要海岸线，但由于芽庄和岘港是越南主要的旅游城市，其货物吞吐量相对较低。

归仁港位于平定省归仁市中心，地理位置优越，自然条件良好，被认为是中部地区主要港口之一。它位于东亚南部和东亚相连的中心位置，拥有超过10条海路连接国际港口。

岘港是一个深水港，也是军港兼商港，自古以来就是著名的贸易港口。作为中部最大的海产品输出港，岘港湾水域宽阔、水深隐蔽，适合各种船只停泊，被誉为天然良港。港区码头泊位岸线长达2 235米，最大水深9米。

3. 南部主要港口

南部地区的主要港口包括胡志明港、头顿港和盖梅港等，这些港口是越南经济活动的中心，占据了全国近65%的集装箱吞吐量。

胡志明港（又称西贡港）位于南部湄公河平原东北部，同奈河支流西贡河下游，距离入海口约80千米。它是越南南部最大的港口，能够容纳万吨级远洋船只进港装卸，并拥有两个集装箱码头（越南国际集装箱码头、盖麟集装箱码头），这两个码头为越南的国际贸易提供了重要的物流支持。胡志明港附近的巴山造船厂是越南海军规模最大、技术力量最强的造船基地，但由于被城市包围，军事发展空间受到限制（王振、徐亮，2017）。

头顿港和盖梅港均位于巴地-头顿省。头顿港位于头顿市以东5千米处的定河上，主要进口货物包括机械、石油钻探化学品和设备，出口货物包括农产品和木材原木。盖梅港是一个中型港口，码头区有32个码头。盖梅国际码头距离胡志明市东南 50 千米，位置优越，是越南唯一提供往返亚洲、欧洲和美洲通道的码头。

（二）海岸线漫长

越南的海岸线是海洋与陆地相互作用的重要界线，长达 3 260 千米的海岸线为越南提供了丰富的海洋资源。海岸线的变化和形成取决于多种因素，包括地质构造、河流、波浪、潮汐以及海洋动力和生物作用。

越南大陆架北部较宽，中部狭窄，南部又变得宽阔。大部分人口集中在沿海地带，使得海岸带区域对越南至关重要。越南内陆离海洋最远的地方也不过 500 千米，大部分地区离海岸 200 千米左右，狭窄处离海岸甚至在 100 千米以下。

北部湾是越南北部与中国雷州半岛和海南岛所环抱的一个海湾，最宽处约 310 千米，最窄处约 220 千米。它有两个通往南海的海口，南口宽约 240 千米，东口宽约 18 千米，通过琼州海峡与南海相连。越南和中国于 2000 年签署了关于北部湾领海、专属经济区和大陆架划界的协定。根据协定，两国在北部湾的海域按照中线划分，归属越南的海湾区域包括数千座大小岛屿，其中包括白龙尾岛。白龙尾岛距离越南陆地约 110 千米，距离中国海南岛约 130 千米，面积约 2.5 平方千米。

越南南部的泰国湾是一个面积约 29.3 万平方千米的海湾，周长约 2 300 千米，被越南、柬埔寨、泰国和马来西亚环抱。该海湾最深处约 80 米，属于浅海湾。泰国湾的越南海域包括许多大小岛屿，其中最大的是富国岛，面积 567 平方千米。

越南的近海区域海洋深度不到 100 米，200 米的海底等深线离海岸还很远，只有在国土向东南突出的部分离岸不到 30 千米时，才能达到 200 米的海深。因此，越南的沿海地区在南北方向上比较浅，中部地区则相对较深。

越国海岸线地质多样，在红河平原、湄公河平原等处，海岸线一般是泥质的海滩，比较平直。这些地区通常是河流冲积形成的河口和三角洲区域，河水带来的泥沙沉积形成广阔的海滩。在长山山脉附近，海边多是平直的沙滩，也有向海洋突出的岩丘。这些地区通常位于中部，沿海地形较为平坦。在西部高原逼近的中部沿海，岸线最为曲折，多悬崖峭壁和山丘。

越南约有 3 000 个近海小岛，总面积约 1 720 平方千米。这些岛屿分布广泛，大小不一。其中，1 平方千米以上的岛屿有 84 个，占总数的 3%，但面积占到 92.73%。另外，仅 3 个岛屿面积超过 100 平方千米，10 平方千米以上的岛屿有 24 个。这些岛屿主要分布在广宁和海防等地的沿海地区，占总数的 83.7%，面积占 48.9%。在泰国湾上的建江-明海海域，岛屿数量不多，仅占总数的 5.7%，面积却占 35.5%。其余岛屿分布在红河平原至南部东区的范围内，数量众多，但面积较小，目前尚未命名，这些岛屿之间距离远近不一，有的紧靠岸边，仅一潮之隔，有的则离岸 100 千米以上。

第四节　自然资源

越南位于热带亚热带，靠山临海，因南北较长，其地形和气候多样，使得自然资源丰饶，西部和北部山区覆盖着大面积森林，盛产各种木材和林产品，生物多样性众多，地下又有丰富的矿产资源，被冠以"金山"；越南水系发达，海洋资源丰富，蕴藏各类海产品和水资源，渔业资源丰富，沿海有许多渔场，被冠以"银海"。所以，越南有"金山银海之国"的称号。

一、土地资源

土地资源是指已经被人类所利用和可预见的未来能被人类利用的土地，既包括自然范畴，即土地的自然属性，如土地资源是地质、地形、气候、水文、植被、土壤等要素组成的自然综合体；也包括经济范畴，即土地的社会属性，是人类的生产资料和劳动对象，是社会财富，具有可供发展农业生产利用的再生产的经济特性。土地资源具有自然生产能力、稳定性和可更新性，也存在空间分布的地域性和面积的局限性，并随着时间的变化而变化，土地资源具有一定的承载能力。按照利用方式，土地资源常分为耕地、林地、草地、建设用地和未利用地以及后备资源等几种类型。

（一）土地资源特征

1. 土地有限，但类型多样

越南面积并不大，共 331 689 平方千米，居世界第 67 位，大部分国土为陆地，陆地面积 310 031 平方千米。南北距离长达 1 650 千米，横跨 15 个纬度。囿于国土面积，越南的土地资源有限，但因土地水热条件差异、地质因素、漫长的农业种植历史以及多样的土地利用方式，越南土地资源利用类型多种多样。2016 年联合国粮农组织（FAO）统计数据库（表 2-5）显示，越南土地资源利用类型分布中，林地占 48.06%；其次是农业用地，占 39.28%；其余是建设用地、住宅用地和未利用地，占比 12.66%。多样的土地利用类型使得农、林、牧、副业发展具有全面性。

表 2-5 2016 年越南土地资源利用类型

地类（面积/占比）	二级分类	面积（平方千米）	占比（%）
林地 （149 000.68/48.06%）	原始森林	36 624.37	24.58
	人工林	111 541.91	74.86
	其他再生林	834.40	0.56
农业用地 （121 780/39.28%）	农田（耕地等）	115 362.19	94.73
	草地、牧场	6 417.81	5.27
其他类型用地 （39 249.87/12.66%）	建设用地、未利用地等	39 249.87	100.00

资料来源：根据 FAO 数据库中越南土地数据整理，https://www.fao.org/faostat/en/#data/RP。

2. 山地多，平地少

越南的山地、丘陵面积占到全国面积的 4/5。整体来看，山地面积辽阔，而平地面积相对较少，只有 1/5 的国土面积。一般来说，山地的高差大、土质差、坡度较陡，与平地相比可耕种性差，土地利用类型也比较单一；同时，山地资源比较脆弱，若开发不当，极易引起各种地质灾害或者环境破坏。山地一般比较适合林业的发展，所以越南的林业发达，有各种名贵的木材产出，生物多样性丰富。多山地、丘陵使得越南原本就有限的土地资源更加局促，平地资源更加珍贵。平地相对来说更易开发，可耕种性更强，更适合人类生产生活，所以越南的人口和城市集中在平地地区。

3. 耕地资源分布不均，集中在南北地区

越南的基本地形为"一根扁担挑着两个箩筐"，耕地资源主要集中在南北两个"箩筐"，中部沿海地区虽有一些耕地资源，但面积较小且质量远不如南北两大平原，所以导致越南耕地资源分布差异性显著，分布不均衡。

大片优质的耕地位于南部和北部，即湄公河平原和红河平原地区。湄公河平原地面平坦低洼，沼泽广布，平均海拔不到 2 米，加上水网稠密，降水也比较充足，所以是越南最富饶的地方，主要为水稻产区，人口占南部地区的 1/3。胡志明市就分布在此处。红河平原越池附近海拔 30 米，向海岸逐步倾斜，至沿海地区海拔不到 2 米。地势平坦，略有起伏，土壤肥沃，沟渠纵横，灌溉发达，人口和耕地约占北部地区的 70%，为越北经济中心和农业生产基地。该地 90% 的耕地种植水稻，此外还种黄麻、烟草、甘蔗和花生等。城市和工业也较密集，这里有首都河内、最大港口海防及工业城市越池和南定等。铁路、公路、水路交通较为发达。

两大平原的耕地占耕地总面积的 70%，占稻谷种植总面积的 80%。两者都属于冲积平原，光热充足、水量充沛，种植条件良好，都盛产稻米，且稻谷种植可以两熟到三熟。

虽然土地资源不多，可耕种面积占全国土地面积的 27.7%，但土地质量优良，适合种植水稻和经济作物，肥沃的农田占到总农业用地的 94.73%。越南统一后，政府组织大规模的垦荒运动，即所谓的"开发经济区运动"，使得耕地面积增加了不少。南部湄公河三角洲开发时间较晚，至今仍有一些荒地可开垦。

4. 土地资源利用率高，但人均占有量少

越南境内没有海拔很高的高原，也没有戈壁、沙漠等地形，基本上所有的国土都能利用，利用率较高，是一个土地资源有限但大都能利用的地区。越南几乎没有荒废的土地，不论什么利用类型，基本上都能用来进行生产与生活，相对世界其他国家来说，这是一个无可比拟的优势。但是资源是相对人而言的，相比亿级的人口规模，该国人均占有土地资源不足。

5. 人口持续增长，土地资源短缺

作为东南亚地区人口最稠密的国家之一，随着近年来人口持续增长，人均土地资源日渐减少，给本来就不宽裕的土地资源带来压力。越南人口数量距离亿级近在咫尺，加上城镇化进程日新月异，占用了不少优质的土地资源，导致人均土地资源越来越少，土地资源短缺问题将来会更加突出。人口红利就像是一把双刃剑，在带来经济发展便利的同时，也给越南的自然资源特别是土地资源带来不小的冲击。

（二）各类型土地分布

越南土地不多，人均占有量较少，但土壤类别丰富，约有1 100万公顷冲积土、2 200万公顷原生土，有利于多种作物生长。冲积土比较肥沃，土层厚，较松软，适合种植一年生植物。最有价值的是江河冲积形成的潮土，但潮土面积不多，约300万公顷，分布在红河平原和湄公河平原。土壤的地理分布影响其使用价值，越南平地和缓坡地约1 280万公顷，而坡地和多阶地约1 590万公顷，适合农业种植的面积并不大，且潮湿的热带气候条件以及粗放的耕作模式使得土壤肥力下降，水土流失严重，尤其是在山区。

1. 山区的土地

各类地貌不断变化和多种云母石构造，使得越南许多种类的土壤交叉分布，形成复杂的地坎。云母石的物理风化在干旱地区较为常见，导致土壤中含有难以溶解于水的物质，使土壤变得贫瘠。同时，铁和铝的氧化物在地壳表层积累，导致土壤呈现红黄色或黄色。

越南土壤中铁和锰的脱氧反应剧烈，有时在干旱条件下会形成尖状核，这被视为形成岩石的初级阶段。在某些地区，铁铝土逐渐演化成了岩石。然而，铁元素在土地中也起着积极的作用。在含有少量有机物的条件下，铁使得土壤含有很多团粒，不易被雨水冲毁，同时有保持土壤水分的作用。铁和磷的存在使土壤难以被冲刷，为种植作物储备了磷元素。此外，铁还具有固氮作用，有助于提供植物生长所需的氮元素。这类红黄土主要分布在丘陵地区，分为以下五类：①岩石上的棕红土壤，分布在西原地区、东南部地区以及清化、广平、广治、富安等西部地区，适合种植咖啡、橡胶、茶等经济作物；②岩石上的棕黄土壤，分布在海拔800—900米的保禄高原，适合种植多年生经济作物；③岩石上的棕紫色土壤，分布在多乐一带，土质较好，适合种植橡胶、可可、胡椒、果木等作物；④磷灰石的棕红土，分布在磷灰石山区，适合种植玉米、大豆；⑤黄土，分布在高平、谅山、北江等省，适合发展林业。

西原地区和中部沿海地区主要分布有灰白色土壤，肥力相对较低，较为贫瘠。东南部地区以及红河平原也有灰白色土壤，虽然肥度较低，但土质相对松软，排水性较好，经过改造和适当的农业措施，可以种植一些作物。在海拔1 600—1 700 米的高山地区，如黄连山、玉灵山、玉昂山等，分布有高山铝铁矿细土，这种土壤在高山环境中具有一定的肥力。此外，还有一些山间盆地适合开辟梯田，种植一些适合在山地生长的短期经济作物。

2. 平原的土地

从外观来看，平原地区土壤相差不大，大多由河流淤沙堆积而成。越南主要土壤是冲积土，由江河、海洋等水体携带的沉积物在平原地区堆积而成。随着上百年的种植和管理，土地构成发生变化并形成大量水稻田。

由于江河与海洋的分布，土地也分为淡水冲积地和咸水冲积地。淡水冲积地又进一步分为堤外冲积地和堤内冲积地。堤外冲积地每年会得到新的淤沙补充，使得肥度逐渐提高，对于农业生产非常有利；而堤内冲积地则由于缺乏新的淤沙补充，肥力相对较弱。

新的冲积土成土时间较短，土壤肥力较高，湄公河平原约有 100 万公顷，而红河平原约有 60 万公顷。湄公河平原和中部沿海平原约有 300 万公顷盐碱地，主要分布在同塔地区、龙川和金瓯半岛，还有海防、太平等沿海县。

平原中大部分土地是柔性混合黏土，特别是海拔相对高的土地，磷、钾、有机物质、氮含量均比较高。当然，这类土地在红河冲积地和湄公河冲积地之间有所不同。中部沿海平原分布有一定面积的盐碱地，有灰色、深灰色，具有轻度酸性。中部平原也分布有沿海沙土，由 80% 以上的沙和 20% 以下的土混合而成，土质松软，透气透水性好，但保持肥力能力较差，需要改良。

3. 荒地

越南荒地可以分为两类：丘陵荒地和低洼山区荒地。丘陵荒地占比最多，分布在 500—600 米的高度，低洼山区荒地分布在 500—600 米到 1 500—1 600 米的高度。丘陵地区的典型土壤是红黄土荒地，形成于沉积岩、火成岩和风化岩。这类荒地肥力较好，酸性较小，适合农作物种植，包括水稻梯田的耕种。

而深红色荒地则分布在石灰岩、碱性火成岩和中性岩上，比黄红土更肥沃，但因失去植被而容易退化，下层土壤易被岩石化。

在冲积地和平原边缘的古冲积层上，也可以见到棕色或灰色荒地，一般来说肥力较差，容易褪色，因黏土流失导致地表结构易被岩石化。这种情况在越南北部中游地区和东南部较为普遍。

低洼山区荒地群包括山区红黄土荒地，这些地区通常终年寒冷潮湿，导致有机物的矿化速度较慢，土壤富含腐殖质。然而，由于粗碎末土的存在，土地常常呈现较强的酸性反应。在石灰岩或碱性火成岩山地上，棕红色的荒地更为肥沃，但这类荒地分布面积相对较小，主要集中在高原和北方山地地区。

据统计，越南共有3 313.5万公顷的土壤资源，其中约1 162.1万公顷用于农业生产，占总量的35.07%；约1 544.0万公顷用于林业，占46.60%；约202.5万公顷为专用地，占13.11%；还有约76.0万公顷的土地被定为风景地（表2-6）。

表2-6 2021年越南的土地利用状况　　　　　　　　　　单位：万公顷

地区	合计	农业用地	林地	专用地	风景地
全国	3 313.5	1 162.1	1 544.0	202.5	76.0
北部边境和山区	951.8	228.7	571.5	35.1	12.2
红河平原地区	212.8	77.3	51.6	34.9	15.1
中北部和中部沿海地区	958.5	217.3	597.4	60.3	20.0
西原地区	545.5	254.3	244.5	21.9	6.0
南部东区	235.5	127.1	49.3	24.7	9.0
湄公河平原地区	409.2	257.4	29.5	25.6	13.8

资料来源：根据《2022年越南统计年鉴》整理。

二、矿产资源

矿产资源既是一个自然概念，又是一个经济概念。矿产资源资料来源于地壳，但不仅来自地壳内，也包括地壳上的固、液、气三态聚集物；矿产资源不仅限于已经发现的，也包括目前尚未发现而在可预见的未来可发现和可利用的；矿产资源具有不可更新性、分布不均匀性以及共生和伴生性。

(一) 矿产资源特征

1. 矿产丰富，种类众多

越南拥有多种矿产资源，包括煤、铁、铬、钛、铜、铅、锌、锡、铝、镍、钨、汞、磷酸盐等。这些矿产主要分布在北部山区，其中煤主要分布在广宁省，静宿的锡矿、老街的磷酸盐矿、黄连山的铁矿等也较为著名。此外，义安葵合的锡、西原地区的铝矾土储量都很可观。还有一些金矿和铂矿，虽然储量较小且分散，但仍然具有一定的价值。越南还拥有丰富的建筑工业原料，如制玻璃的石英砂和高岭土，其储量在庆和、广宁等地区也很丰富（杨然，2008）。

据越南地质矿产局统计，越南的采矿许可证持有者主要由国有企业占据，约占54.81%；其次是有限责任公司、联合股份公司、私营企业等，占14.44%；合作社占5.05%，个体采矿者占14.19%，外资生产企业仅占2.17%。越南的矿业部门从业人数总计约23万人，矿业在就业方面扮演着重要角色。矿业在国民经济中有一定的比重，对经济发展起到了一定的支撑作用。

据统计，越南的铝土矿储量约7亿吨，磷灰石储量约78万吨，钛储量约1 571万吨，煤炭储量约35亿吨，稀土储量约1万吨，花岗岩储量约150亿立方米。[①] 此外，越南还有丰富的石油和天然气资源，石油储量约60亿吨，天然气储量约40 000亿立方米，主要分布在沉积物中。

2. 成矿时空跨度大，成矿作用多样

越南位于太平洋构造域与特提斯-喜马拉雅构造域的接合部位，使得该国具有复杂的地质构造和丰富的矿产资源。越南的地壳发展经历了两个主要阶段：首先是地槽阶段，从元古代至中三叠世，这期间发生了裂开带的形成以及伴随褶皱作用和断裂发生的岩浆活动；其次是造山阶段，从晚三叠世诺利克期开始，一直延续到现在。在这个阶段形成了山间盆地中堆积厚度较小的陆相红层、含煤岩系及火山岩。这些沉积岩和火山岩经历了燕山与喜马拉雅期的构造运动，构成了现代越南的地貌景观。同时，也伴随着各类岩浆岩的侵入和喷出活动

---

① 越南开放发展网："越南矿业、工业概况"，2016年1月14日，https://vietnam.opendevelopmentmekong.net/vi/topics/tieng-viet-mot-vai-net-tong-quan-ve-nganh-cong-nghiep-khai-khoang-viet-nam/#!/story=post-289081&loc=13.2904027,108.4265113,7.

（孙邦东、张忠伟，1991）。由于这些特殊的地质条件，越南的矿产资源丰富，成矿作用多样。

根据板块构造的观点，越南地壳是由两个板块拼接而成。首先是属于华南板块的西延部分，即越北地块；其次是东印支板块的主体部分，即昆嵩地块。这两个板块之间存在红河-马江碰撞带，是它们碰撞嵌接成一体的地质结构带。华南板块是一个大陆板块，其西延部分越北地块是华南褶皱系的西南延续。而印支板块是在晚三叠世诺利克期印支运动下形成的一个菱形块体，其基本构造格局为元古代古老陆核，陆核上又叠加中、新生代盆地沉积，具有稳定地块的三层结构。这两个板块在晚三叠世的印支运动中发生碰撞嵌接，形成了越南地壳的复杂构造。在碰撞过程中，板块之间发生变形和挤压，伴随着断裂、褶皱和岩浆活动。这些构造作用对越南地区的地貌和矿产资源分布产生了重要影响。

总体来说，越南地壳的形成复杂，涉及多个板块的碰撞、嵌接和构造活动。这也为越南地区丰富的矿产资源提供了一定的地质基础。

3. 矿床分布广，矿带集中

在越南的矿产资源中，大中型矿床占到一半以上。同时，矿床中普遍存在共生伴生矿床，这意味着在一个矿床中可能会有多种矿物资源富集，增加了开采的经济价值。此外，矿床中富矿和易选矿的比例较高，意味着许多矿床中矿物资源相对富集且较易进行提取和选矿处理。在矿床类型中，煤矿、铁矿、锰矿等较多，典型矿床占据了较大比例，意味着这些矿床的规模较大且资源储量较为富余（朱爱中等，2008）。

4. 矿产资源分布不均衡，开采率低

矿产资源主要集中在北部和中部地区，南部地区的矿产资源较为有限。北部地区主要以黑色金属矿、有色金属矿和稀土金属矿为主要矿产，其中煤矿、铁矿、铜矿等是重要矿产资源。中部地区则以铝土矿和金矿为主要矿产，尤其是西原地区和山萝省有丰富的铝土矿资源。南部地区的矿产资源相对较少，主要以铝土矿和零星的金矿为主。

尽管越南拥有较丰富的矿产资源，但实际开采率较低，部分可以归因于历史上的战争和冲突，这些事件对矿产开采造成了一定的影响。此外，经济发展的进程也可能影响了矿产开采的优先级和节奏，导致一些矿区尚未开采或拟定

开采计划。矿产开采涉及复杂的社会、经济、环境和政治因素，需要综合考虑各方面来做出决策。

（二）石油、天然气、煤炭

越南在石油和天然气资源方面拥有相当可观的储量，其中可采储量煤炭33.9亿吨、原油储量4.6亿立方米、天然气储量6 100亿立方米。2017年，产出3 840万吨煤炭、98.7亿立方米天然气和1 552万吨原油。由于炼油厂的生产能力有限（每年650万吨），只有约40%的产出原油被用于炼油厂，其余部分则用于出口。煤炭主要用于工业领域，而天然气主要用于发电（Nguyen，2021）。

煤炭资源主要分布在东北煤盆地和宋洪煤盆地。其中，红河流域大陆部分从兴安省的膏莱延伸到南定省的海侯，具有巨大的煤炭储备潜力。北方地区是越南煤炭主要集中地区。广宁省是重要的煤炭生产基地，拥有大片无烟煤、露天煤矿。广宁省的煤带从东朝向南呈半弧形延伸，全长约150千米，储量约30亿吨。此外，太原和广南以及其他地区也有无烟煤、褐煤资源。褐煤主要产于越北的红河盆地，资源潜力巨大，估计储量超过2 000亿吨，同时伴有丰富的煤层气。然而目前褐煤的开采程度较低，开采对技术要求较高，成本较大，越南目前只是零星的小规模开采。肥煤资源分散在多个地区，各地区储量从几十万吨到几百万吨不等。泥煤资源总储量约60亿吨，分布在北部、中部和南部，质量中等（程新等，2011）。

（三）铁矿、钛矿

越南铁矿已探明储量13亿吨，资源量约23亿吨。现已发现三个铁矿区。第一是西北地区，其中贵砂铁矿储量1.25亿吨，主要是褐铁矿，品位[①]43%—52%；第二是北部地区太原、河江、北泮、高平境内，储量5 000万吨，主要是磁铁矿，品位60%以上；第三是中部的顺化、义安、河静等地，已发现多种类型的铁矿，其中石溪矿床储量最大，约5亿吨。

越南铁矿类型多样，主要有矽卡岩型、风化淋积型、火山岩型、沉积变质

---

① 铁矿的"品位"通常指的是铁矿石中所含的铁的纯度或质量百分比。铁矿石的品位是一个关键指标，它决定了从铁矿石中提取铁的效率。

型、沉积型、热液型、风化壳型等七种类型。其中，矽卡岩型是最重要的铁矿类型，已发现的铁矿主要分布在北部高平、清化、河静等省，资源集中，矿石品位较高。

越南的钛矿包括原矿和砂矿两大类。原矿主要集中在太原省，砂矿则集中在从清化到巴地-头顿的沿海省份。目前经初步探明的钛矿储量约 2 000 万吨，可开采量约 1 500 万吨，主要分布在北部地区的太原和宣光两省（约 600 万吨，山矿，含较高的铬），以及中部沿海地区的河静省（约 500 万吨）、清化省（约 400 万吨）、平定和平顺两省（约 300 万吨）。沿海地区都是砂矿，含铬量较低。全国年钛矿产量约 15 万吨，其中越南煤矿集团公司（该国最大最重要的矿产开采集团）年产量约 4 万吨，河静省产量约 5 万吨，其他地区产量约 6 万吨。越南的钛矿产品全部出口，主要出口到泰国、日本和中国等地。[①]

（四）其他矿藏

越南已探明的铜矿储量约 795 万吨，资源量约 1 000 万吨。此外，已探明的镍矿储量约 152 万吨，资源量约 500 万吨。老街生权铜矿矿床储量约 51.1 万吨，伴生金约 35 吨，银约 25 吨。

越南的镍矿主要分布在班福地区，其中镍铜储量约 19.3 万吨，镍约 12 万吨。

越南的铅锌矿产地共有 214 处，主要是热液型铅锌矿。这些矿床主要分布在北部隆起带、莱州-清化火山弧带以及马江-印支岛弧带。另外，越南的锡矿分布相对广泛，常常与钨矿共生。锡矿主要分布在越南北部的高平省、宣光省、太原省，北中部的清化省、义安省，以及中南部的林同省、宁顺省、平顺省等地。目前，越南的年开采量约数千吨（何俊、罗瑜洁，2018）。

越南的铝土矿是优势矿种，主要以三水铝矿为主，储量巨大，质量优良。目前已发现 30 多个矿床，其中 11 个为大型矿，总资源量约 70 亿吨（董宝林，2003）。铝土矿主要分布在北部的高平省、谅山省，以及西原地区的林同、达农、多乐、嘉莱、昆嵩等省。经过精选后，这些矿石中三氧化二铝的含量可

[①] 越南地质局："2020—2030 年钛矿勘探、开采、加工及使用区域规划"，2013 年 9 月 3 日，http://dgmv.gov.vn/index.php/bai-viet/phe-duyet-quy-hoach-phan-vung-tham-do-khai-thac-quang-titan。

达 47.5%。

越南磷矿总储量 14 亿吨，其中质量好的一类矿约 3 000 万吨，主要分布在老街省到安沛省红河流域南部长 100 千米地带内，宽约 3 千米，谅山等地也有磷矿床分布。磷矿石主要来自寒武系变质沉积岩中的磷灰石、古生代-新生代的碳酸岩台地边缘凹陷和坡脚部位产出的磷酸盐以及海鸟粪。最著名的磷灰石矿是老街磷矿，老街柑塘矿露天开采部分储量达 2 亿吨。矿体产于寒武系变质沉积岩中，形态是简单的层状，虽有少量花岗岩脉沿裂隙贯入，但对矿体没有多少破坏。矿体标高 0—250 米，开采容易。

三、森林资源

森林除提供木材、食物、药物及化工原料等林产品外，同时也是野生动植物繁殖生息的重要场所，具有涵养水源、保持水土、美化净化环境、保持生物多样性等多种功能。越南温度适宜，雨水充沛，自然条件独特，森林资源极其丰富。

根据《越南统计年鉴》的定义：林地指的是符合林业保护与发展立法规定的森林标准的有林地（包括种植林和天然林），以及与自然农法相结合的新种植地或林场；天然林指自然存在或通过自然更新恢复的林木，包括原始林和次生林；种植林指由人工种植的林木，包括在无林地上新建的人工林、采伐现有人工林后重新种植的林木以及采伐人工林后自然再生的林木。根据用途，森林又分为保护林、特用林和生产林：保护林主要用于保护水资源、保护土地、防止侵蚀、抗击沙漠化、限制灾害、调节气候和保护环境；特用林主要用于自然保护、国家生态系统的标准样本和森林遗传资源，科学研究，保护历史文化遗迹、旅游景点，服务于休闲和旅游，并结合环保功能；生产林主要用于木材及非木材森林产品的生产和贸易，并注意结合环保功能。

2016 年，越南的林地面积达到陆地总面积的 48.06%，为 14.90 万平方千米，其中种植林占比最高，达到 74.86%。这些植被主要分布在越北地区、中部地区、西部地区的山区和丘陵。该国拥有多种贵重木材资源，包括铁杉、玉桂、花梨、柚木、樟木、榛木、丁香、格木、朴树、红木、麻栎、乳香树、椴树、乌梅、绛香、黄檀等（胡淑萍、陈永伶，2001）。此外，越南还产出紫梗、桂皮、松香、茴香等特产以及党参、三七、何首乌、砂仁、巴戟、黄连等名贵药材。

按群落本身的特征，越南的植被类型包括：①热带常绿阔叶林：分布于北部海拔 800 米以下、南部海拔 1 000 米以下的丘陵地区，主要包括蝶形花科、壳斗科、樟科等树种。②干热带落叶林：主要分布在中部高原地区，受干旱和火灾的影响，形成由龙脑香属组成的稀疏林，在湿润的斜坡底部则形成复层的郁葱林。③亚热带常绿阔叶林：主要分布在北部海拔 800 米以上地区，例如与老挝和中国交界的山地。该类型林地主要包括壳斗科、樟科、杜鹃花科和竹亚科的树种。④针叶林：主要分布在南部高原地区以及北部海拔 1 500 米以上的地带。⑤红树林：分布于湄公河平原南部及红河平原沿海地带，是一种适应盐碱地的特殊植被类型。此外，越南还盛产竹子，全国各地都有竹林分布，竹子在建筑材料、生活用品、纸浆原料等方面有广泛应用。

多样的气候和土壤类型为自然植物群落的形成提供了条件，并带来丰富多样的植被种类。从北回归线向南地区，气候潮湿，植被主要属于湿热带常绿季雨林型，包括各类适应日照充足、温度较高、湿度较大环境的树木。这些树木具有强大的再生能力，如格木、黄木、栗树等。

山区和高原地区降水相对较少，旱季较长。在南部和林同省等中等海拔山区，亚热带森林逐渐过渡为稀疏的针叶林，尤其是三叶松林。这类植被属于山区干旱热带稀疏林。而在高原地区的石灰岩山地上，也可以找到亚热带森林，例如在高平、谅山等省。

战争对越南的森林资源造成了严重破坏。从 1943 年开始，越南的森林面积逐渐减少，森林覆盖率下降。之后，由于经济不稳定以及政府鼓励农民开垦土地，森林面积继续减少。随着革新开放政策的实施，越南开始进行林权改革，但由于乱砍滥伐和经济发展的压力，森林资源继续受到损害。从 1990 年起，越南采取了一系列措施来保护和恢复森林资源，包括推行林业行动计划、推动全国造林和护林运动以及实施大规模的人工造林计划。这些努力逐渐带来了成果，森林面积开始逐步增加。特别是在 1999 年实施的"500 万公顷造林计划"下，越南通过人工造林来增加森林资源。2012 年以来，越南的森林覆盖率一直稳定在40%以上（表2-7）。

表2-7 2008—2022年越南森林面积变化

年份	总面积（万公顷）	天然林（万公顷）	种植林（万公顷）	森林覆盖率（%）
2008	1 311.88	1 034.86	277.02	38.7
2010	1 338.81	1 030.48	308.33	39.5
2012	1 386.20	1 042.38	343.82	40.7
2014	1 379.65	1 010.02	369.63	40.4
2016	1 437.77	1 024.21	413.56	41.2
2018	1 449.13	1 025.55	423.58	41.7
2020	1 467.72	1 027.92	439.80	42.0
2022	1 479.01	1 013.41	465.60	42.0

资料来源：张婉洁等（2019）。

森林破坏主要是由不合理的开发活动所导致。平原地区不断扩大耕地面积，导致树木遭受严重破坏。中部地区的森林已经被转变成茶园和各种经济作物种植地。山区的坡地被开垦用于农业，同时大量木材被采伐，导致森林面积逐年减少。森林的破坏加剧了水土流失，恶化了区域环境，使平原地区和山区的洪涝问题变得更加严重。

随着人口增长和经济发展，对森林产品和环境服务的需求不断增加，特别是边远山区的贫困人口，他们依赖森林为生，这使得林业的可持续发展面临巨大的需求和挑战。乱砍滥伐已经成为森林面积减少的主要原因之一。数据显示，越南森林开采中72.6%是合法的，还有27.4%是非法的（Pham Thanh Hue，2019）。

森林火灾也是导致森林资源快速退化的一个重要原因，对栖息其中的生物产生影响，并对人类生产生活造成不良后果。根据2010年越南森林保护局的数据，2002—2010年平均每年发生704起森林火灾，平均每年损失50 819公顷的森林面积。2017年前9个月，越南发生了近1 700起森林火灾，其中西原地区有757起。大多数森林火灾发生在种植园和生产林区，人们在这些地区开展非木材林产品的采集，主要包括收集蜂蜜等活动，这些活动可能会意外引发森林火灾。

越南各级政府正在积极采取多项措施来保护森林资源，包括：在森林破坏严重的地区，实施全面禁伐天然林政策，扩大保护林的面积，提高森林覆盖率；提高森林管理者的技能和能力，通过培训和教育使其更好地管理森林资源；在不同地区建立试验示范林和经营示范林，促进树种多样性，提升种苗质量和林业生产力；完善相关政策与法规，如继续推行封禁天然林政策以减少开采对森林的影响。

四、渔业资源

越南的沿海拥有北部湾、中部海区、南部海区、泰国湾四个主要捕鱼区，这些捕鱼区大多位于沿海浅水区域，靠近岛屿，水深不超过 200 米。因国土顺着海洋呈狭长状延伸的地理特点，海洋渔业在水产业中一直占八成以上份额。近年来，随着远海捕捞能力增强，海洋渔业在水产业中的比重呈上升趋势，随之也带来了海洋渔业资源受损的迹象，部分鱼类的捕捞超出了可持续发展范围。

北部湾地区有三个捕鱼区：1 号捕鱼区位于白龙尾岛周围区域，水深 50 米，主要捕捞石斑鱼、马面鲀；2 号捕鱼区位于北部湾中部，水深 50 米，主要捕捞马面鲀、石斑鱼、泥鳅；3 号捕鱼区位于北部湾南部，围绕猴子岛和猫岛周边，水深约 20 米，主要捕捞泥鳅、飞鱼、大口黑鲈、沙丁鱼。北部湾地区主要捕捞季节为 6—8 月。

中部海区有五个捕鱼区：4 号捕鱼区在凤岛（顺安）区域，水深 45—70 米，主要捕捞黑鲈、泥鳅、飞鱼、海龟、白鱼；5 号捕鱼区位于阮泉岛东北部，水深 100—300 米，主要捕捞飞鱼、银鱼、泥鳅；6 号捕鱼区位于岘港西北部，水深 50—200 米，主要捕捞马面鲀、银鲈、银鱼、飞鱼、黑鲈；7 号捕鱼区位于岘港海域外，水深 215 米，主要捕捞红唇鱼、小头鲨；8 号捕鱼区位于归仁市西北—东南方向，水深 290—350 米，适合拖网捕捞。中部海区主要捕捞季节为 4—7 月。

南部海区有五个捕鱼区：9 号捕鱼区位于藩郎-塔占市外海区，水深 280 米，主要捕捞红唇鱼，占该捕鱼区捕捞总量的 62%；10 号捕鱼区位于芽庄东部，主要捕捞季节为12月—次年2月，捕捞鱼种包括条纹飞鱼（全年可捕）、长尾鲳、石斑鱼、普通飞鱼；11号捕鱼区位于芽庄南部，水深50—200米，但全年都可以捕捞，11月—次年3月为主要捕捞季节，4—7月产量减少，主要捕捞条纹飞鱼、短鲳、红鱼、泥鳅；12号捕鱼区位于昆嵩岛周围，水深25—40米，主要捕捞季节在秋冬之交，主要捕捞石斑鱼、红鱼、飞鱼、金线鱼、泥鳅、黑鲈；13号捕鱼区位于后江口，水深10—12米，全年可捕，主要捕捞墨西哥青鱼、胡椒鱼、鳀鱼、鲑鱼、银鲷、红鱼。

泰国湾地区有两个捕鱼区：14号捕鱼区位于越南西南海岸，水深10—15米深，全年均可高产捕捞，主要捕捞鲷鱼、鳀鱼；15号捕鱼区位于富国岛西南部，水深10—15米，全年均可高产捕捞，主要捕捞黄鲷鱼、红鲷鱼、凤尾鱼。

越南沿海岸线有50余万公顷的红树林，多在南方中部一带。红树林木质紧密、不易腐烂，是铁路枕木、桥梁的好木料。红树林生长之地，泥沙逐渐沉积，海滩不断扩大，可以防止海水侵袭海堤。

越南沿海的海盐也较为丰富，近年来年产量达六七十万吨，但海盐生产仍靠手工操作，机械化程度较低。

北方海区的岛屿如吉婆、永实、巧箭等，在农林业方面占据领先地位。各个岛屿的农林业劳动力占据首位，但产值并不高。尽管富国和富贵等岛屿资源本底相对较好，但仍然难以实现粮食自给，大部分土地种植的是多年生作物（如胡椒、椰子、腰果等），或者正在逐渐转向杂粮和葱蒜等作物。一些岛屿，如吉婆和青蓝等，将水稻改种为水果。

参 考 文 献

[1] 成汉平：《越南海洋战略研究》，时事出版社，2016年。
[2] 程新、沈镭、高天明："中南半岛五国矿产资源开发现状及中国的投资取向"，《资源科学》，2011年第10期。
[3] 董宝林："越南的矿产资源及矿业投资环境"，《南方国土资源》，2003年第7期。
[4] 古小松：《越南：历史 国情 前瞻》，中国社会科学出版社，2016年。
[5] 何俊、罗瑜洁："东盟地区矿产资源概况"，《南方国土资源》，2018年第12期。
[6] 胡淑萍、陈永伶："越南的森林、人工造林和树木引种驯化"，《江西林业科技》，2001年第1期。
[7] 〔澳〕杰弗里·默里著，马乃强译：《Vietnam：越南》，高等教育出版社，2017年。

[8] 兰强、徐方宇、李华杰：《东南亚研究（第1辑）：越南概论》，世界图书出版公司，2012年。
[9] 黎伯草：《越南的领土及地理区域》，越南世界出版社，1998年。
[10] 利国、徐绍丽、张训常：《列国志：越南（第三版）》，社会科学文献出版社，2015年。
[11] 林宝：《越南：山与海的唱和》，广西民族出版社，2006年。
[12] 林明华：《越南社会文化与投资环境》，世界图书出版公司，2012年。
[13] 马也："越南矿业的机遇与挑战"，《世界有色金属》，2011年第8期。
[14] Pham Thanh Hue："论越南森林退化的原因"，《乡村科技》，2019年第3期。
[15] 祁广谋、钟智翔：《东南亚概论》，世界图书出版公司，2013年。
[16] 齐建国、高德可、张加祥：《金山银海——越南》，上海锦绣文章出版社，2013年。
[17] 覃丽芳：《越南海洋经济发展研究》，厦门大学出版社，2015年。
[18] 日本《走遍全球》编辑室：《走遍全球：越南》，中国旅游出版社，2018年。
[19] 孙邦东、张忠伟："越南矿产资源概况"，《广西地质》，1991年第4期。
[20] Vu Manh Cuong："越南矿产资源管理的现状及对策研究"（硕士论文），华南理工大学，2014年。
[21] 王勤：《东南亚蓝皮书：东南亚地区发展报告（2020—2021）：全球疫情下的东南亚》，社会科学文献出版社，2021年。
[22] 王振、徐亮："越南金兰湾建设与南海'平衡'战略"，《亚太安全与海洋研究》，2017年第3期。
[23] 吴良士："越南社会主义共和国矿产资源及其地质特征"，《矿床地质》，2009年第6期。
[24] 解桂海：《越南蓝皮书：越南国情报告（2021）》，社会科学文献出版社，2021年。
[25] 谢林城：《越南蓝皮书：越南国情报告（2016）》，社会科学文献出版社，2016年。
[26] 杨然："东南亚矿产资源潜力及广西的合作开发对策"，《南方国土资源》，2008年第2期。
[27] 余富兆：《越南社会经济地理》，世界图书出版公司，2014年。
[28] 原岳：《越南》，商务印书馆，1972年。
[29] 《越南攻略》编辑部：《越南攻略》，华夏出版社，2020年。
[30] 中国银行股份有限公司、社会科学文献出版社：《越南》，社会科学文献出版社，2016年。
[31] 朱爱中、赵峰、冯佳睿："越南矿业投资分析及建议"，《湖南有色金属》，2008年第5期。
[32] Nguyen, M. B., 2021. Vietnam Country Report. In Han, P., S. Kimura (eds.), *Energy Outlook and Energy Saving Potential in East Asia 2020*. Jakarta: ERIA.

第三章 人口结构与城镇化

越南是一个拥有亿级人口的国家，是东南亚地区人口第三大国，仅次于印度尼西亚和菲律宾，在全球排名第十五位，人口相当于一个中等规模的国家。人口密度在东南亚地区排名第三，仅次于菲律宾和新加坡。

与周边国家相比，越南的城镇化发展速度较低，大部分人口位于农村。该国城镇化与工业化进程密切相关，地区之间存在城镇化不均衡的现象；人口城镇化水平较低但稳步推进，部分城市物理范围急剧扩张。越南的城镇化还表现出以政府意志为主导、行政因素占比较大的特点。

第一节 人口结构与变动

历史上，越南人口受战争影响较大，自然增长缓慢；空间上，人口分布不均，集中在南北两大平原，又以河内市和胡志明市为集聚中心；结构上，男女比例微微失衡，人口结构正逐渐偏离金字塔形状，底部区域开始向内收缩，表明少年儿童比例低，中老年人口比例高，面临老龄化压力。

越南每十年举行一次全国人口和住房普查，最新一次的人口普查是第五次人口普查，简称"五普"，于 2019 年进行，本章大部分数据为 2019 年的"五普"数据[①]（Tổng Cục Thống Kê，2020）。

---

① 2019 年越南人口普查数据网址：http://tongdieutradanso.vn/。

一、历史人口变化

中南半岛被称为"这儿的土地像金子银子一样",越南作为中南半岛的一部分,其土地富饶,资源丰盛。越南历史源远流长,从史前时期到郡县时期,再到自主时期、殖民地时期,该国经历了疆域的不断变迁,伴随而来的是人口数量、结构的不断变化。在这长达 2 000 多年的时期内,越南的人口数量和地理分布,主要呈现以下特点。

(一)人口自然增长相对缓慢

在公元 1—2 世纪,该地区不同民族大范围杂居。由于当时生产力不发达,人口增长受限于食物、资源和疾病等因素,增长缓慢。进入封建社会时期,随着生产力逐渐提升,人口也逐渐增多。《汉书·地理志》中记载,交趾郡的户籍人口达到九万二千四百四十人,户籍人口则有七十四万六千二百三十七人,而与之相比,其他八个郡的总人口还不及交趾郡。此外,还有同属于红河平原的九真郡,其人口也达到了十六万六千余人。交趾和九真两郡后来成为越南国家的前身。历史记载显示,19 世纪末,越南的人口仅约 430 万人。在殖民地时期,越南人口增长到 710 万。1921 年,越南人口 1 560 万,历经 40 年,到 1961 年,人口增加仅一倍。然而,20 世纪 50 年代,越南的人口增长开始显著,七八十年代达到高峰,随后逐渐减缓并趋于稳定。

(二)战争对人口数量影响大

古代越南经历了多次战争。从公元前 221 年的秦朝平定南越,到公元 280 年三国归晋,南越地区在长达 500 多年的历史中频繁发生战事。在郡县时期,越南的政治局势与古代中国的政治动荡密切相关,农民因压迫和剥削而不断起义,导致战乱不断。

在成为独立国家后,越南依然饱受战争之苦。例如,在 939—1009 年的 70 年间,越南发生了一系列为争夺王位而爆发的战争,导致了连续三个朝代的更替。古代越南还频繁与古柬埔寨和古老挝之间发生战争,其中的"南进"步伐使越南国土不断扩大。然而,这些战乱也带来了严重的后果。虽然国土面积不断扩大,总体人口数量随之增长,但连年战乱给国家带来巨大的经济和人力损失。特别是在战乱时间较长的时期,农业受到战事干扰,再加上频繁的自然灾害,导致人口数量反复波动。

近代越南受到殖民统治、西方资本主义的掠夺以及后来越南战争的影响,人口数量时多时少,战争对人口数量造成了巨大的伤害。

(三)人口聚集在两大平原

古代越南文明最初起源于红河流域,随着疆域的变迁逐渐扩展至湄公河平原。红河平原与湄公河平原都是三角洲地区,拥有丰富的土地和资源,为农业发展提供了有利条件。这种地理优势对于传统农业国家越南来说,是一种宝贵的资源。古代越南的人口主要集中在这两大平原,尤其是孕育了许多重要城市的平原地区。

随着社会逐渐进入阶级制度,城市开始出现。作为政治、经济、军事和文化的中心,城市孕育着商业活动。在奴隶社会时期,据史料记载,古螺城是古越南唯一的城市,但人口数量无法确切得知。随着时间的推移,越南进入郡县时期,生产条件逐渐改善,物资交流增加,沿河两岸的城市如麋冷、龙编等逐渐兴起。这些城市的人口相对于其他地区更为密集。随后,越南的一些城市如河内逐渐成为国家的经济中心,吸引了更多的人口聚集。

总体而言,越南的人口分布呈现明显的不均衡态势。红河平原与湄公河平原长期以来一直是越南人口的主要聚居地。然而,不同地区之间的差异显著,即便在平原地区,人口分布也存在差异。人口主要集中在沿海地区和江河流域,而盆地和盐碱地的人口相对稀少。这种现象并不罕见,许多国家,甚至发达国家,都存在类似的人口分布不均现象。自然条件和历史原因常常在一定程度上决定着人口的分布情况,同时心理因素和习惯势力也会产生影响。虽然越南平原地区仅占国土总面积的38%,却集中了全国80%的人口(图3-1)。

二、人口数量分布

人口作为生产力的重要因素和生产关系的承担者,是社会生活的主体。根

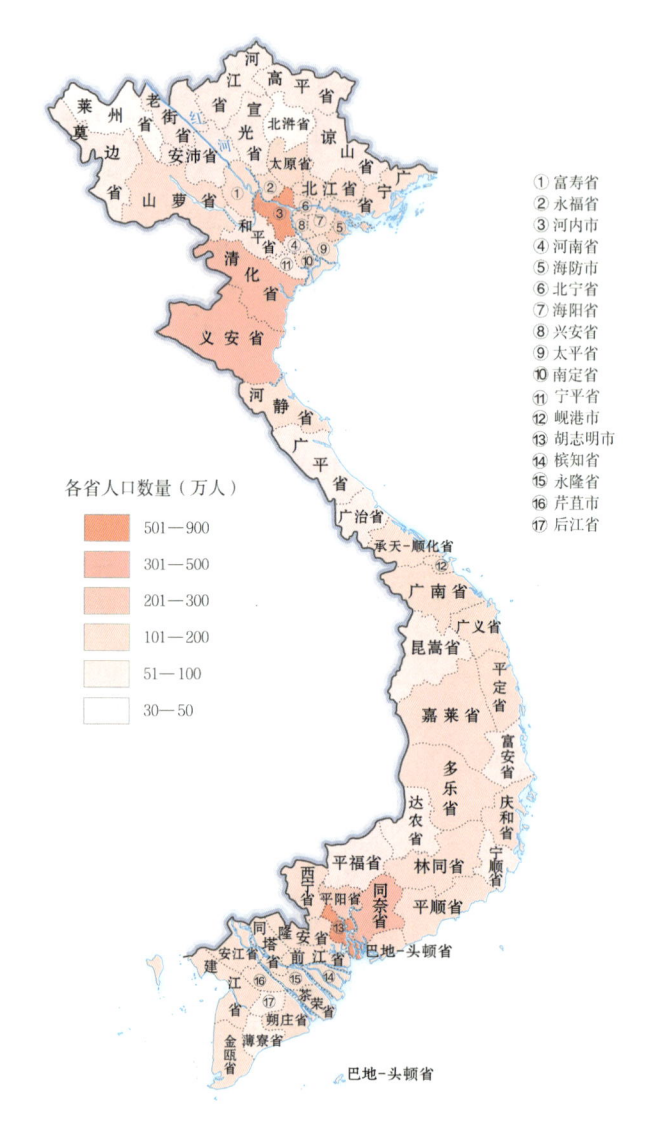

图 3-1　2019 年越南人口分布

资料来源：根据越南"五普"数据制作。

据联合国发布的《2019年世界人口展望》的数据，越南人口在世界排名第15位，在东南亚排名第3位（图3-2）。因国土面积不大，人口众多，所以人口密度较大。人口是发展的基础，近亿的人口总量给越南带来了巨大的人口红利，也是近年来该国发展快速的一个重要因素。

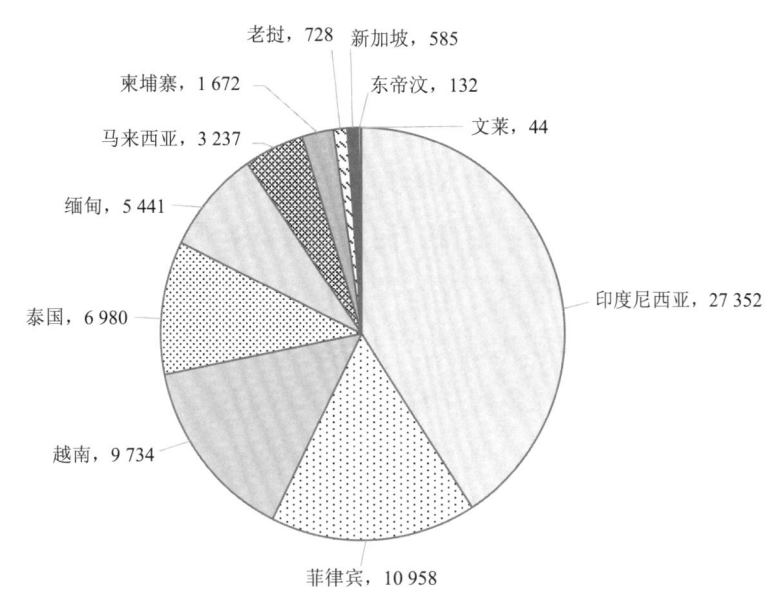

图 3-2　2019 年东南亚国家人口（单位：万人）

资料来源：United Nations（2019）。

（一）人口现状

根据"五普"结果，2019 年越南人口规模达到 9620.89 万，比 2009 年增加了 1 040 万人，年均增长率 1.14%。与前 10 年相比，年均增长率上升了 1.18%。

2019 年，越南的人口密度为 290 人/平方千米，相对于 2009 年的数据，人口密度每平方千米增加了 31 人。红河平原和南部东区的人口密度最高，分别为 1 064 人/平方千米和 757 人/平方千米。而北部边境和山区以及西原地区的人口密度相对较低，分别为 132 人/平方千米和 107 人/平方千米。

在独立初期，1976 年越南人口估计为 4 800 万。随着和平时期的到来，越南爆发了第一波"婴儿潮"，这比其他东南亚国家晚出现了整整 30 年。在抗美战争后期，越南持续征兵，为了弥补人口损失，政府采取了一系列措施刺激人口增长，导致自 1977 年以来的人口增长率一直维持在 2% 以上。1999—2009 年的 10 年间，越南人口增加了 947 万，年均增长 94.7 万人，相当于每年增加一个行政省的规模。

由于社会经济结构脆弱以及工业基础薄弱，越南于 1988 年推出了名为"家庭计划化"的政策,旨在控制人口迅猛增长的势头。该政策鼓励夫妻只生育1—2个孩子,北部边境、山区、西部和西南地区的少数民族家庭最多可生育3个孩子。此外,政策规定妇女需年满22岁后方可生育,并规定第一胎与第二胎之间必须间隔三年或以上。该政策为遵守者在购房、子女入学、医疗等方面提供了优惠待遇,以激励家庭控制生育。同时,政策对于违反生育限制的家庭施加了一定的限制,包括福利待遇以及迁往城市或工业区等方面的限制。

当前阶段,15—64岁年龄的劳动人口占总人口的68%左右,在全国范围内占有较高比例。预计越南的人口红利阶段将在2040年左右结束。尽管越南在过去20年充分享有人口红利带来的优势,然而劳动年龄人口在2013年达到顶峰后,开始呈现下降趋势,老年人口增长较快。自2011年该国开始迈向老龄化人口结构,这一变化呈现出两个显著的标志性特征。首先,生育观念的改变。受到社会和经济发展尤其是国家计划生育政策的影响,生育率和生育规模下降,出生人口减少。其次,随着生活水平的提高和医疗条件的改善,死亡率下降,预期寿命大幅延长,老年人口持续增加。与其他发展中国家类似,越南面临着老龄化带来的一系列新挑战。

近年来,越南的人口增长率呈现递减趋势,但总体保持稳定,基本在1.1%左右(图3-3)。人口的增长为越南带来了巨大的人口红利,尤其是年轻人

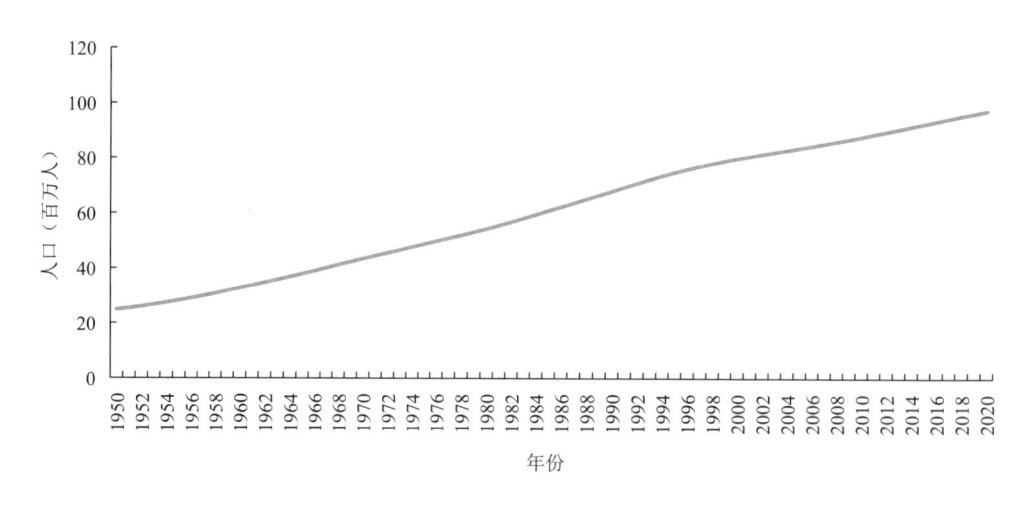

图 3-3　1950—2020 年越南的人口增长

资料来源:United Nations(2019)。

口的数量红利，使得该国在全球市场上拥有了具有显著竞争力的低成本优势，促进了经济的迅猛增长，从而使越南成为"亚洲新小虎"的一员。

然而，这一人口红利也带来了一系列挑战和问题。首先，越南的国土面积有限，却承载着庞大的人口数量，导致粮食生产压力巨大。人口失业问题也加大了社会压力，同时也使得劳动力市场的稳定性受到影响。其次，庞大的人口基数加剧了自然资源的压力，导致环境和自然资源遭受破坏。越南的自然承载能力有限，难以满足如此庞大的人口需求，对生态平衡和可持续发展构成威胁。此外，越南的经济基础相对薄弱，教育水平不高，人口数量给教育体系带来了挑战。庞大的学生人数使得教育资源分配不均，影响了教育质量，进一步导致人口素质下降，制约了长期可持续发展的潜力。

根据2019年越南快讯在线的报道，越南政府批准了《到2030年越南人口战略》，其中明确了未来的人口目标和趋势。根据人口预测模型的预测结果，可以得出以下结论。①人口总数将持续增加，但增长率逐渐减缓。预计2024年越南总人口将超过1亿。②人口结构将发生显著变化。人口的平均年龄和中位数年龄将继续上升，呈现出老龄化趋势。劳动人口数量将先增后减。③越南于2018年加入老龄化社会，老龄化水平将继续加深。预计到2049年，越南的老年人比例将超过25%，约1/4的人口将年满60岁及以上。

考虑到越南社会和经济发展缓慢、城镇化水平较低以及城乡差异显著，预测未来越南将面临严峻的老龄化挑战。

(二) 各省人口

根据2019年越南"五普"数据，胡志明市与河内市是人口最多的两个城市，分别拥有899.31万人和805.37万人；随后是清化省（364.01万人）、义安省（332.78万人）和同奈省（309.71万人）。相比之下，北部边境和山区的高平省、莱州省和北𣴓省人口较少，分别为53.03万、46.02万和31.39万人（表3-1）。

表 3-1　2019 年越南各省人口数量　　　　　　　　单位：万人

地区	总计	城市	农村	地区	总计	城市	农村
全国	9 620.89	3 312.25	6 308.64	庆和省	123.11	51.99	71.12
胡志明市	899.31	712.55	186.76	平顺省	123.08	46.87	76.21
河内市	805.37	396.23	409.14	朔庄省	119.97	38.86	81.11
清化省	364.01	54.14	309.87	金瓯省	119.45	27.11	92.34
义安省	332.78	49.00	283.78	西宁省	116.92	20.72	96.20
同奈省	309.71	101.94	207.77	永福省	115.12	29.50	85.62
平阳省	242.65	193.81	48.84	巴地-头顿省	114.84	67.07	47.77
海防市	202.85	92.47	110.38	岘港市	113.43	98.86	14.57
安江省	190.84	60.29	130.55	承天-顺化省	112.86	55.85	57.01
海阳省	189.22	47.74	141.48	永隆省	102.28	16.97	85.31
多乐省	186.93	46.21	140.72	茶荣省	100.92	17.36	83.56
太平省	186.05	19.65	166.40	平福省	99.47	23.57	75.90
北江省	180.39	20.56	159.83	宁平省	98.25	20.65	77.60
南定省	178.04	32.37	145.67	薄寮省	90.72	25.16	65.56
前江省	176.42	24.73	151.69	广平省	89.54	18.84	70.70
建江省	172.31	48.80	123.51	富安省	87.30	25.09	62.21
隆安省	168.86	27.15	141.71	河江省	85.47	13.56	71.91
同塔省	159.95	30.50	129.45	和平省	85.41	13.43	71.98
嘉莱省	151.39	43.83	107.56	河南省	85.28	14.28	71.00
广南省	149.58	37.96	111.62	安沛省	82.11	16.27	65.84
平定省	148.69	47.49	101.20	宣光省	78.48	10.83	67.65
富寿省	146.37	26.54	119.83	谅山省	78.16	15.98	62.18
北宁省	136.88	37.67	99.21	后江省	73.30	18.61	54.69
广宁省	132.04	84.63	47.41	老街省	73.05	17.15	55.90
林同省	129.69	50.81	78.88	广治省	63.24	19.55	43.69
河静省	128.89	25.19	103.70	达农省	62.22	9.48	52.74
槟知省	128.85	12.63	116.22	奠边省	59.88	8.61	51.27
太原省	128.68	41.03	87.65	宁顺省	59.05	21.11	37.94

续表

地区	总计	城市	农村	地区	总计	城市	农村
兴安省	125.27	15.29	109.98	昆嵩省	54.05	17.28	36.77
山萝省	124.85	17.29	107.56	高平省	53.03	12.34	40.69
芹苴市	123.52	86.06	37.46	莱州省	46.02	8.19	37.83
广义省	123.17	20.09	103.08	北𣴓省	31.39	6.51	24.88

资料来源：Tổng Cục Thống Kê（2020）。

胡志明市作为越南第一大城市，以其经济繁荣吸引了大量外来人口。河内市作为首都，人口也相对较多。平阳省、同奈省、清化省、义安省等人口均在200万以上。红河平原的太平省、海阳省以及湄公河平原的安江省、前江省、建江省等人口均超过100万。西原地区的多乐省、嘉莱省以及中北部和中部沿海地区的广南省、平定省人口也在百万以上。百万以下人口的省份主要分布在北部边境和山区以及中北部和中部沿海地区。

（三）农村人口

在越南，农村人口占总人口的比例很大，每年均大于60%（图3-4）。尽管近年来城镇化取得了一定进展，其速度相对较快，但大部分人口仍然集中在农村地区。各地区的农村人口占比存在显著差异。岘港市的农村人口占比最少，仅为12.85%；平阳省和胡志明市的农村人口占比均约为20%；河内市为50.51%。越南的中央直辖市的农村人口占比普遍较低，未达到全国平均水平。

然而，也有一些省份的农村人口占比较大。以槟知省为例，其农村人口占比达到90.20%。此外，还有25个省份的农村人口占比超过80%，例如兴安省（87.79%）、北江省（88.60%）、太平省（89.44%）等。这些地区多位于红河平原、北部边境和山区以及湄公河平原等地，以农业为主导产业，是主要的粮食生产区。由于自然环境和经济结构的影响，农村人口在这些地区相对较多。

（四）人口预测

根据2019年越南"五普"数据及预测模型，到2029年，越南的人口预计将达到1.045亿人，2039年将达到1.108亿人，2069年将达到1.169亿人。在

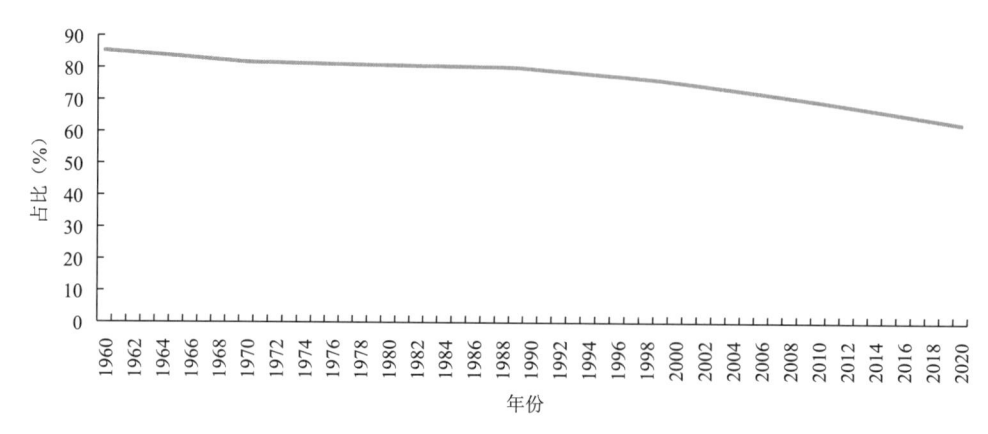

图 3-4　1960—2020 年越南农村人口占比

资料来源：根据世界银行数据库地区发展指标中的越南人口数据计算整理，https://datatopics.worldbank.org/world-development-indicators/。

预测期的前 5 年，即 2019—2024 年，人口的年增长率预计为 0.93%。未来，人口增长率将继续下降，在预测期末（2064—2069 年）可能达到"停止"状态。预测显示，越南的性别比例将会发生变化。根据中间预测变量，到 2026 年，男性人口将与女性人口持平；到 2069 年，预计男女性别比将达到 101.4∶100。

预测还显示，到 2039 年，65 岁及以上人口将超过总人口的 15%，这将标志着黄金人口结构时期的结束。2026—2039 年，越南仍将保持黄金人口结构，但 65 岁及以上人口比例将增加，达到 10% 以上。从 2026 年开始，越南将进入人口老龄化时期，预计将持续 28 年（2026—2054 年），其间 65 岁及以上人口的比例为 10.2%—19.9%。之后，会出现人口结构非常老龄化时期（2055—2069 年），65 岁及以上人口的比例将从 20% 上升到近 29.9%。

20 世纪 80 年代以来，越南效仿中国实施计划生育政策，如今已经进入人口超负荷的最后阶段。出生率逐渐降低，同时死亡率也在下降，导致人口增长幅度低于世界平均水平，每年的人口增长约为 120 万。

三、人口结构分布

人口构成即人口结构，它是指人口总体内部各种属性的人口数量和比例。

(一) 性别构成

性别构成是指在总人口中男女人口的比例关系。性别构成对婚姻、家庭、人口出生、人口移动等都有一定的影响，性别比的高低会影响社会关系。

根据越南"五普"数据，截至2019年，越南9 620.89万人口中，男性占49.8%，约4 788.10万人；女性占50.2%，约4 832.79万人，性别比为99.1∶100。性别比在城市和农村地区存在差异，城市男女性别比为96.5∶100，而农村为100.5∶100。

这种性别比例的不平衡在一定程度上受到历史因素的影响。因近代历史中越南多次遭受战乱和冲突，导致大量男性伤亡和牺牲，从而造成男女性别比例的不均衡。例如，1979年，越南的男女性别比仅为94.7∶100，属于全球较低水平。但随着时间的推移，这一比例逐渐趋于平衡。1989年，男女性别比为95.3∶100，1999年为96.4∶100，2009年达到98.1∶100。

然而，随着时间的推移，越南人口性别构成逐渐呈现出男性占优势的趋势，一些省份的男性人口已明显超过女性。2011年，越南新生婴儿男女性别比为111.9∶100，长期以来男婴数量一直明显高于女婴数量。这种现象与亚洲普遍存在的重男轻女的封建观念密切相关，妇女社会地位低下导致女性和女婴的死亡率较高。同时，现代生育技术的进步也使得人们能够人为选择性别，导致男婴的选择性生育增加。这种性别比例失衡未来可能会引发新的社会问题，例如导致婚姻市场扭曲、影响家庭结构和社会稳定、加剧家庭间的性别不平等，影响妇女的社会地位和权益等。

男女性别比也受到移民政策的影响，表现为在迁入的居住地较高而迁出的居住地较低。20世纪80—90年代，红河平原地区的男女性别比例最低，主要因为多年来大量农民移民到北部边境和南部东区，导致该地区的性别比降低。而西原地区的男女性别比例较高，例如多乐省、广宁省和平福省，广宁省因为外来石油工人的大量迁入，导致男性比例上升。

(二) 年龄构成

年龄构成是指一个国家或地区在某年度人口中各年龄组的分布情况，这会影响人口的再生产以及国民经济情况。

根据 2019 年越南"五普"数据（图 3-5），25—29 岁年龄组的人口占比最高，男女均占 8%—9%，紧随其后的是 30—34 岁的青壮年人口。总体来看，0—14 岁年龄组人口在减少，中间年龄（15—64 岁）人口在增加，中间年龄人口占总人口的比例约 69%，人口结构正逐渐偏离金字塔形，底部区域开始向内收缩。联合国将 65 岁人口占总人口的比例为 4%、4%—7% 和 7% 以上的国家分别界定为年轻型国家、成年型国家和老年型国家。越南的这一比例为 7%，位于成年型国家与老年型国家的分界线上，表明越南正在面临老龄化趋势。

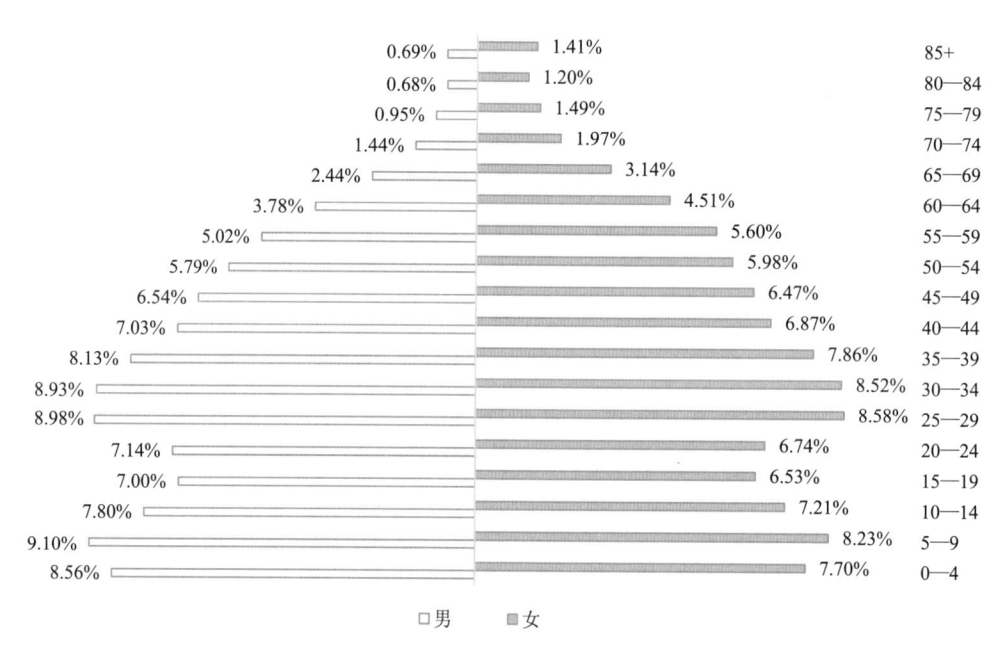

男	女	年龄
0.69%	1.41%	85+
0.68%	1.20%	80—84
0.95%	1.49%	75—79
1.44%	1.97%	70—74
2.44%	3.14%	65—69
3.78%	4.51%	60—64
5.02%	5.60%	55—59
5.79%	5.98%	50—54
6.54%	6.47%	45—49
7.03%	6.87%	40—44
8.13%	7.86%	35—39
8.93%	8.52%	30—34
8.98%	8.58%	25—29
7.14%	6.74%	20—24
7.00%	6.53%	15—19
7.80%	7.21%	10—14
9.10%	8.23%	5—9
8.56%	7.70%	0—4

图 3-5　2019 年越南各年龄组人口情况

资料来源：Tổng Cục Thống Kê（2020）。

随着生活水平的提高和医疗技术的不断进步，人口寿命不断延长。2019 年，越南 60 岁以上人口在总人口中的占比高达 11.86%，85 岁以上人口占比也达到 1.05%（表 3-2），养老压力日益增大，"银发浪潮"已经开始涌现，这在农村地区尤其明显。

表 3-2　2019 年越南各年龄段人口数量与占比

年龄组	总人口（万人）	男（万人）	女（万人）	总人口（%）	男（%）	女（%）
全部	9 620.90	4 788.11	4 832.79	100.00	49.77	50.23
0—4	781.93	410.05	371.88	8.13	8.56	7.70
5—9	833.27	435.49	397.78	8.66	9.10	8.23
10—14	721.98	373.70	348.28	7.50	7.81	7.21
15—19	650.62	335.24	315.38	6.76	7.00	6.53
20—24	667.57	341.71	325.86	6.94	7.14	6.74
25—29	844.80	430.12	414.68	8.78	8.98	8.58
30—34	839.38	427.64	411.74	8.73	8.93	8.52
35—39	769.24	389.20	380.04	8.00	8.13	7.86
40—44	668.41	336.61	331.80	6.95	7.03	6.87
45—49	625.75	313.22	312.53	6.50	6.54	6.47
50—54	566.20	277.22	288.99	5.89	5.79	5.98
55—59	510.87	240.21	270.66	5.31	5.02	5.60
60—64	399.20	181.05	218.15	4.15	3.78	4.51
65—69	268.53	116.72	151.81	2.79	2.44	3.14
70—74	164.09	68.73	95.35	1.71	1.44	1.97
75—79	117.18	45.40	71.78	1.22	0.95	1.49
80—84	90.77	32.73	58.04	0.94	0.68	1.20
85+	101.10	33.06	68.03	1.05	0.69	1.41

资料来源：Tổng Cục Thống Kê（2020）。

老龄化对整个社会产生广泛而深远的影响，这不仅涉及养老保障问题，还会影响抚养比，即劳动人口与非劳动人口（包括老年人和儿童）的比例。随着老年人口的增加，抚养比可能会上升，这意味着更多的人需要依赖相对较少的劳动人口来提供养老和抚养。

2018 年，越南的人均预期寿命为 73.5 岁，男性为 70.9 岁，女性为 76.2 岁，而且这个数字还在持续上升。根据 2019 年"五普"数据预测，到 2030 年，男性平均预期寿命将达到 71.7 岁，女性为 77.7 岁。在越南，老年人是指满 60 岁或以上的越南公民[①]，比例可达 16.5%（表 3-3）。2018 年，越南老年人口约 1 280 万人，占全国总人口的 13.5%。预计到 2030 年，这一比例将增至 16.5%。

---

① 《越南老年人法》，2009 年 11 月 23 日，https://vanban.chinhphu.vn/default.aspx?pageid=27160&docid=92321。

表3-3　1999—2018年越南各年龄段人口结构　　　　　　　　　　单位：%

年龄段	1999年	2009年	2014年	2015年	2016年	2017年	2018年
15岁以下	33.1	24.5	23.5	24.0	23.8	23.7	23.8
15—64岁	61.1	69.1	69.4	68.4	68.2	68.0	67.4
60岁及以上	8.0	8.7	10.2	11.3	11.9	12.7	13.5
65岁及以上	5.8	6.4	7.1	7.6	8.0	8.3	8.9
老化指数	24.3	35.5	43.3	47.1	50.1	53.4	56.9

资料来源：越南统计局："2018年4月1日人口变动和家庭计划调查结果"，河内人口和劳动统计处，2019年。

在越南的各个地区，农村地区的老年人口贫困率普遍高于城市地区。越南在延长城市人口的生产工作寿命，以缓解老龄化对社会的影响方面，具备巨大的潜力。[1]

四、人口自然变动

2009—2014年的5年间，越南人口年均净增长率为1.07%。其中，以胡志明市为中心的南部东区人口净增长速度最快，达到2.32%。紧随其后的是河内市，人口增长速度为1.85%。红河平原地区、北部边境和山区的人口增长速度与全国平均值相当，西原地区的增长速度略高于全国平均值，而中北部和中部沿海地区以及湄公河平原地区的人口增长速度最慢，低于1%（表3-4、表3-5）。2015—2020年，该国人口年均增长率为0.98%，已有所下降。

（一）出生率

出生率是影响人口增长的重要因素，它反映了一个国家或地区的社会经济发展水平，对制定和实施人口与发展政策具有重要意义。出生率受到生物、经济、文化、社会、医学和环境等多种因素的影响。

---

[1] 世界银行根据《2012年世界人口展望》的预测以及Kinsella and He（2009）的研究。

表 3-4　2009—2014 年越南各地区人口变化情况

地区	2009年人口（万人）	2009年占比（%）	2014年人口（万人）	2014年占比（%）	净人口增长（万人）	净人口增长率（%）	年均人口增长率（%）
全国	8 578.44	100.00	9 049.34	100.00	470.90	100.00	1.07
北部边境和山区	1 220.88	14.23	1 283.03	14.18	62.15	13.20	1.00
红河平原地区	1 843.36	21.49	1 945.28	21.50	101.93	21.65	1.08
河内市	644.88	7.52	706.75	7.81	61.86	13.14	1.85
中北部和中部沿海地区	1 883.54	21.96	1 948.24	21.53	64.70	13.74	0.68
西原地区	510.74	5.95	550.46	6.08	39.71	8.43	1.51
南部东区	1 402.03	16.34	1 572.14	17.37	170.11	36.12	2.32
胡志明市	712.33	8.30	795.53	8.79	83.19	17.67	2.23
湄公河平原地区	1 717.89	20.03	1 750.19	19.34	32.30	6.86	0.37

注：根据越南统计局 2009 年人口与住房普查数据、联合国人口基金关于 2014 年人口和住房调查数据整理。

表 3-5　1950—2020 年越南年均人口变化率和自然增长率

时间段	年均人口变化率（%）	年均自然增长率（‰）	粗出生率（‰）	粗死亡率（‰）
1950—1955	2.52	25.2	39.8	14.6
1955—1960	2.98	29.7	42.7	13.0
1960—1965	2.95	29.4	40.6	11.2
1965—1970	2.73	27.3	37.4	10.1
1970—1975	2.31	23.1	35.5	12.2
1975—1980	2.16	24.9	32.8	7.8
1980—1985	2.30	24.1	31.3	7.2
1985—1990	2.20	23.0	29.7	6.6
1990—1995	1.94	20.5	26.6	6.1
1995—2000	1.29	13.5	19.2	5.7
2000—2005	0.96	11.2	16.8	5.7
2005—2010	0.96	11.5	17.2	5.7
2010—2015	1.04	11.3	17.3	6.0
2015—2020	0.98	10.7	16.9	6.3

注：变化率表示特定时期内人口的平均指数增长率。计算公式为 $\ln(P_t/P_0)/t$，其中 t 是周期的长度，以百分比表示。自然增长率为粗出生率减去粗死亡率，代表完全由出生和死亡决定的人口增长（或下降）部分，以每年每 1 000 人口表示。

资料来源：United Nations（2019）。

生育率主要反映育龄妇女的生育行为，对出生率至关重要。在过去30年中，越南的生育率几乎减半：总生育率（Total Fertility Rate，TFR）从1989年每名妇女生育3.80个孩子下降到2019年每名妇女生育2.09个孩子。根据2019年越南"五普"数据：10—19岁女性的分年龄生育率为11个孩子/1 000名妇女；农村地区的分年龄生育率高于城市地区，分别为15名孩子/1 000名妇女和5名孩子/1 000名妇女；北部边境和山区以及西原地区是分年龄生育率较高的两个地区，分别为28名孩子/1 000名妇女和21名孩子/1 000名妇女（表3-6）。值得注意的是，男童出生率在更替水平上保持稳定超过十年，生育二胎的情况仍然普遍存在。

表3-6　2019年越南10—49岁已生育妇女的孩子情况　　　　单位：个

地区	总量	1个孩子	2个孩子	3个孩子	4个孩子	5个孩子
总计	16 947 896	4 671 809	8 899 323	2 496 899	653 564	226 301
城市	5 581 517	1 812 734	3 011 190	583 881	142 090	31 622
农村	11 366 379	2 859 076	5 888 133	1 913 018	511 474	194 679
北部边境和山区	2 461 044	577 609	1 385 394	347 042	98 775	52 224
红河平原地区	4 006 336	894 403	2 315 723	663 713	110 308	22 190
中北部和中部沿海地区	3 533 368	882 766	1 749 126	653 785	183 118	64 573
西原地区	1 100 430	268 178	500 235	213 101	75 849	43 067
南部东区	2 926 248	1 048 203	1 448 693	302 261	102 462	24 629
湄公河平原地区	2 920 470	1 000 650	1 500 152	316 998	83 052	19 618

资料来源：Tổng Cục Thống Kê（2020）。

可以看出，育龄妇女中，已经生育过孩子的女性大部分拥有2个孩子，占比达到52.52%。农村地区的已育妇女数量远远超过城市地区，其中红河平原地区的已育妇女人数最多，其次是中北部和中部沿海地区，而西原地区的已育妇女人数最少。这种分布与整体人口分布有一定的关联。

农村地区的生育率高于城市地区。具体来说，农村地区的总生育率为2.26个孩子/妇女，而城市地区为1.83个孩子/妇女。不同地区的生育率也存在差异，北部、中部山区和西原地区的生育率较高，每名妇女平均生育2.43个孩子，而南部东区和湄公河平原地区的生育率则相对较低，分别为1.56个孩子/妇女和1.80个孩子/妇女。

2019年的数据显示：流动妇女的生育率低于非流动妇女，流动妇女的总生育率为1.54个孩子/妇女，而所有妇女的总生育率为2.13个孩子/妇女。女性受教育程度越高，生育率越低。受过中等教育的女性总生育率最低，为1.98个孩子/妇女；而小学以下的女性总生育率最高，为2.35个孩子/妇女。生活在最贫困家庭的女性在五类生活水平中生育率最高，为2.40个孩子/妇女；而生活在最富裕家庭的女性生育率最低，为2.00个孩子/妇女。

2006年起，越南的出生性别比（SRB）开始失衡。2010年SRB为112，2016年SRB为112.2，2019年为111.5，2020年为112.1。这种趋势表明出生人口性别比最近十年一直维持在相对较高的水平。

越南社会中的重男轻女思想对夫妻的生育决策产生了影响。那些已经有两个孩子但没有儿子的夫妇，相较于至少有一个儿子的夫妇，更有可能继续生育更多的孩子。这种性别偏好意识在社会中根深蒂固，导致了婴儿性别人为选择的现象，进而导致出生性别比失衡。男性的相对过多和女性的相对不足未来会带来很多社会问题。

（二）死亡率

粗死亡率（CDR）是一种广泛使用的指标，用于反映特定时间段内（通常为人口普查前12个月）平均每1 000人的死亡人数。2020年，越南的全国粗死亡率估计为6.1人/1 000人，其中城市地区为5.0人/1 000人，农村地区为6.7人/1 000人。与2016年相比，2020年的粗死亡率在城乡地区均有所下降。同样在2020年，越南的婴儿死亡率（IMR）为1 000名1岁以下婴儿中有13.9名死亡，比2016年的14.5名稍低。需要注意的是，农村地区的婴儿死亡率高于城市地区（Tổng Cục Thống Kê，2020）。

自然死亡率受到社会变革的影响。1945—1975年，越南历经了抗法战争和抗美战争，两场战争造成了巨大的人员伤亡，大量青壮年在战争中丧生，成千上万的人因战争而受伤。然而，随着社会经济的逐渐稳定和医学的快速发展，人民群众，特别是妇女和儿童的健康水平逐渐提高，自然死亡率显著降低。

第二节　人口与劳动力分布

一、人口分布的区域差异

越南是一个人口密度较高的国家。2019年，越南的人口密度为290人/平方千米，在全球排名第30位。其中，河内市与胡志明市是人口密度较高的两个城市，分别为2 398人/平方千米和4 363人/平方千米。

根据越南"五普"数据，2019年六大经济社会地理区人口分布情况如下：红河平原地区人口最多，约2 254万，约占全国人口的23.43%。中北部和中部沿海地区人口约2 018万，位列第二，这个地区人口增长率相对较低，主要由于自然增长人口低于外出务工人数。湄公河平原地区人口约1 727万人，位列第三，这一地区人口自然增长率也相对较低。西原地区人口最少，仅584万，主要因为多高山地，交通不便，且为少数民族聚居区，人口密度最低。北部边境和山区人口1 253万，也是人口相对较少地区。南部东区人口为1 782万，是越南人口增长最迅速的地区。

人口分布不均衡源于多重因素。首先是地理资源的分布差异，平原地区拥有丰富的自然资源、肥沃的土地和宜人的气候，因此成为人口聚集的中心；其次，历史和政策的影响也在其中发挥作用，特别是移民政策和国土开发导致人口从北向南迁移，加剧了地区间的人口分布不均衡；再次，不同地区的经济类型和结构差异也对人口分布产生重要影响，一些地区因为更多的经济机会和就业选择而吸引了人口流入；最后，公共服务条件和基础设施差异也影响着人们选择定居地，一些地区因为更好的服务和便利性而成为人口聚集地。

20世纪60年代以来，越南政府呼吁平原地区居民迁往山区，以缓解人口压力。1975年后，移民运动得到加强，数以万户的家庭被鼓励迁往被称为"新经济区"的西原地区、南部东区、西南部以及北部边境和山区。人口迁移有助于减轻人口稠密地区（如红河平原、中北部和中部沿海地区）的压力，同时也促进了欠发达地区的社会经济发展。例如，1979—1989年的10年间，仅西原地区的人口就因大量外来人口的迁入而增加了 1.5 倍，达到 300 万人。1981—1989 年，全国范围内的移民总数达到 210 万人（不包括之前已经迁移的 150 万人）。越南政府承担了所有移民家庭的搬迁费用以及前 6 个月的生活费，以帮助他们适应新的生活环境。然而，移民活动也引发了环境保护的问题。自 1989 年以来，越南移民政策更加注重质量，旨在吸引具有技术和管理经验的人才。20 世纪 90 年代初，越南出现了自由移民现象，许多人自发前往南方谋生，其中一些是传统手艺匠人。也有一些来自北方山区的少数民族移居到南方山区，他们继续按照原有的习俗进行刀耕火种和烧林开山等活动。这种迁徙具有极大的挑战，因为它改变了移居者的生活方式和风俗习惯。实现这种移民计划可能需要花费一到两代人的时间，适应新的环境和生活方式需要一个漫长的过程。

二、劳动力的分布与特点

越南年轻、健康、充满活力的人口是劳动力的宝贵来源。在近现代世界历史中，许多经济迅速增长的国家都伴随着人口激增的阶段，人口红利成为这些国家经济发展的重要推动力。

劳动力总数是指年满 15 周岁及以上、符合国际劳工组织有关从事经济活动人口的定义标准的群体。这一群体包括在特定阶段为货物和服务的生产提供劳力的人员，涵盖就业者和失业者。尽管各国对于武装部队、季节性工人或兼职工人的界定存在差异，但通常劳动力范畴包括武装部队成员、失业者以及首次求职者。家务劳动者以及非正规部门中从事其他无偿看护和工作的个体通常不在劳动力统计范畴之内。

1990—1999 年，越南的劳动力总数从 3 270 万增加至 3 930 万，呈现明显的增长趋势，平均每年增长 73 万。2000—2003 年，越南劳动力增长趋势略显平缓，呈现轻微波动或停滞状态。2004—2010 年，劳动力总数呈现线性增长，增加速度较快，年均增长约 141 万。在近十年内，劳动力数量仍在增加，但整体增长态势相对平稳（图 3-6）。

25—64 岁劳动人口占比的增加为经济迅速发展创造了人口红利。根据《2019 年世界人口展望》的数据，目前东亚和东南亚的劳动人口比例最高，占

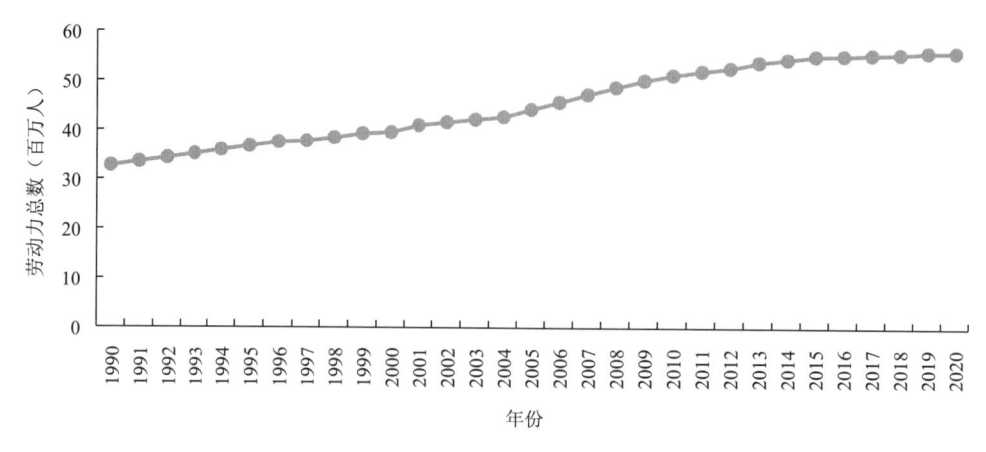

图 3-6　1990—2020 年越南的劳动力总数

资料来源：根据世界银行数据库地区发展指标中越南的劳动力数据整理，https://datatopics.worldbank.org/world-development-indicators/。

总人口的 56%，预计到 2050 年，这一比例将下降到 50% 以下。

"黄金"人口结构是指 0—14 岁儿童占比低于 30%，65 岁及以上老年人口占比低于 15% 的人口结构。从 2006 年开始，越南正式进入人口结构的"黄金"期，拥有近 5 400 万适龄劳动人口，其中大部分是年轻劳动力，为实现国家工业化和现代化奠定了坚实的基础。

根据 2019 年越南"五普"数据，年龄在 25—39 岁的年轻人占总人口的 25.5%，这个年龄段的人正处于壮年阶段。然而，数据也显示出越南人口老龄化的趋势，年轻人口比例逐渐下降，老年人口比例逐渐增加。根据越南 2035 规划的预测，越南将面临极端的人口变化，老年人口数量将急剧增加，劳动年龄人口比例将减少。预计到 2035 年，每 100 名 15—64 岁人口中将有 22 人成为 65 岁及以上老年人口，与此同时，劳动年龄人口的绝对数量将开始下降。

截至 2019 年二季度，越南 15 岁及以上劳动人口约 5 550 万，其中男性 2 910 万，占比 52.4%，女性 2 640 万，占比 47.6%；城镇地区 1 850 万人，占比 33.4%，农村地区 3 700 万人，占比 66.6%[1]；2020 年，越南 15 岁及以上劳动力 5 460 万，比 2019 年减少 120 万，其中具有初中及以上学历的占 24.1%，

---

[1] 商务部国际贸易经济合作研究院、中国驻越南大使馆经济商务处、商务部对外投资和经济合作司：《对外投资合作国别（地区）指南——越南（2020 年版）》，2021 年。

失业率为 2.48%。[①]

劳动参与率是指年龄在 15—64 岁的人口中从事经济活动的人口比例，即在特定阶段为货物和服务的生产提供劳力的人员。越南的劳动参与率自 1990 年以来一直保持在 80%—85%（图 3-7）。在 21 世纪初期，该比率略有下降，2010 年后又开始回升。2019 年，越南的劳动参与率为 83.09%。这一数据表明，在适龄劳动人口中有较大比例投入雇工工作。这一比例保持相对稳定，为经济发展提供了坚实的劳动力基础。

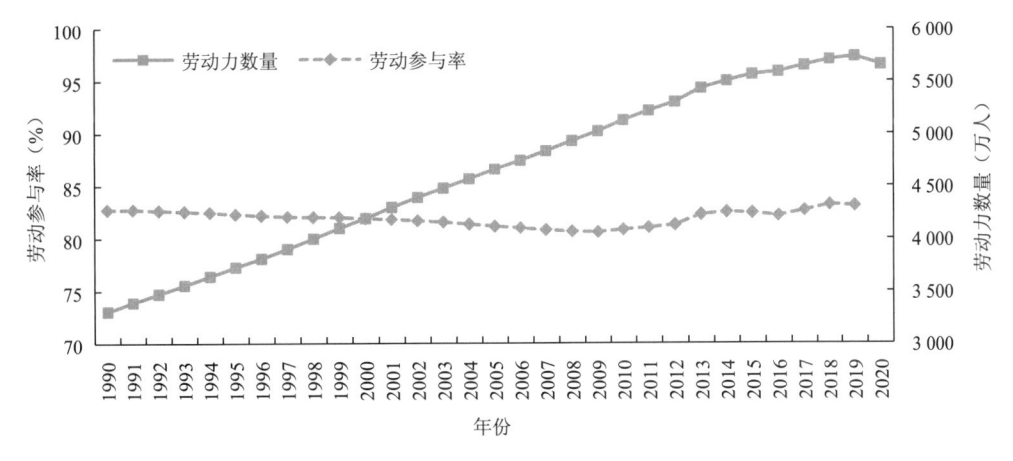

图 3-7 1990—2020 年越南劳动力数量与劳动参与率

资料来源：根据世界银行数据库地区发展指标中越南的劳动力数据整理，https://datatopics.worldbank.org/world-development-indicators/。

20 世纪 90 年代，越南 15—24 岁的劳动参与率相对较高（表 3-7），而到 21 世纪初，该比例降至 56.37%。此后，劳动参与率波动在 55%—60%，2020 年为 53.51%。15—24 岁年龄段通常代表了个人接受中等或高等教育的时期，这表明 21 世纪以来，越南接受中等或高等教育的人口数量逐渐增加，教育程度逐步提升，相对于 20 世纪有了显著改善。15—64 岁的劳动参与率保持在 80%—84%，变化不大。然而，结合 15—24 岁劳动参与率的下降趋势，可以观察到 25—64 岁劳动参与率呈现上升趋势。

---

① 商务部国际贸易经济合作研究院、中国驻越南大使馆经济商务处、商务部对外投资和经济合作司：《对外投资合作国别（地区）指南——越南（2021 年版）》，2022 年。

表 3-7　1990—2020 年越南的劳动参与率　　　　　　　　　　　　单位：%

年龄段	1990年	1995年	2000年	2005年	2010年	2015年	2016年	2017年	2018年	2019年	2020年
15—64岁	82.74	82.32	81.90	81.16	80.83	82.42	82.16	82.66	83.21	83.09	—
15—24岁	73.83	70.61	56.37	56.37	58.60	59.35	57.04	56.72	55.49	54.58	53.51

资料来源：根据世界银行数据库地区发展指标中越南的劳动参与率数据整理，https://datatopics.worldbank.org/world-development-indicators/。

1989—2020 年，越南女性劳动参与率在下降，这与国家历史密切相关。在越南近代频繁的战乱中，男性劳动大量损失，导致女性劳动参与率相对较高。随着社会经济的发展，男性人口逐渐恢复，但女性劳动参与率并未显著下降，劳动参与率的男女比基本保持在 88% 左右。2019—2020 年在新冠疫情影响下，该比例有所降低，在 82% 左右（图 3-8）。

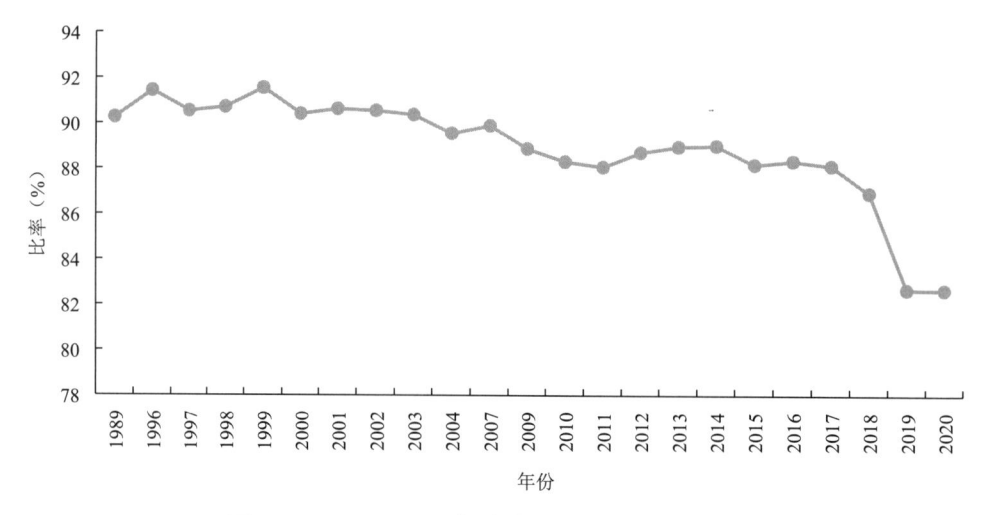

图 3-8　1989—2020 年越南劳动参与率的男女比

注：计算公式为：女性劳动参与率/男性劳动参与率×100。

资料来源：根据世界银行数据库地区发展指标中越南的劳动参与率数据整理，https://datatopics.worldbank.org/world-development-indicators/。

文化构成是指在 12 岁（或 15 岁）及以上人口中，文盲人口和非文盲人口以及具备不同文化程度的人口在总人口中所占比例的关系。根据 2019 年"五普"数据，越南 15 岁及以上人口识字率为 95.76%，在男性和女性之间的比例基本相等，基本消除了文盲现象。然而，越南劳动力受教育程度相对较低。小学以下程度人口占 9.8%，小学程度人口占 21.4%，初中及高中程度人口占

49.6%，职业教育程度人口占 6.7%，而具备本科及以上学历的人口占比仅为 12.6%（表 3-8）。可以看出，越南社会的整体教育水平较为有限。

表 3-8　2019 年越南 15 岁及以上人口受教育程度占比　　单位：%

年龄段	小学以下	小学	初中	高中	职业教育	大学	硕士	博士
总占比	9.8	21.4	32.3	17.3	6.7	12.0	0.5	0.1
15—19	2.1	15.8	59.6	21.4	0.8	0.3	—	—
20—24	3.0	10.0	24.5	39.0	7.6	15.7	0.1	—
25—29	3.6	10.9	27.1	23.0	9.6	25.1	0.6	0.0
30—34	5.5	14.6	28.3	20.5	9.9	20.0	1.1	0.1
35—39	8.5	20.1	29.1	16.2	8.1	16.8	1.2	0.1
40—44	11.1	26.0	33.8	11.1	5.3	11.7	1.0	0.1
45—49	11.3	25.4	36.0	13.7	5.4	7.6	0.5	0.1
50—54	12.5	27.6	35.5	12.4	5.4	6.4	0.3	0.1
55—59	12.7	27.5	35.3	11.3	6.5	6.5	0.3	0.1
60—64	14.8	29.3	32.3	10.0	6.8	6.4	0.3	0.1
65—69	18.7	32.6	27.1	8.3	7.0	6.1	0.2	0.1
70—74	22.4	35.4	22.1	6.9	7.6	5.5	0.1	0.1
75—79	29.1	39.3	16.5	5.1	5.4	4.5	0.1	0.1
80+	39.3	42.9	10.4	2.6	2.6	2.1	0.0	0.1

资料来源：Tổng Cục Thống Kê（2020）。

在越南人口的文化构成中，总体上性别分布差异不大，但在地区、城乡和民族等方面却差异明显。就地区而言，本科及以上文化程度的人口在不同地区比例不同，北部边境和山区占比为 9.8%，红河平原地区为 18%，湄公河平原地区为 6.7%，南部东区为 11.7%，中北部和中部沿海地区为 12%，西原地区为 9.3%，表明各地区因经济、社会、文化差异，导致人们的受教育程度存在差异。在城乡分布上，城市地区的本科及以上学历人口占比为 17.8%，而乡村地区仅为 4.7%，城乡之间受教育程度差距显著。

受教育程度低导致该国缺乏高技能劳动者和高素质技术工人，限制了智力密集型企业的发展。根据 2018 年全球人才竞争力指数（GTCI），越南在 119 个国家中排名第 87 位，其主要的挑战涵盖技术基础设施、研发支出、职业和技术技能等方面。这种技能匮乏不仅影响了越南向高科技产品经济转型的速度，也降低了其竞争力。约40%的外国直接投资企业反映难以招聘到熟练的员工。为解决这一问题，政府采取了一系列措施，增强职业和技术培训，以满足劳动力市场的需求。越南政府于2018年3月颁布第49/2018/ND-CP号法令，规范职业教育认证相关事宜。

快速的技术进步和知识经济的崛起加强了对高阶认知、数字化及社会情感技能的需求，中产阶级的崛起、城镇化进程和人口老龄化趋势也进一步增加了越南对高等教育的需求，但目前越南高等教育的覆盖率和质量仍然偏低，这与该国在经济增长和人类发展方面取得的显著成就不相称。

人口是经济发展的根基，劳动力则是经济发展的引擎。越南政府根据地区特点将全国划分为四类地区，以施行不同的最低工资标准：第一类地区涵盖河内市和胡志明市；第二类地区包括这两座城市的农村地区以及芹苴、岘港和海防市区；第三类地区则为省级城市以及北宁、北江、海阳和永福市区；第四类地区则为其他剩余地域。根据政府对劳动者最低工资的规定，自2021年1月1日起，四类地区的月最低工资标准分别为442万越南盾（190美元）、392万越南盾（169美元）、343万越南盾（148美元）和307万越南盾（132美元）。

2021年，越南的劳动力成本约为中国的50%（每小时约2.99美元），约是泰国和菲律宾的40%，其相对成本较低且偏年轻。[①]

根据世界银行的数据，越南的失业率总体而言并不高，保持在1%—3%范围内波动（图3-9）。在20世纪90年代初，失业率约2%；1997年亚洲金融危机爆发，导致失业率上升至2.87%；尽管随后有所回落，保持在2.5%以下，但2001年再次上升至2.76%；从2002年开始，该数值逐步缓慢下降至2%以下，2010年降至1.11%，此后的几年一直保持在1%左右水平；2013年略有上升，2015年升至1.8%之后维持稳定，到2018年下降至1.16%；受新冠疫情影响，2019年又上升至2.04%，2020年进一步上升至2.39%。

失业人口中，接受过高等教育的劳动力失业率较高，而仅受过基础教育的劳动力失业率较低（表3-9）。这间接反映了越南的经济主要依赖劳动密集型产业。不要求高度知识技能的工作机会较多，只要求健康体魄和基本能力的人力

---

① Thu Nguyen, Kyssha Mah. An Introduction to Vietnam's Import and Export Industries. 2022-03-18. https://www.vietnam-briefing.com/news/introduction-vietnams-export-import-industries.html/.

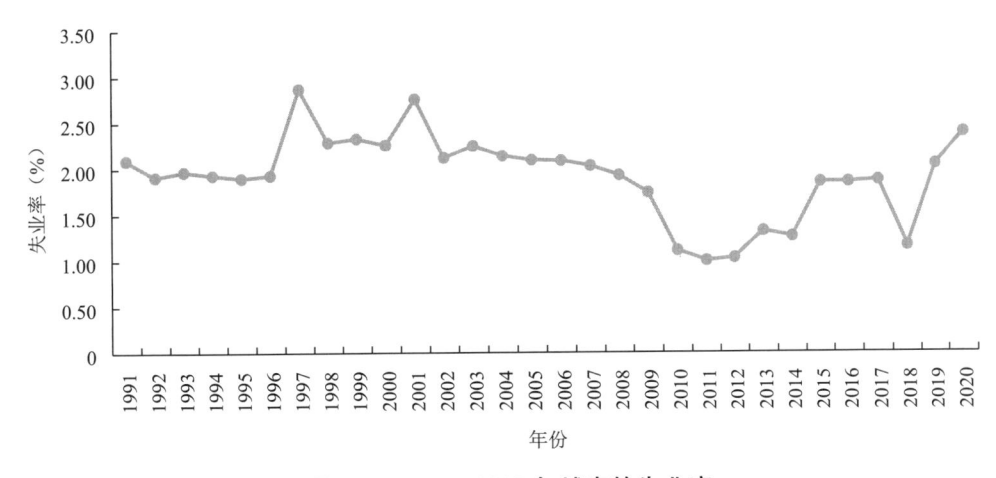

图 3-9　1991—2020 年越南的失业率

资料来源：根据世界银行数据库地区发展指标中越南的失业率数据整理，https://datatopics.worldbank.org/world-development-indicators/。

资源需求较多。相反，知识密集型职位相对较少，导致受教育程度较高的劳动力在这些领域中失业率较高。

表 3-9　根据教育程度计算的 2010—2020 年越南失业率　　　　单位：%

受教育程度	2010 年	2011 年	2012 年	2013 年	2014 年	2015 年	2016 年	2017 年	2018 年	2019 年	2020 年
受过中等教育的	2.01	1.60	1.71	1.97	1.87	2.62	2.66	2.78	1.76	2.61	2.66
受过高等教育的	2.24	2.51	2.82	3.89	3.97	4.59	4.63	4.00	2.08	2.62	4.49
受过基础教育的	0.81	0.71	0.67	0.81	0.73	1.24	1.17	1.27	0.86	1.65	1.71

注：表中数据表示占该教育程度总数的比例。

资料来源：根据世界银行数据库地区发展指标中越南的失业率数据整理，https://datatopics.worldbank.org/world-development-indicators/。

人力资本指数（HCI）是用于评估人力资本与经济价值相关性的一种方法。对于越南而言，其人力资本指数呈现持续上升的趋势（表 3-10），尽管增速并不迅猛，但这反映了越南人力资本与经济价值之间关联逐渐增强的态势。

相较于收入水平相当的国家，越南的劳动力成本仍然保持较低水平，这为未来提供了持续的竞争优势。尤其在消费品和劳动密集型产品领域，越南将继续受益于这一优势。

表 3-10　2010—2020 年越南的人力资本指数

年份	人力资本指数	人力资本指数上限	人力资本指数下限
2010	0.656 6	0.672 0	0.641 0
2017	0.666 0	0.684 0	0.646 0
2018	0.687 2	0.705 2	0.669 0
2020	0.690 0	0.708 2	0.671 1

注：人力资本指数计算了健康和教育对工人生产力的贡献，最终指数标准化至 0—1。下限与上限反映了指标的构成和整体指数测量的不确定性。

资料来源：根据世界银行数据库地区发展指标中越南的人力资本数据整理，https://datatopics.worldbank.org/world-development-indicators/。

第三节　多民族与多元文化

古代航海家和商人曾将东南亚视为富饶之地，其复杂的民族分布使其成为全球交往最为复杂的地区之一，不断的民族迁徙和文化接触加剧了这一现象。作为中南半岛的一部分，越南自古以来一直是各民族和文化交流的重要场所，其地理位置毗邻南海，交通便利，吸引了多个民族的迁徙和往来。由此产生的多民族多元文化现象在越南广泛存在，也成为东南亚地区民族多样性与特点的典型代表。各民族的语言、文化分属不同语系，展现出丰富多彩的特点。

越南共有 54 个民族，其中以越族为主体，约占总人口的 90%。少数民族主要分布在山区和边境地区，越族则遍布全国各地。不同民族的经济社会发展水平因历史、社会、地理条件不同而存在差异，这是多民族国家的普遍现象。越南各民族的文化丰富多彩，生活方式各异，因此造成了一定程度的隔阂，也导致民族矛盾长期存在。尽管如此，这些多元的民族文化共同构成了越南丰富多样的文化图景，同时也在一定程度上影响着民族关系。

一、主体民族与少数民族

越南的主要民族属于华南的南方蒙古利亚人种，汉藏语系和南亚语系的民族都起源于这一地区。南岛语系的民族则与来自南亚的印度尼西亚人存在紧密的渊源关系。

(一) 各民族的人口分布

1979 年,越南政府发布《越南各民族成分名称》,明确全国共有 54 个民族。2019 年,越南的人口总数为 9 620.89 万,其中主体民族越族约占总人口的 85.32%,少数民族占总人口的 14.68%(表 3-11)。少数民族中岱依族人口约 184.55 万,泰族人口约 182.09 万,芒族人口约 145.21 万,华族人口约 74.95 万。另外,还有一些民族仅有几万人甚至几百人。

表 3-11　2019 年越南主要民族人口数量　　　　　单位:万人

民族	人数	民族	人数	民族	人数
越族	8 208.54	埃地族	39.87	斯丁族	10.08
岱依族	184.55	巴拿族	28.69	布鲁-云乔族	9.46
泰族	182.09	色当族	21.23	土族	9.14
芒族	145.21	山泽族	20.14	克木族	9.06
赫蒙族	139.35	格贺族	20.08	戈都族	7.42
高棉族	131.97	山由族	18.30	热依族	6.79
侬族	108.33	占族	17.89	叶坚族	6.33
瑶族	89.12	赫耶族	14.95	达渥族	5.24
华族	74.95	拉格莱族	14.66	麻族	5.03
嘉莱族	51.39	墨侬族	12.73	戈族	4.04

资料来源:Tổng Cục Thống Kê(2020)。

越族在全国范围内都有分布,主要集中在经济文化较为发达的平原、沿海和丘陵地区。而少数民族主要居住在北部和西部,靠近越中、越老、越柬边境的高原山区和河谷盆地。华族主要分布在交通便利、商业经营便捷的地区,特别是胡志明市。

在北方,多数少数民族交错杂居,有些山区的一个乡村就有六七个不同的民族;而在南方,许多少数民族形成了独立的小块聚居区。此外,一些少数民族跨越国境分布,居住在多个国家之间。

越南的民族是一个历史悠久且多元的复杂群体。其中,岱依族、侬族和中国的壮族同源于古代百越民族,他们在不同历史时期迁徙至越南北部;泰族则在约10世纪以前从中国云南迁入；赫蒙族、瑶族等则在300多年前从中国西南迁徙而来。一般来说，早期迁入越南的民族多定居在河谷平原地区并受到越族的影响，而迁入较晚的民族则主要居住在高原山区。

南岛语系印度尼西亚语族的民族大约在新石器时代已分布于越南南部和中部地区。其中，占族在公元2世纪时曾在越南中部建立林邑国，后改为占城国，创造了发达的占城文明。10世纪后期，越族逐渐向南扩张，最终在17世纪将占城国并入越南领土。

越南政府将华裔越南居民称为华族。在20世纪70年代以前，他们被分为华人和华侨两个群体，其向越南迁徙的历史可以追溯到秦汉时期。19世纪中叶以来，华族的移民浪潮再次兴起，他们大部分定居在该国南部地区。

此外，拉格莱族是南岛语系马来-波利尼西亚语族的民族，人口约7万，主要分布在南部的庆和省和宁顺省以南地区。他们以耕种山坡旱田、狩猎和采集土特产品为主，信奉天公神。每年的收获季节，会举行隆重的仪式来祭拜天公。

（二）各民族的地区分布

越族在各个地区占据了人口的大部分比重。在红河平原地区，越族的人口占比高达97.92%，在南部东区，占比达到94.22%。湄公河平原地区越族的占比为92.41%，中北部和中部沿海地区则为89.72%（表3-12）。

西原地区越族人口占比62.35%；第二大民族是嘉莱族，占比8.67%；然后是埃地族、巴拿族、格贺族、侬族、色当族、赫蒙族、墨侬族和芒族。

北部边境和山区越族人口占比43.85%，在全国范围内属于越族人口较少的地区，少数民族分布相对较多。该地区第二大民族是岱依族，占比12.49%，然后是赫蒙族、泰族、芒族、侬族、瑶族、山泽族、山由族和热依族。

1. 主体民族：越族

越族也称京族，是越南的主体民族，人口接近全国总人口的90%，主要分布在平原、沿海和丘陵地区，特别是红河平原、湄公河平原以及沿海地区。越族在越南各个省份和直辖市都有分布。他们以越南语为主要交流语言，并使用拉丁字母的拼音形式作为文字表达。越族擅长耕种和手工技术。

表 3-12　越南各经济社会地理区前十的民族人口数量与占比

地区	民族	人口（万）	占比（%）	地区	民族	人口（万）	占比（%）
北部边境和山区（1 253.29 万）	越族	549.55	43.85	西原地区（584.27 万）	越族	364.27	62.35
	岱依族	156.57	12.49		嘉莱族	50.64	8.67
	赫蒙族	124.89	9.96		埃地族	35.93	6.15
	泰族	113.46	9.05		巴拿族	25.87	4.43
	芒族	88.60	7.07		格贺族	17.59	3.01
	侬族	84.88	6.77		侬族	14.66	2.51
	瑶族	74.22	5.92		色当族	14.40	2.46
	山泽族	17.09	1.36		岱依族	11.31	1.94
	山由族	10.76	0.86		墨侬族	10.99	1.88
	热依族	6.69	0.53		赫蒙族	8.29	1.42
红河平原地区（2 254.36 万）	越族	2 207.48	97.92	南部东区（1 782.89 万）	越族	1 679.85	94.22
	芒族	11.43	0.51		华族	50.69	2.84
	岱依族	9.74	0.43		高棉族	17.25	0.97
	瑶族	8.57	0.38		斯丁族	10.00	0.56
	山由族	7.12	0.32		岱依族	5.39	0.30
	泰族	3.01	0.13		侬族	5.19	0.29
	侬族	2.70	0.12		占族	2.64	0.15
	山泽族	2.12	0.09		乔罗族	2.53	0.14
	华族	0.91	0.04		芒族	2.41	0.14
	苗族	0.63	0.03		泰族	1.44	0.08
中北部和中部沿海地区（2 018.73 万）	越族	1 811.11	89.72	湄公河平原地区（1 727.36 万）	越族	1 596.32	92.41
	泰族	59.02	2.92		高棉族	114.12	6.61
	芒族	38.27	1.90		华族	14.94	0.87
	赫耶族	14.49	0.72		占族	1.32	0.08
	拉格莱族	14.38	0.71		芒族	0.14	0.01
	占族	13.68	0.68		岱依族	0.10	0.01
	布鲁-云乔族	9.01	0.45		泰族	0.07	0.00
	土族	8.35	0.41		嘉莱族	0.06	0.00
	格贺族	7.37	0.37		埃地族	0.05	0.00
	色当族	6.74	0.33		侬族	0.05	0.00

资料来源：Tổng Cục Thống Kê（2020）。

越族拥有悠久的历史。据记载，他们起源于红河平原，在开垦红河平原、适应潮湿气候的过程中，逐渐形成了独特的红河文明。随着时间的推移，红河文明向南部蔓延，最终构成了现今越族的分布范围。

2. 人口超百万的民族：岱依族、泰族、芒族、赫蒙族、高棉族、侬族

2019年，岱依族人口约184.55万，是越南人口较多的少数民族之一。他们分布在各个省市，主要集中在北部和西北部的一些地区，如高平、谅山、北𣴓、河江、太原、老街等。岱依族与中国的壮族有密切的联系，通常选择在山区靠近水源的地方居住。岱依族拥有发达的农业文明，主要信仰佛教，受儒教的影响较深。

泰族人口约182.09万，主要分布在北部和中北部各省，如莱州、奠边、山萝、安沛、和平、义安、清化等。在南部东区约有3.3万人，在西原地区有2.5万人。泰族与中国云南的傣族有着紧密的联系，多居住在肥沃的山谷或河流两岸地区，拥有悠久的历史。

芒族人口约145.21万，主要分布在北部的一些省份，如和平、永福、山萝、清化等。芒族的主要居住地介于泰族和越族分布区之间，是一片南北长约350千米、东西宽约80千米的狭长地带，从安沛省西北部一直延伸到义安省。此外，在南部的多乐、同奈等省也有零星的芒族人口分布（Khong，2002）。

赫蒙族约139.35万，分布在河江、宣光、高平、老街等地。赫蒙族的祖先生活在中国的洞庭湖地区，明末清初迁徙到越南。他们现居住在海拔700—1 500米的高山地区，有些群体还会沿着山脉或河流迁移，以耕种为生。

高棉族人口约131.97万，主要居住在湄公河平原，尤其是朔庄、茶荣、建江、安江等省。这一地区在古代曾属于真腊（今柬埔寨）领土，因此高棉族在语言、宗教、风俗习惯等方面与柬埔寨的高棉族相似。高棉族主要从事农业，信仰佛教。

侬族约108.33万，主要居住在越南与中国交界的谅山、高平、太原、老街、广宁等省份。侬族与中国壮族有着密切的关系，是公元10世纪前后由中国广西迁徙到越南的民族。他们以种植水稻为主要生活方式，也从事家庭手工业。

3. 华族

2019年，华族约74.95万，主要来自中国南部的江西、福建、广东、云南等地。华族主要分布在胡志明市、芹苴市、同奈省、朔庄省等地。虽然在越南被称为华族，但实际上他们是越南籍的华裔或华侨，多数从事商业等行业。由于历史、政治、经济等多种原因，他们与当地越南人通婚并定居，人数众多，逐渐形成了华族。

4. 其他少数民族

其他少数民族如瑶族、嘉莱族、埃地族、巴拿族、色当族等，人口基本为几十万人，以农业为生，居住在山区或边境地区。有些民族人数非常少，但给越南的民族文化带来不一样的色彩。

二、多民族杂居

（一）杂居现象及趋势

越南的民族统一是在经历了多次艰苦抵抗外来侵略斗争、艰难应对自然环境挑战以及和平建设时期的努力下逐渐形成的。数千年来，各民族团结一致，共同为建设和保卫国家而不懈努力。

每个民族都有自己的语言、文字和独特的文化特色，这些特色在社区活动和经济生活中得以体现。尽管各民族在服饰、饮食、住所、社会关系、婚丧、祭祀、节日习俗、文艺娱乐等方面存在许多差异，但也有许多共同点，这些共同点反映出各族人民之间的亲近和交流。历史和文化的交融，使得越南的多民族社会形成了独特的多元文化景观。

少数民族在北部地区并没有明确的领地，而是在各个地区杂居。这种杂居现象与历史背景密切相关。其他一些民族则是后来移居到这些地区的，由于各种原因被迫与其他民族杂居或者居住在高山地区。例如，泰族是在7—19世纪时迁徙到这一地区的。

在南部中游和山区，大部分少数民族都是土著居民，他们在这些地区有明确的定居地。孟高棉语族的民族，如巴拿族、色当族、赫耶族、布鲁-云乔族，居住在这一地区的不同领地。赫蒙族、斯丁族、麻族则主要居住在南长山的北部。一些民族如莱族、拉格莱族，与占族一样，是在公元前2世纪从东海外迁移而来。由于南长山延伸到海岸，这些民族在平原上定居下来。

在南方少数民族中，占族是经济发展水平较高的民族。历史上的占城国遗留下许多遗址，如庙宇、古塔、水渠等，展示了他们独特的文化。占族人散居在同奈、西宁、安江等地，形成了一个小群体。此外，湄公河平原上还有高棉族人，相对集中在后江、建江、安江各省，也构成了一个小群体。

在北部中游和山区，居住在低地的少数民族，如芒族、泰族、侬族，主要依靠种植水稻和开发山地来维持生活。而居住在中间地带和高地的少数民族，则主要从事坡地的农业开发以及采摘和狩猎。这些少数民族拥有精湛的手工艺技能，能制作精致的手工艺品。此外，各少数民族之间的经济文化交流历史悠久，特别是与越族之间的交流，可以促进知识、技能和资源的流动，有助于丰富地区生活方式和经济活动。

在南方少数民族中，除了占族和高棉族具有相对较高的经济发展水平外，其他少数民族的生活则相对隔绝。许多少数民族主要以村寨为单位，依靠自己所产出的农产品和资源来维持生计。开发山地是普遍的耕作方式，但畜牧与种植尚未分工，这可能是地理条件和环境影响的结果。这些少数民族的生活方式与地域特点相适应，但在一些情况下可能存在生产方式的局限。

1945年之前，不同民族之间的社会发展阶段存在明显的差异，主要表现在经济制度和生产方式上。越族、岱依族、侬族、高棉族等主要农业民族从事水稻种植等农业活动。这些民族的经济基础相对较弱，社会发展相对滞后。泰族、芒族和部分赫蒙族也以农业为主要生产活动，但生产方式和社会组织结构略有不同。占族、嘉莱族、埃地族等一些民族保留了原始公社制度的特点，经济活动主要以母系或父系制为基础，这些民族在社会组织和经济结构上与其他民族有所不同。山地民族如赫蒙族、瑶族、克木族等以刀耕火种的原始农业和采集捕猎为主要生活方式，经济发展相对原始。

1954年以来，特别是1975年以后，民族杂居的趋势逐渐加快。许多越族人从中游地区和山区迁往了"新经济区"，带来了不同民族之间的接触和融合。这种迁徙和民族杂居的趋势在很大程度上与政治、经济、社会变革有关。国家进行了一系列的社会主义改革和现代化建设，包括在农村地区设立农场、发展工业和基础设施建设等。在这个过程中，不同民族之间的文化、生活方式和社会习惯开始相互影响，出现了新的文化元素和社会现象。农场、工厂、学校、医院、商店等的建设也为民族融合提供了场所和平台。

(二) 存在的问题

不同民族具有多样的宗教信仰、语言文化以及生活习俗，导致民族之间存在差异，这些民族问题受到历史、地理、文化等多重因素的影响。近年来，全球化加深了国际因素对民族问题的影响，使得民族问题更加复杂、长期，并且呈现出多种不同的表现形式。总的来说，越南的民族问题主要包含以下四个方面。

1. 宗教信仰问题

越南作为一个多宗教国家，整体上呈现出多宗教共存的态势，各宗教之间也存在相互影响和传播的现象。在西原地区，少数民族信仰传统的"万物有灵"和多神崇拜。近现代以来，外来宗教如天主教、福音教、佛教等在该地区迅速传播，导致当地少数民族社会结构分化，传统文化受到威胁。

2. 毒品问题

19世纪末，法国在其控制的殖民地地区种植罂粟以谋取利益，主要集中在北部地区。20世纪末以来，罂粟种植面积逐渐减少。然而，越南北部位于"大金三角"东部，毒品的生产和贩卖逐渐演变成重要的民族和社会问题。

北部边境和山区地理条件恶劣，经济水平较低，导致当地人民的生活水平有限。罂粟种植具有周期短、价格高的特点，因此对当地经济有着较大的吸引力。瑶族与赫蒙族等少数民族在这一地区种植罂粟和吸食毒品的现象较为突出，对当地人民的生活产生了巨大的负面影响。

20世纪70年代，越南政府试图通过替代种植来减少罂粟种植，但效果甚微。近年来，私自种植毒品的现象不断蔓延，尤其是在偏远地区。

3. 移民问题

1945年以来，越南发生的人口迁徙主要包括农村人口迁徙、"新经济区"移民、边境地区移民以及自发的人口流动。这些迁徙对经济发展和民族融合产生了积极影响，同时也引发了一系列社会矛盾。例如，外来移民与当地居民之间可能因资源分配问题产生矛盾，移民对当地文化的影响可能引发文化冲突，生活方式和宗教信仰的差异也可能引发矛盾。这些问题使得移民问题成为与民族相关的复杂议题之一。

4. 经济建设问题

少数民族主要分布在山区和边境地区，这些地区的经济发展相对较慢，农业生产水平低，机械化程度有限，导致少数民族居民普遍面临相对较高的贫困率。

在越南经济迅速发展的背景下，一些少数民族感到自己被边缘化，没有获得应有的机会和权益，引发了他们对政府和主流社会的不满情绪，甚至引发民族关系的紧张和冲突。

三、东南亚唯一的东亚文明区

（一）多元文化交融

在地理上，越南被划入了东南亚；但在文化上，越南却和中国、日本一样，同属东亚文明区。东亚文明区，又称为东亚文化圈或汉字文化圈，是指历史上受中国及中华文化影响，过去或现在使用汉字作为书面语，受中华法系影响的文化和地理相近区域。越南受到中华文化的影响，历史上甚至直接使用汉字，史书都是用汉字记载，虽然如今已经废除汉字，但每逢传统佳节，越南人还是会写"福"字，贴春联。

在漫长的历史长河中，越南以本民族文化为基础，以中华文化为中枢，又多元融合了印度文化、西方文化，最终创造和形成了独具特色的越南文化。因此，越南文化很有包容性，不仅有印度文化、西方文化的特色，中华文化的影响更是无处不在（古小松，2018）。

越南民族文化起源于其生活环境：热带气候，江河密布，是众多古代文明汇合处。自然环境对越南民族的物质与精神生活乃至越南人的思维及个性有着不少影响，但历史及社会条件却成为越南民族文化思想的重要支配因素。因此，同样为水稻地区的居民，越南文化与泰国、老挝、印度尼西亚等民族文化仍有不同之处。同样起源于东南亚地区文化，越南文化朝着带有东亚文化特点的方向而变化。越南是东南亚地区唯一的东亚文明区。

越南在古代属于中国的藩属国，与中国同根同源，所以不可避免地受到中华文化的影响。从公元前3世纪开始，古代中国开始开拓岭南，大量华夏人口迁移至当今的越南地区。据史籍记载，秦末农民起义、西汉平定南越、东汉马援征交趾、汉末三国纷争、隋朝平定南陈等重大历史变动时期都有一定数量的华夏人口迁移到岭南地区。到 10 世纪，红河平原及周边地区与岭南的其他地区一样几乎已经汉化。到 10 世纪末越南独立建国的时候，在红河平原及周边地区到清化-义安一带的汉化居民成为该国的主体族群，后来称之为越族或京族。到现在，越族占据人口的近 90%，也决定了国家最基本的文化底蕴。

儒家文化是东亚文明的核心，对越南产生了深远的影响。越南的文化和社会结构都受到儒家思想的影响，体现在道德、伦理、政治、家庭价值观等方面。儒家思想的核心价值，如仁、义、礼、智、信等，已经深入越南人的日常生活中，影响着他们的行为、决策和社会互动。政治儒学的影响也在国家管理和社会组织中得到体现，儒家的治国理政理念对该国政治体制和政策制定产生了深刻影响。村社文化作为一种基于儒家价值观的社会组织形式，在农村社区中发挥着重要作用。这种文化强调邻里之间的互助、尊重、合作和共同责任，体现了儒家所倡导的社会和谐与道德准则。

在越南古代历史中，汉字确实是主要的书写方式，被用于记录各种重要信息，包括政府文件、历史记录、文学作品、宗教经典等。汉字在越南的使用持续了很长时间，直到越南自行创造了自己的文字系统。在历史上，汉字作为官方文字和精英文化的载体，扮演了重要的角色。汉字的使用不仅体现了中华文化的影响，也让越南与中华文化圈保持了紧密的联系。随着时间的推移，越南逐渐开始寻求自主的文化表达方式，于 11 世纪创造了自己的文字系统——喃字（Chữ Nôm），并逐渐将其用于书写越南语。

家庭观念、集体主义、社会等级制度、文字史料等等，无一不体现着越南受中华文化影响的深远。

10 世纪后，越南开始向南扩张，先后吞并了位于今中部地区的占城国和原属于柬埔寨的湄公河平原地区。占族人深受印度文化的濡染，主要信奉婆罗门教。位于中部地区的占族部落几乎全部越化，只剩下为数不多的少量占族人依旧保留其占族文化。今广南省的美山、庆和省的芽庄等地仍然可以看到许多占婆古塔。

19 世纪中叶，法国殖民统治越南后，越南人慢慢接受了法国人的一些生活方式、建筑风格，甚至还有一些自由浪漫的思维。但今天看来法国人并没有从根本上改变越南的精神文化形态，留下来的更多的是形式上的东西，如法棍面包、法式建筑等，当然有一小部分越南人皈依了天主教。法国试图隔断越南与中国的文化联系，废除汉字和科举制度，推行拼音越语。随着革新开放，西方文化的人文主义和民主思想以及一些现代艺术、生活方式开始在越南广泛传播。如今越南把英语作为第一外语，学校鼓励使用英语原文教材。

为了突出本民族文化的特色，特别是与汉文化的区别，以及在地理上位于东南亚地区，越南时常强调越南文化的东南亚背景色彩。

越南历史上抵抗外来侵略和进行卫国战争的经历，确实在民族意识和爱国主义方面产生了深远影响。这种共同体意识和爱国情感成为越南文化的重要组成部分，激励人民团结一致，为保卫国家而奋斗。同时，战争的连绵不断给社会造成巨大的破坏，对经济、社会和文化机构产生了严重的影响。这种状况限制了越南在文化和艺术领域的发展，使得文化艺术工程难以大规模进行，也使得文化遗产的保护面临一定的挑战。

总的来说，数千年来，越南文化经历了多元化、多层次的文化融合。当下越南正处于一个变革和开放的时代，其政治、经济和社会都处在日新月异的变化之中。在此背景下，越南谋求在保持独立自主的前提下，积极融入国际社会，加强与外部的交流合作，其文化也必然随之不断地演变和发展。

（二）多种宗教并存

在越南，无宗教信仰的人口占比较大，2019 年约占总人口的 86%。佛教是越南的主导宗教，此外还有天主教、基督新教、伊斯兰教、高台教、和好教等。佛教信徒近 1 100 万人，天主教信徒约 620 万人，高台教信徒超过 440 万人，140 万人信仰基督新教，130 万人信仰和好教，穆斯林 7.5 万人，巴哈伊信徒 7 000 人，印度教信徒 1 500 人。

佛教在 2 世纪初传入越南，北方受到中国大乘佛教影响，南方受到泰国、老挝和柬埔寨的小乘佛教影响。如今，佛教是越南信仰人数最多的宗教。全国约有 14 400 座寺庙，几乎每个乡村都有一座寺庙，每个省市都设有佛教协会，越南政府还颁布了佛教宪章。

16—17世纪，天主教传入越南，最初由葡萄牙和西班牙传教士引入，后来得到法国传教士的推广。随着法国殖民势力的扩张，天主教在越南得到广泛传播，越南成为亚洲信仰天主教人数最多的国家。天主教的信徒数量逐渐增加，其中，同奈省和胡志明市是天主教信徒分布较集中的地区，南定、林同、多乐、宁平等省市也有许多天主教信徒。

基督新教，又称福音教，于1911年传入越南，信徒主要分布在西原地区，多乐省、平福省以及胡志明市也有信徒。

伊斯兰教在越南被称为回教，起源较早，信徒主要集中在占族和高棉族群体中，多分布在宁顺省、平顺省和安江省。

高台教与和好教是越南的本土宗教，分别于1927年和1940年创立。高台教信徒主要分布在西宁省，而和好教信徒主要是农民，分布在湄公河平原的各个省份。

越南的少数民族宗教信仰非常多样。侬族信仰多神，特别崇拜祖先神和土地神。高棉族和泰族的红泰支系主要信仰小乘佛教。山地民族通常持万物有灵的原始宗教观念。占族中有信奉伊斯兰教和印度教的群体。此外，少数民族中还有一部分人信仰天主教或基督教。在少数民族居住地区，萨满教、图腾信仰和巫术等也有流行。

越南作为东南亚地区的一个缩影，呈现出多种宗教的共生共存，各个宗教之间相对和平，冲突较少，彼此和谐共处。越南的宗教景观展现出鲜明的多神论色彩，不同宗教拥有众多神灵，各自负责不同领域。外来宗教与本土宗教共同影响着越南人的宗教信仰，二者相互交融，形成了独特的越南宗教文化。这种多元的宗教环境给越南社会带来了丰富的宗教体验和文化表达。

第四节　城镇化与城市扩张

城镇化既指居住在城市地区的人口百分比的增加，也指城市居民数量、城市规模和城市住区总面积的相关增长。

一、城镇化历史进程与现状

1945—1954 年，印度支那战争期间，越南存在几个主要城市，包括北部的河内、中部的顺化和南部的西贡，这三个城市是当时越南最大的城市。此外，还分布着一些较小的城市。总体来看，当时越南的城市数量相对有限。

1954—1975 年，越南经历了重要的社会变革。在北方，社会主义建设开始，河内与海防是两个由中央政府控制的城市，还有南定、太原等几个城市。与此同时，根据《日内瓦协定》，南部地区得到美国的支持，逐渐发展成为资本主义地区。这时，西贡成为南部主要城市，而顺化、岘港、归仁、芽庄、金兰、大叻、头顿等地成为自治城镇。在这个时期，越南战争爆发，北方注重经济发展，以维持在南方战场上的军事行动。

1975—1986 年，越南统一后，政府采取了保持北方城市社会经济状况的做法，并将这种模式应用到南方。西贡也在这一时期正式更名为胡志明市，而自治城镇则被提升为省级城市。1986 年，越南拥有河内市、海防市、胡志明市这三个由中央政府控制的城市，以及太原、南定、茶荣、顺化、岘港、芽庄、大叻、边和等 11 个省级城市。这一时期的城市发展政策在促进国家统一和经济发展方面发挥了重要作用。

1986 年开始，越南经历了快速的工业化和城镇化过程。城市数量和等级不断增加，城镇化进程持续推进。

越南城市人口的集中程度相对较高，约 50% 的城市人口分布在 16 个大城市中。与东亚和太平洋沿岸的其他发展中国家相比，越南的城镇化速度较慢，这与该国的历史、地理和经济发展等因素有关。尽管越南已经经历了从农业向工业和服务业的劳动力转移，但城镇化水平仍然相对较低。

1986 年的革新开放确实显著推动了该国的城镇化，尤其是在 2000—2010 年这个时间段，城镇化步伐达到了顶峰。自 2010 年以来，城镇化步伐逐渐趋于稳定，城市居住人口的绝对数量增长率保持平稳。这与人口迁移趋势的变化、城镇化政策的调整以及社会经济发展的特点有关。目前，农村向城市的人口迁移速度正在减缓。

与人口城镇化的稳定步伐不同，城市地区的物理空间扩张在过去几十年中急剧加速。特别是河内市与胡志明市周边的农村地区，城市面积迅速增长，同时农村地区也出现城镇化趋势。然而，城市人口增长和城市实体扩张之间的空间错配引发了一些问题，包括土地利用效率下降等。

从人口学和经济地理学的角度来看，城镇化被解释为人口从农村向城市地区的迁移以及城市地区居住人口的逐渐集中。一个国家的城镇化水平可以通过城市地区居住人口占总人口的比例来度量。在社会层面，城镇化被视为人们居住环境重塑的进程。然而，城镇化不仅改变了人口和物质要素的分布，还对社会经济格局产生影响，将城市生活方式向农村和整个社会传播。因此，城镇化在人口增长、城市区域扩张和生产发展方面都有体现，同时也提升了生活水平。

在越南，"城市"通常指的是市区或城镇。所有乡村地区下辖的基层管理单位属于农村地区。城镇化不仅是人口从乡村向城市的转移，还伴随着城市和乡村之间的相互作用，以及城镇化对整个社会结构和经济发展的影响。

越南根据全国议会常务委员会第1210/2016/UBTVQH13号决议，采用评分法对城市进行分类：直属中央的城市划分为特大城市或一级城市；省辖市、中央直辖市下属的市根据一级、二级或三级城市标准进行分类；县城根据三级或四级城市标准进行分类；镇根据四级或五级城市标准进行分类。未来拟形成城市的区域按相应城市类型标准进行分类。据越南建设部数据，截至2021年6月，全国城市数量共867个。其中，特大城市2个，一级城市22个，二级城市32个，三级城市48个，四级城市89个，五级城市674个，全国城镇化率约为40.4%。

总的来说，越南城镇化具有以下基本特征：

(1) 城镇化与工业化进程密切相关。一方面，工业化进程随着生产设施数量和规模的增加而逐步形成，为城镇化提供了基础条件；另一方面，随着设施、工程和基础设施的发展，城市体系逐渐形成，进而反过来推动工业化进程，扩大工业园区的规模并产生新的工业区域。在越南，这种相互关系也得到了体现，如工业园区的扩张和发展不仅为城镇化进程提供了物质基础，同时也促进了城市体系的形成与发展。

(2) 城市地区、郊区和主要中小型城市城镇化不均衡。越南的城市等级分为特级城市、一级、二级、三级、四级和五级城市，这些城市主要分布在各个省或市，各地区的各等级城市分布并不均衡，差异巨大。

（3）大城市人口密度在城镇化进程中上升较快。随着城市数量的增加，大城市的人口也在逐步增加。2020年，越南总人口达到9 758万人，其中城镇人口达到3 593万人，占总人口的36.82%，比2010年增长了6%。城市人口的增长主要集中在大城市，反映出城镇化进程的显著推动作用。城市人口的增长主要来自农村地区的人口迁移，其中主导因素是学习和工作机会。尤其是15—39岁的人口，这个年龄段的人口占到总迁移人口的约84%。这一现象说明，城市提供了更多的教育和就业机会，吸引了大量年轻人口迁移至城市。根据越南统计局发布的数据，截至2020年，红河平原和南部东区是越南净移民率最高的两个地区。

二、低水平稳步的人口城镇化

世界人口的未来是城镇化的，城镇化决定了人口的空间分布。城镇化是一个复杂的社会经济过程，它改变建筑和环境，将以前的农村转变为城市地区，同时还将人口的空间分布从农村地区转移到城市地区，其间伴随着职业、生活方式、文化和行为的变化，城镇化改变了城市和农村地区的人口与社会结构。

城镇化程度或水平通常表示为居住在城市地区的人口百分比，这一数据主要根据国家对城市和农村地区的标准进行定义。一个国家居住在城市地区的人口比例的增长率表明它从农村社会向城市社会转变的速度。即使一个国家居住在城市地区的人口比例稳定，在人口自然增长的情况下，居住在城市的人口数量仍然会增加。

越南第42/2009/Nd-CP号法令规定"城市人口是属于城市行政边界内的人口，包括内城区和郊区、省镇的内部与外围区域及全部区镇"。

根据世界银行的数据，越南在革新开放之前的人口城镇化增速相对较低，特别是在20世纪七八十年代，城市地区的居住人口比例增长率几乎为零。随着革新开放的推进，人口城镇化步伐明显加快，虽然仍低于东亚和太平洋地区其他国家的水平，但差距有所缩小。2000—2010年，越南的人口城镇化复合增长率达到每年2.2%，达到顶峰；2010—2017年略微回落至每年2.1%。总体而言，越南的城镇化速度与东亚和太平洋地区其他发展中国家的速度大致相当（图3-10）。

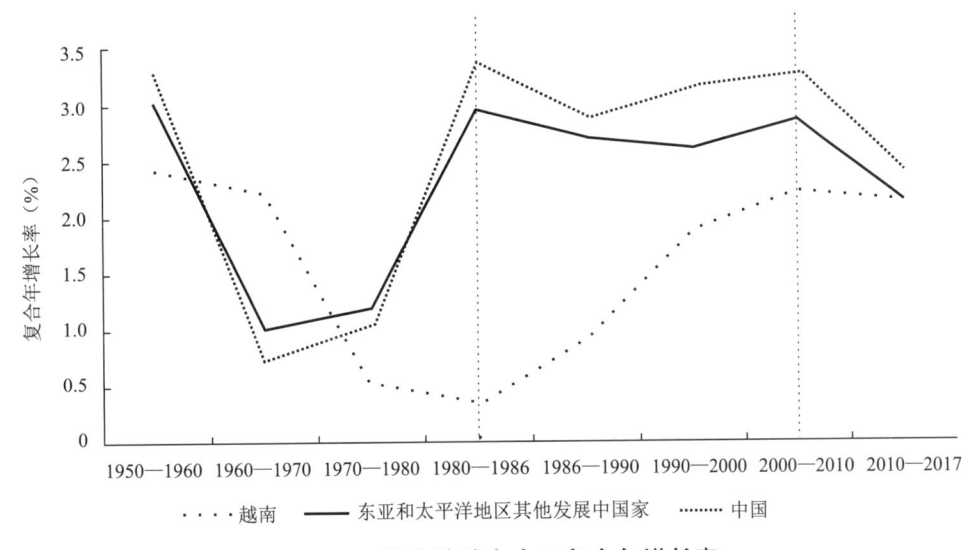

图3-10 越南的城市人口复合年增长率

注：除了1980—1986年、1986—1990年和2010—2017年之外，其余时间以10年为间隔计算城市人口占总人口比例的复合年增长率。第一条垂直虚线划分1986年前和1986年后的增长，1986年为革新开放之年；第二条虚线是2010年前和2010年后的划分。1979年之前越南的城市人口数据通常被认为不如之后的数据可信度好。

资料来源：世界银行："在城市化十字路口的越南——有效、全面且适应性强的启动路径"，2020年，https://docu-ments1.worldbank.org/curated/en/295641604685477960/pdf/Main-Report.pdf。

在革新开放的过程中，越南的绝对城市人口以年均2.7%的速度增长，城市人口比例逐渐趋于稳定。最初十年，越南绝对城市人口的年均增长率上升至3.5%，因为1986年后农村人口向城市流动增加。此后，越南绝对城市人口的年均增长率稳定在3.2%左右。

根据2019年"五普"数据，越南城镇人口占总人口的34.4%。2009—2019年，城市地区人口年增长率最快，平均为2.64%，几乎是全国平均人口增长率的两倍，也是同期农村地区人口增长率的六倍。预计在未来几十年，越南的农村人口增长将逐步下降，而居住在城市地区的人口将继续增加。

人口流动的主要动机往往与经济因素有关，包括就业机会、更高的工资和更好的工作条件。移民通常更年轻，意味着移民往往会对发送地和接收地的年龄分布产生影响。由于大部分迁入城市的人口是处于工作年龄段的成年人或其子女，所以平均年龄通常较年轻，这会导致移民发送地的平均年龄升高，同时移民接收地的平均年龄降低。

总体来说，越南城市人口的增长主要受经济发展较强的大都市区的推动，特别是胡志明市、河内市及其周边地区。2009—2014年，仅胡志明市的人口增长就占据了全国人口增长的17.7%。尽管其他城市也成为移民目的地，但大部分增长仍发生在毗邻胡志明市的平阳和同奈两个城市，还有一些增长发生在岘港等地。其他地区的移民占比相对较小。与胡志明市接壤的平阳在吸引移民方面表现特别强劲（仅次于胡志明市）。红河平原地区在吸引移民方面也表现出色，因为该地区包含了重要的东北经济区和北部主要经济发达城市，如河内与海防，这些城市对劳动力的需求通常无法完全由当地人口满足。

西原地区的人口在外迁方面超过了迁入。相比之下，红河平原地区和南部东区则是越南两个最大的移民区。因此，以胡志明市及其附近的工业城市为中心的南部东区一直是主要的人口吸引地，也是唯一净迁移率一直为正的地区，几乎占国内移民总数的50%以上。另有17%的人口迁入红河平原地区，但红河平原地区也有相同数量的迁出，因此其净迁移率几乎为零（表3-13）。

表 3-13　2010—2017 年越南各地区净移民率　　　　单位：%

地区	2010 年	2014 年	2015 年	2016 年	2017 年
北部边境和山区	−3.9	−2.0	−1.9	−2.5	−1.1
红河平原地区	0.5	−0.5	0.0	0.5	0.0
中北部和中部沿海地区	−5.7	−1.8	−1.8	−1.1	−0.2
西原地区	−0.3	1.6	−1.1	−2.4	−0.7
南部东区	19.9	11.2	9.7	8.4	5.6
湄公河平原地区	−8.4	−6.7	−5.4	−4.6	−4.0

资料来源：Tổng Cục Thống Kê（2019）。

越南农业就业占总就业的比重一直在下降，并且绝对数量也持续停滞。工业和服务业的强劲增长持续地将劳动力从农业领域吸引出来，自2010年以来，农业就业人口一直在稳定流失。

2000年，胡志明市及其周边的南部东区吸收外资占越南全国总额的57%。外国投资者更偏好这个地区的原因在于其较为完善的产业基础和商业基础、便利的交通、灵活的经营观念，靠近主要市场且拥有较高素质的劳动力等。这种偏好在一定程度上塑造了越南的城镇化特征。因此，原本产业基础较好的地区吸引了更多的外部资本和外来工人，推动了这些地区的城镇化进程（表3-14）。

表3-14　2019年越南劳动力数量及分布

地区	劳动力（万人）	比例（%）	男性占比（%）	女性占比（%）
全国	5 576.7	100.0	100.0	100.0
城市	1 809.5	32.4	32.4	32.5
农村	3 767.3	67.6	67.6	67.5
北部边境和山区	773.6	13.9	13.4	14.4
红河平原地区	1 243.8	22.3	21.5	23.3
河内市	411.8	6.3	6.3	6.2
中北部和中部沿海地区	1 183.0	21.2	20.8	21.7
西原地区	348.6	6.3	6.3	6.2
南部东区	1 017.4	18.2	18.9	17.5
胡志明市	482.6	8.7	9.0	8.2
湄公河平原地区	1 010.2	18.1	19.3	16.8

资料来源：Tổng Cục Thống Kê（2020）。

根据胡志明市警察局的统计数据，2002年共有125万合法移民来到胡志明市，其中86万人处于劳动年龄。1989—2009年，河内市与胡志明市的人口增加了1.5倍，占全国城市人口的1/3。[①] 这一方面积极地促进了城市的经济发展和社会文化生活，另一方面也给城市的教育、基础设施建设、就业机会和环境带来巨大的压力。

农村和城市地区的生育水平大致相同，随着城镇化水平的提高，城市人口占全国总人口的比例增加。随着农村向城市迁移速度的放缓，城镇化步伐和城市人口增长率也趋于稳定。根据越南统计局的预测，到2030年，约50%的人口

---

① Ministry of Planning and Investment, General Statistics Office, 2011. Migration and Urbanization in Vietnam: Patterns, Trends and Differentials. https://vietnam.unfpa.org/sites/default/files/pub-pdf/7_Monograph-Migration-Urbanization.pdf.

将居住在城市地区；到 2069 年，这一比例将增至 64.8%。越南政府在 2035 年规划中提出了一个趋势，即中产阶级的兴起，预计中产阶级将会越来越多地涌入城市并在正规部门就业。到 2035 年，超过一半的越南人口将成为全球中产阶级的一部分，中产阶级将在城市人口中占据重要的地位。

三、急剧扩张的城市空间范围

城市建成区面积是衡量城市景观最重要的指标之一，是理解城市系统中生态和社会经济过程的重要变量。城市规划可通过扩大城市地区的规模来促进城市发展。当城市面积扩大时，它们会合并邻近的定居点及其人口，这些定居点以前一般被归类为农村。农村地区的人口增长可能导致定居点从农村重新分类到城市，从而加快城镇化步伐。总体而言，越南城市总体规划和交通规划鼓励低层次、低密度的蔓延——这是一种反映上层意志而非实际需求的低效模式。

20 世纪 90 年代初期，越南的革新开放政策、集体农业的消亡以及农地重新分配等因素推动了农村向城市的快速转变。这些变化促使农村地区将一些土地用于城镇化，也为农村居民提供了额外的收入。一些家庭和村庄开始转向集约化农业，扩大当地的手工业和工业职业，并通过将家庭成员送往工厂或城市工作来实现多样化的生计策略。到了 20 世纪 90 年代中期，许多农村工人与劳动力在淡季时开始通勤到城市和郊区，从事贸易、工业或临时工作。农业集约化、手工业活动以及城市就业带来的新财富影响了村庄的物理空间，家庭开始用多层城市房屋取代传统的农村房屋。人口密度不断增加，农业集约化、小型手工业以及住房建设的热潮汇聚在一起，推动了村庄层面的内生城镇化进程（Labbe，2019）。

在整个 20 世纪 90 年代，农业用地向城市用途的转变以有限的规模进行，而且通常是以非正式的方式进行。大规模农地向城市空间的正式转换受到国家的严格限制，需要经过自然资源部的批准。到了 21 世纪初期，越南政府开始放松对这些空间的管理，并于 2007 年将批准和转换土地用途的权力下放到省和市政府，城市的物理和功能性扩张进一步加速，这包括将内城的居民转移到新建的郊区，同时为大都市区提供新的和改进的基础设施。

随着人口城镇化的快速增长，城市土地的扩张也同样迅速，导致城市人口密度停滞在相对较低的水平。2000—2015 年，越南新增了 652 144 公顷的城市土地，与此同时城市人口增加了 1 230 万人。然而，人口密度仍然维持在每公顷 18.9 名城市居民的水平（Dang et al., 2013）。实际上，土地已经快速被用于商业、住宅和工业等城市用途，以至于越南已经超过了其城市土地扩张的目标（表 3-15）。例如，2010 年的城镇住宅用地面积几乎是 2000 年的两倍，达到 13.4 万公顷，超出了政府设定目标（11.1 万公顷）的约 20%。此外，2010 年城镇人均建成用地面积达到 185 平方米，超过规划目标的 1.5 倍。

表 3-15 1995—2015 年土地和人口的城镇化

年份	城市总数（个）	城市面积（公顷）	城市占土地总面积的比例（%）	城市总人口（百万）	城市人口比例（%）	城市密度（人/公顷）
1995	420	836 117	2.53	14.9	20.8	17.9
2000	629	990 276	2.99	18.7	24.1	18.9
2005	675	1 153 549	3.48	22.3	27.1	19.4
2010	752	1 372 038	4.14	25.4	29.6	18.6
2015	775	1 642 420	4.96	31.0	34.3	18.9

资料来源：Dang et al. (2013)。

有关研究表明，过去 20 年越南电力供应的普及和覆盖范围显著增加。[①] 根据夜间灯光数据监测，2010—2017 年的七年间越南的城市地区扩大了四倍多（图 3-11）。越南政府通过提供大量补贴的土地，有时甚至是免费的，来大力促进了广泛的农村工业化，这成为农村土地向城市土地转换的主要方式。

2012—2017 年，以净夜间灯光增长来衡量的城市空间扩张在不同地区呈现出不同的趋势。河内-红河平原地区与胡志明市-南部东区以及沿海地区的城市空间扩张迅速发展。相比之下，西原地区的净夜间灯光增长下降，表明该地区缺乏城市空间扩张。湄公河平原地区的城市空间增长总体上有所增加，但区域内存在显著差异。其中，湄公河平原地区北侧、靠近胡志明市的部分、靠近南

[①] 根据美国国家海洋和大气管理局（NOAA）国家地球物理数据中心的图像和数据处理以及美国空军气象局收集的国防气象卫星计划（DMSP）数据处理而得。

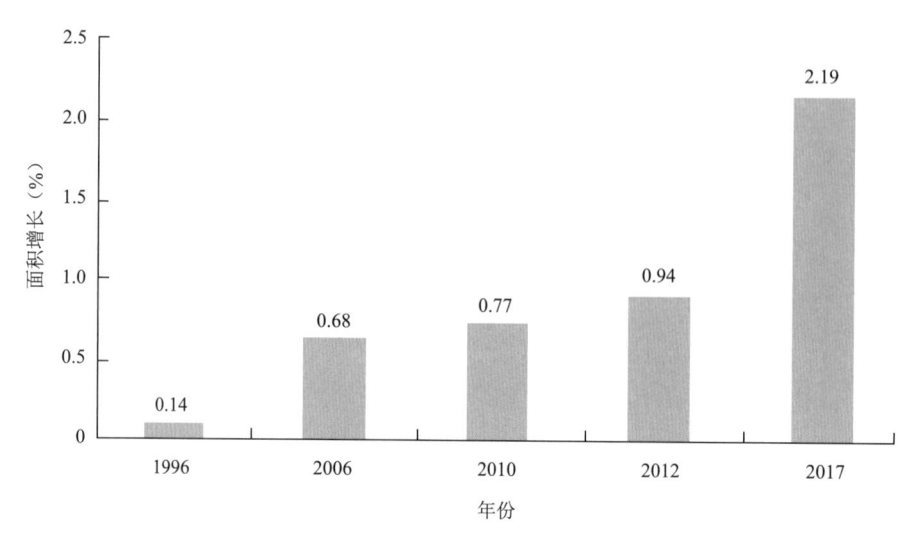

图 3-11　1996—2017 年越南城市土地总面积变化

注：世界银行基于 DMSP-OLS 夜光数据和可见红外辐射测量（VIIRS）计算，https://Ngdc.Noaa.Gov/Eog/，其中城市土地总面积以占国土面积的百分比表示。

部东区的海岸线以及沿着边界向西北延伸的地区，其城市空间增长更为集中，但区内其他部分表现出非常缓慢且分散的空间扩张。

河内市与胡志明市的迅速城市空间扩张主要集中在郊区，尤其是这些地区周边的小城镇或乡村地区。其中一些地区曾经是城镇化水平非常低的农村地区。胡志明市及其邻近的同奈省、巴地-头顿省和平阳省等新兴地区表现出最强劲的城市空间扩张，其绝对夜间灯光增长超过 12 000 个单位。沿海地区的一些地方，尤其是一些省会城市周边地区，也经历了强劲的城市空间扩张。许多地区，包括湄公河平原地区和西原地区，城市扩张的百分比在 10%—20%。[1]

河内市与胡志明市以及其他三个直辖市——海防、岘港和芹苴有着高度城镇化的内城区，这些区域通过纵向开发致密化的可能性有限，横向开发的区域规模也会受到限制。河内市与胡志明市边界内的农村地区也在快速扩张。

政府为了吸引投资者和创收，一般会通过给予土地优惠政策等方式来推动城市用地的开发。然而，缺乏对农用地转换和土地资源配置的规划与监管控制

---

[1] World Bank. Vietnam Urbanization Review: Technical Assistance Report. 2011-11-01. https://documents.worldbank.org/en/publication/documents-reports/documentdetail/225041468177548577/vietnam-urbanization-review-technical-assistance-report.

会导致土地扩张的不规范及分散发展。在农村地区,政府可能会利用优惠政策来吸引投资者建立小型工业区和集群,以实现创收和经济发展。然而,如果没有相应的空间连通性基础设施的投资,这种发展可能会导致城市扩张的分散和不连贯,从而影响经济发展并增加城市的拥堵成本和脆弱性,特别是在应对气候风险方面。

除了城市面积的蔓延外,越南的城市数量也在不断增长,从一级城市到五级城市,所有等级城市的数量都在快速增长(表3-16)。2009—2010年,仅仅一年的时间,一级城市从5个增长到10个;到2021年,这一数字变为22个。21世纪初,所有城市的数量加起来总共为604个,到2010年这一数字变成755个,到2021年变为867个。在此过程中,政府规划占了很大的主导作用。

表3-16 1999—2021年越南各等级城市数量变动   单位:个

城市等级	1999年	2009年	2010年	2021年
特级城市	0	2	2	2
一级城市	2	5	10	22
二级城市	8	12	12	32
三级城市	12	40	47	48
四级城市	64	47	50	89
五级城市	518	625	634	674
总和	604	731	755	867

资料来源:World Bank. Vietnam Urbanization Review:Technical Assistance Report. 2011-11-01. https://documents.worldbank.org/en/publication/documents-reports/documentdetail/225041468177548577/vietnam-urbanization-review-technical-assistance-report.

城镇化和工业活动的空间分布在越南呈现出相似的趋势。随着大量人口涌入城市,城市基础设施面临压力,交通拥堵、环境污染和住房短缺等问题逐渐恶化。城市人口的迅速增长使得对学校、市场、医院和公园等公共设施的需求增加,但新建设施的建设速度往往跟不上需求。特别是在城市中心和主要道路上,交通拥堵成为一个突出的问题。以河内市为例,私家车的增长速度迅猛,高密度人口和有限的道路网络,导致交通问题日益严重。

城市住房问题也日益严重,约2/3的城市地区(贫民窟和老旧房屋),需要进行维修或改善。在河内市,近1/3的人口生活在人均不足3平方米的房屋中,甚至有约 30 万人的人均住房面积不足 2 平方米。在胡志明市，约 4.8 万个贫民窟中有 60% 的房屋被归类为半永久性，同时有 5% 的人口无家可归。

从历史数据来看，河内 1954 年人均居住面积 6 平方米，到 1993 年下降了 1/3；胡志明市人均居住面积从 1954 年的 6 平方米降至 1993 年的 5 平方米，降幅达到 16.7%。此外，国家每年用于新住房建设的贡献率也在逐渐下降，仅 1991—1995 年这一份额就从 25% 减少到 16%。

城市还面临严重的环境污染问题。每天有约 30 万立方米的工业污水排入胡志明市的运河，海防每天有 270 立方米的固体废物被无处理地倾倒在垃圾场。空气污染也在不断恶化，胡志明市与海防市的二氧化硫及粉尘污染程度分别是通常可接受标准的 5 倍及 7 倍（Dixon and Drakis-Smith，2019）。

在越南，城市生活污水直接排入江河湖泊或通江渠的比例为 30%，其中南部东区与红河平原地区是全国生活污水排放最集中的两个地区。城市地区单位面积产生的废水量远大于农村地区，这导致城市的排水和污水处理系统超负荷运转。2015 年，只有 12.5% 的城市中心的四级及以上生活污水被收集和处理达到规定的标准。[①]

越南的海岸线较长，城市容易受到极端天气事件的影响。预计这些极端天气事件将变得更加频繁和严重。特别是沿海城市，尤其是位于低洼三角洲地区的城市，更容易受到风暴潮、海平面上升和海岸侵蚀等灾害的影响。

四、行政为主的城镇化主导因素

行政城镇化是一种城镇化形式，其中城市转型的决策是某些个人或群体的专属权力形式，城镇化不仅被称为空间、经济和社会现象，而且被称为单纯的行政管理项目。越南主要有两种城镇化形式，即有计划的城镇化和自发的城镇化，对于第一种形式的城镇化来说，很可能会产生所谓的"贫民窟"。尽管政府已努力"以促进经济发展为目标，进行大规模的城镇化规划"，但这两种趋势在许多城市仍然存在。规划工作很可能过度，导致陷入单纯的行政

[①] Asian Development Bank. Urban Sanitation Issues in Vietnam. Vietnam Urban Environment Program. 2015-10. https://www.adb.org/publications/urban-sanitation-viet-nam.

程序的风险。

越南的快速城镇化不仅是经济发展的结果，也受到政府的行政决策影响。例如，2008年政府规划的河内城市扩张使该市的规模扩大了数倍。河内已成为全球最大的17个城市之一，拥有约3 300平方千米的面积和超过640万人口。一些研究认为，越南的城镇化呈现出一种行政型城镇化的特征（表3-17）。

表3-17 越南政府控制和引导城市发展的政策

城市政策	结果
中央控制下的行政边界转移	自1954年以来，越南中央政府保留了调整行政边界的权力，以便控制城市规模并保护农业用地。然而，随着革新开放政策的推动，城镇化进程加速，城镇化和工业化的发展导致农用地的流失逐渐增多，尤其在城市郊区。这种趋势引发了用地冲突的问题
控制移民和人口迁徙	人口转变在越南很大程度上受到城市居住许可制度的影响，这一制度本质上类似于中国的户口制度。1954—1990年，该制度基本实现了预期的目标，但自1990年以来，越南的户籍制度逐渐放宽，允许更多人迁移到城市居住，导致城市人口从1990年的约19.5%增加到2009年的约30%。此外，由于一些迁移者没有进行户籍登记，实际的城市人口可能还要高于这个数字
城市服务提供与福利转型	1954年至20世纪90年代初期，城市统一公用事业费率大大阻碍了城市服务的质量发展。之后，越南进行了改革，以实现运营成本回收并转变其为商业实践导向。城市服务得以服务于所有市民阶层。然而，由于服务提供者的垄断地位，服务质量仍然存在问题
城市金融与经济转型	1954年至今，城市建设财政通过国家和按人均收入再分配来控制。然而，许多城市仍在努力寻找投资来源以满足需求。尽管大型国有企业在许多领域仍占主导地位，但城市和私营部门接管城市建设的趋势越来越明显。土地销售是城市用于基础设施投资的"自有"收入的重要组成部分
土地市场和空间转型	1954年至20世纪90年代，城市土地市场未发挥应有的作用。1993年的《土地法》是向土地和住房市场释放土地迈出的一步。农地向城市用地的转化速度加快。2003年的《土地法》进一步规定，将土地用作商业资源投入，在政府征用土地用于开发时有资格获得补偿。这成功刺激了房地产投资
向亲城市化（Pro-Urban）过渡？	2016年第72号（2001年）和第42号（2009年）政令以及2010年解决方案引入了城市分类，试图区分不同城市的作用。分类系统对行政职能、税收和国家资金分配有影响。政府关于到2020年城市体系和发展战略的第10号决议（1998年）要求发展中小城市，遏制大城市的发展。决议并展望2050年的第445号政府决议接受了人口超过1 000万的特大城市的可能性。当前的想法是发展一个城市系统，每个城市都在国家的城市经济中发挥作用。2011—2020年承认城镇化是推进国家工业化和现代化目标的必要条件

资料来源：Thang（2018）。

越南的户籍制度以中国为蓝本（Hammarlund，2016），户籍制度在 20 世纪 50 年代中期首先在北方建立，1975 年统一后在整个国家范围内实施。在革新开放前，户籍制度在越南是一种政治控制和国家监督的基本工具，没有户口，公民将无法获得基本的生活待遇，如就业、结婚等。随着革新开放政策的实施，政府对户籍制度进行了一些调整，以更好地适应人口统计和社会发展的需要（Leaf，1999）。从 2007 年开始，户籍制度发生了一些变化，农民工迁移到城市并在新住地稳定生活一年后，可以将其户口重新登记到城市，以更准确地反映他们作为城市永久居民的身份。

除了行政主导改变城镇化进程外，经济发展也驱动着越南从农村向城市过渡。城镇化程度越高，对移民的吸引力就越大（Huong，2021）。城市地区创造了更多的工业和服务业就业机会，成为越来越多的移民目的地。

越南城镇化面临以下挑战：

（1）不适宜的土地政策。不合理的土地政策可能导致农业用地向工业用地的过度转化，从而影响农业生产和粮食安全。土地流转和交易的受限也会影响土地的有效利用，从而阻碍经济发展和可持续城镇化。

（2）城市分类制度有待完善。如果城市分类制度过于强调城市面积的扩大而忽视人口密度和经济增长的联系，会导致城市过度投资、资源浪费以及不必要的城市扩张，使城市规划和发展不相协调。

（3）基础设施和城区发展不协调。缺乏公共交通基础设施的协调发展会导致交通拥堵、环境污染等问题。

（4）城乡联系不足。忽视城乡联系会导致城镇化过程中的资源分配不均衡，导致农村地区的落后和社会不稳定。

（5）户籍制度限制流动人口。受限的户籍制度会阻碍劳动力市场的灵活性，使得流动人口难以获得平等的社会服务和机会。

所以，越南当前的城镇化模式在一定程度上限制了该国的经济转型和社会包容度。

参 考 文 献

[1] 古小松："越南文化的特点、发展趋势与中越文化交流"，《文化软实力》，2018 年第 2 期。
[2] 黄兴球、古小松：《越南报告（2014—2015）》，世界图书出版公司，2019 年。

[3] 刘捷、罗琴：《越南文化教育研究》，外语教学与研究出版社，2023 年。

[4] 马尔科·卡米亚、倪鹏飞：《全球城市竞争力报告（2019—2020）：迈进城市的世界 300 年变局》，中国社会科学院、联合国人居署，2021 年。

[5] 滕成达：《越南当代民族问题和民族政策研究》，厦门大学出版社，2017 年。

[6] 张瑜："十二张图看全球人口趋势——《世界人口展望》2019 概览"，《华创证券·每周经济观察》，2019 年第 25 期。

[7] Dang, H., V. T. Nguyen, C. Consulting, 2013. *Improving Land Sector Governance in Vietnam: Implementation of Land Governance Assessment Framework (LGAF)*. Washington, DC: World Bank.

[8] Dixon, C., D. Drakis-Smith, 2019. *Uneven Development in South East Asia*. London: Routledge.

[9] Hammarlund, E., 2016. *Creating Cities: Political Capacity and Urbanization in China and Vietnam*. Honors Thesis, Spring.

[10] Huong, V., 2021. Understanding Urban Migration in Vietnam: Evidence from a Micro-Macro Link. ADBI Working Paper Series.

[11] Khong, D., 2002. *Population and Ethno-Demography in Vietnam*. Chiang Mai, Thailand: Silkworm Books.

[12] Labbe, D., 2019. Examining the Governance of Emerging Urban Regions in Vietnam: The Case of the Red River Delta. *International Planning Studies*, Vol. 24, No. 1.

[13] Leaf, M., 1999. Vietnam's Urban Edge: The Administration of Urban Development in Hanoi. *Third World Planning Review*, Vol. 21, No. 3.

[14] Li, H., Nguyen, H., Zhou, T., 2021. Vietnam's Population Projections and Aging Trends from 2010 to 2049. *Journal of Population Ageing*, No. 14.

[15] Min, B., K. M. Gaba, 2014. Tracking Electrification in Vietnam Using Nighttime Lights. *Remote Sensing*, Vol. 6, No. 10.

[16] Nhung, N., 2016. Administrative Urbanization in Vietnam: The Mixture of Political Ambitions and Administrative Power Under Different Economic Theories. University for Peace Ateneo de Manila University.

[17] Smith, D., J. Scarpaci, 2000. Urbanization in Transitional Societies: An Overview of Vietnam and Hanoi. *Urban Geography*, No. 21.

[18] Thang, T., 2018. Polycentric Urbanization in Vietnam. In Measuring Urbanization in ASEAN from Space. Research Report, No. 23. Chiba, Japan: Institute of Developing Economies, BRC (Bangkok Research Center).

[19] United Nations, Department of Economic and Social Affairs, Population Division, 2019. World Population Prospects 2019: Highlights, and World Population Prospects. https://www.un.org/development/desa/pd/content/population-trends-0.

[20] Tổng Cục Thống Kê, 2020. Kết quả toàn bộ Tổng điều tra dân số và nhà ở năm 2019. Hà Nội: Nhà xuất bản thống kê.

[21] Tổng Cục Thống Kêm, 2019. Kết quả toàn bộ Tổng điều tra dân số và nhà ở năm 2018. Hà Nội: Nhà xuất bản thống kê.

第四章　革新开放与经济发展

越南曾是世界上最贫穷的国家之一，甚至目前在很多人的印象中还是一个贫穷落后的国家。但自革新开放以来，越南经济高速发展，取得了令人瞩目的成就，从而转变为中低收入国家。

第一节　经济发展进程与现状

近代的越南饱经战争侵蚀，19世纪到20世纪下半叶，越南几乎一直陷入战争的泥沼，原本得天独厚的地理位置和丰富的自然资源未能发挥应有的优势，基础设施被破坏，社会经济动荡，数百万人因战争、饥荒和疾病而死亡、致残或流离失所。战争和冲突给越南带来了巨大的社会创伤。

在国家独立后，越南社会千疮百孔，僵化的经济模式以及官僚主义使得本就薄弱的经济陷入危机，人民生活困难，日用品缺乏，通货膨胀率居高不下。此时其经济模式一味地模仿苏联，并不适合越南的实际情况，特别是在南方地区，极"左"的思想使得社会生产力遭到破坏。该阶段，越南经济发展缓慢，许多部门陷入停滞状态，农田撂荒，商业凋零，基础设施年久失修，社会呈现出惨淡衰败的景象。

随着和平与发展逐渐成为时代的主题，越南开始调整其战略思维模式，以经济发展为先。1986年，越南效仿中国的改革开放，走上了革新开放之路，中国是"摸着石头过河"，而越南则是"摸着中国过河"。越南首先对经济体制进行改革，以市场经济为导向，不再盲目发展国有企业，大力发展非公有制企业，鼓励私营企业、个体户发展,给予他们一系列的优惠政策;其次在外交上,越南不再实施"一边倒"方略,而是采取全方位、多样化的独立自主的外交政策,这为其赢得了良好的国际环境。具体行业上,越南将农业领域的土地使用权让渡给农民,工业领域从指令性的产销制度转变为自主经营、自负盈亏的市场体制,商业领域取消国家统一价而改用市场价,金融领域则允许国有、股份与合营等多种形式的银行并存,建立以银行体系为基础的多元金融体系。这样的全面开放迅速为越南打开了经济发展的大门。

自1990年以来,越南人均GDP年均增长5.5%,使得平均收入翻了三番。这样的增长速度在全球范围内仅次于中国,成为世界上经济增长较快的国家之一。[1] 越南的经济增长表现出高度的稳定性,波动性位居全球较低水平之列。此外,越南经济增长具有高度包容性。20世纪90年代以来,底层40%人口的人均收入每年以9%的速度增长,超过了顶层60%人口的收入增长,这确保了共享繁荣和显著减少贫困的目标得以实现(图4-1)。1985年越南GDP为140.95亿美元,2019年增长到2 619.21亿美元,这一数字体现了越南经济蓬勃发展的强大动力(图4-2、表4-1),年均增长率达到9%左右,位居世界前列。世界银

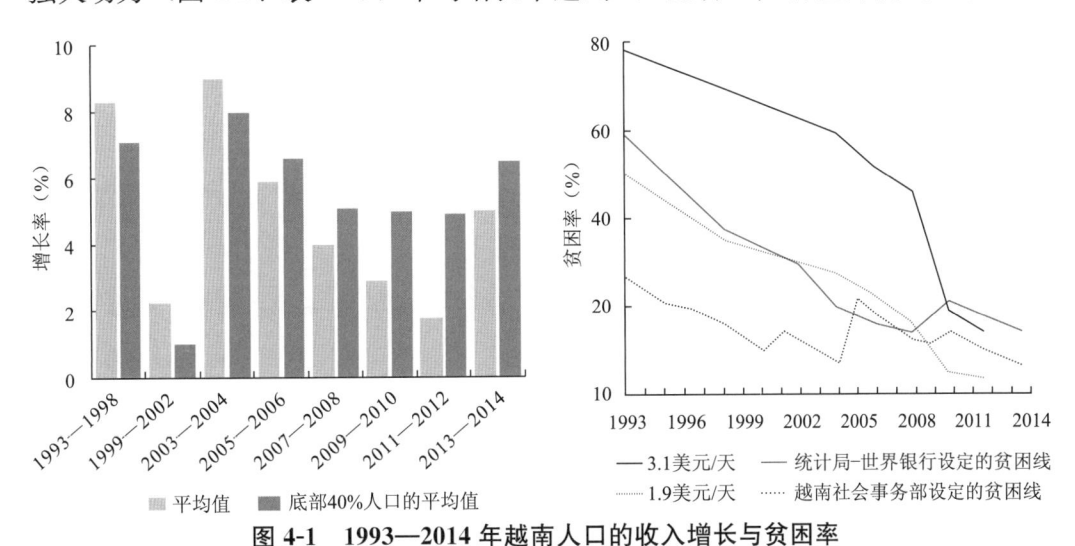

图 4-1 1993—2014 年越南人口的收入增长与贫困率

资料来源:根据世界银行数据库世界发展指标、越南统计局、宾夕法尼亚佩恩表8.0版本以及世界银行和越南计划投资部的数据整理。

---

[1] 世界银行、越南计划投资部:"越南2035:迈向繁荣、创意、平等和民主",2016年,https://elibrary.worldbank.org/doi/abs/10.1596/978-1-4648-0824-1。

行的统计数据显示,越南经济呈现出跨越式发展趋势。经过多年的发展,目前越南经济处于东南亚地区中等水平,是东南亚发展较快的国家之一。

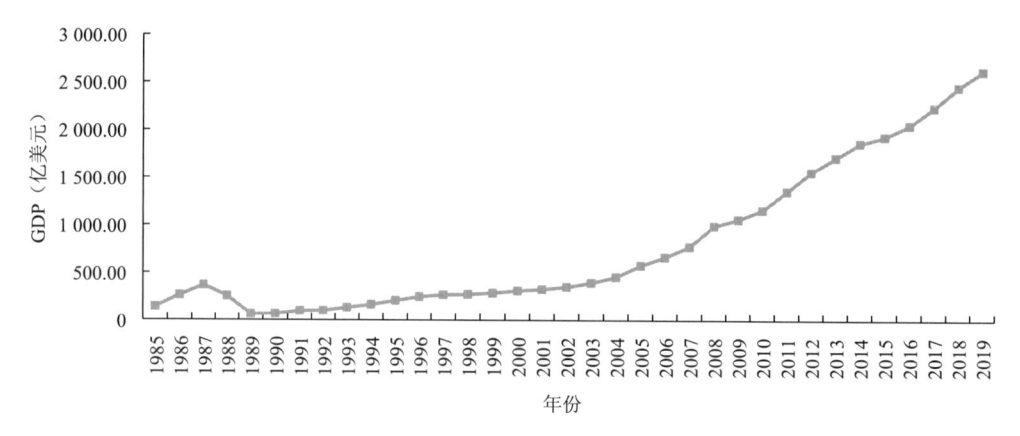

图 4-2　1985—2019 年越南 GDP

资料来源:根据世界银行数据库地区发展指标中越南的 GDP 数据整理,https://datatopics.worldbank.org/world-development-indicators/。

表 4-1　2010—2021 年越南 GDP 及三次产业结构

年份	GDP（十亿盾）	第一产业 产值（十亿盾）	占比（%）	第二产业 产值（十亿盾）	占比（%）	第三产业 产值（十亿盾）	占比（%）
2010	2 739 843	421 253	15.38	904 775	33.02	1 113 126	40.63
2011	3 539 881	575 555	16.26	1 224 105	34.58	1 377 262	38.91
2012	4 073 762	659 929	16.20	1 460 861	35.86	1 593 608	39.12
2013	4 473 656	680 694	15.22	1 591 510	35.58	1 813 710	40.54
2014	4 937 032	734 648	14.88	1 742 701	35.30	2 020 412	40.92
2015	5 191 324	751 430	14.47	1 778 887	34.27	2 190 376	42.19
2016	5 639 401	779 267	13.82	1 923 894	34.12	2 416 737	42.85
2017	6 293 905	813 794	12.93	2 227 436	35.39	2 679 990	42.58
2018	7 009 042	862 580	12.31	2 561 274	36.54	2 955 777	42.17
2019	7 707 200	908 257	11.78	2 836 491	36.80	3 273 150	42.47
2020	8 044 386	1 018 050	12.66	2 955 806	36.74	3 365 060	41.83
2021	8 479 667	1 065 078	12.56	3 177 860	37.48	3 494 290	41.21

资料来源:根据《2022 年越南统计年鉴》整理。

21世纪以来，越南的进口额和出口额都呈现快速增长的趋势，尽管增长速度在各时段有所不同（图4-3）。21世纪初，越南的经济增长加速，进出口额都得到快速提升，特别是2008年，进出口额均增长约30%。2009年，受到全球金融危机余波的影响，进出口额有所回落，但随后通过政策调整逐渐恢复。2013年，越南的出口额追赶上进口额，实现贸易平衡。之后，出口额逐渐超过进口额，且差额不断扩大。2020年，越南的贸易顺差达到199.72亿美元（图4-4），即使受到新冠疫情的影响，越南的贸易顺差也未受到太大冲击，仍继续呈现增长趋势。

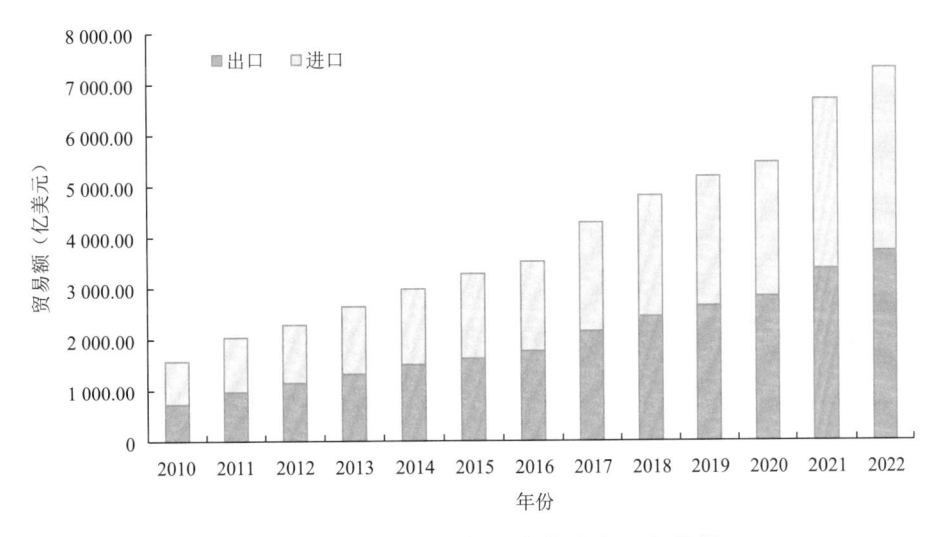

图4-3　2000—2022年越南的进出口贸易额

资料来源：根据《2022年越南统计年鉴》整理。2022年为估算值，本章余同。

越南的人类发展指数（HDI）也在发展中有所改善，主要体现在人均收入、教育水平和健康成果的提高上。2014年，越南的HDI为0.670，在全球188个国家和地区中排名第116位，属于"中等人类发展"国家（VASS and UNDP，2015）；2022年越南的HDI为0.726，在193个国家和地区中排名第107位。1990—2022年，越南的HDI从0.492转变为0.726，增长了近50%。[①]

越南经济的强劲增长得益于生产要素（劳动力、资本、技术等）的快速积

[①] 联合国开发计划署："打破僵局：重新构想两极分化世界中的合作"，2024年3月14日，https://www.undp.org/bhutan/publications/breaking-gridlock-reimagining-cooperation-polarized-world。

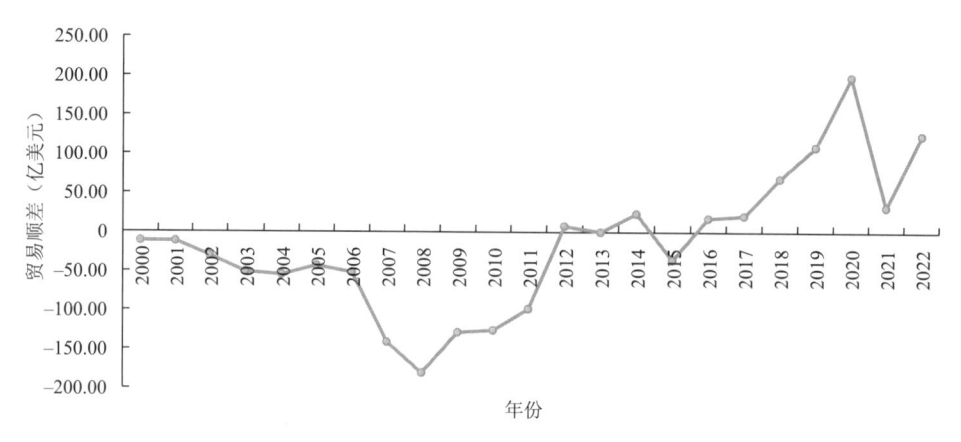

图 4-4 2000—2022 年越南的贸易顺差

资料来源：根据《2022 年越南统计年鉴》整理。

累和全球化的红利。自 1990 年以来，越南劳动力规模几乎翻了一番，资本存量实际增长了 6 倍。人力资本和全要素生产率的初期增长带动了经济的强劲增长。15—60 岁年龄劳动人口占总人口比例从 1985 年的 53％增加到 2016 年的接近 68％。这种人口红利恰逢经济市场自由化和劳动力需求上升，转化为更高速度的 GDP 增长。抚养比的降低也有助于提高国民储蓄率——从 1990 年的 3％增至 2016 年的 30％以上——为投资支出的大幅增长提供了资金后备力量。

1995 年加入东盟，成为越南参与地区间经济合作的里程碑。冷战前，越南和东盟分别属于两大对立阵营；冷战结束后，"全方位、多元化"逐渐成为越南对外交往的指导方针。1991 年《巴黎协定》的签署标志着越南与东盟之间的关系消除了最后障碍。不久，越南就正式向东盟提出了加入《东南亚友好合作条约》和东盟的申请。1995 年 7 月 28 日，第 28 届东盟外交部长会议在文莱召开，越南正式加入东盟，成为第七个成员国。1998 年加入 APEC，成为越南融入国际社会的重要转折点。2006 年加入 WTO，使得越南参与全球化的进程进一步深化，在贸易、投资和技术等方面获得了更广阔的发展机会。2019 年《全面与进步跨太平洋伙伴关系协议》（CPTPP）在越南正式生效，标志着越南对外贸易进入了新的发展机遇期。

总体来看，越南经济增长带来了经济转型和现代化，并呈现出以下特点：第一，结构转型将资源从农业转向制造业和服务业；第二，经济的外向性使越南更深入地融入全球价值链;第三,从中央计划和国家主导的经济向以市场为导向的经济体制转变,使私营部门发挥越来越大的作用;第四,空间转型将人口从农村地区转移到城市地区。这些特点共同促进了越南经济的长期持续发展。

第二节 对外经济贸易与联系

越南得天独厚的区位条件,使其与世界各地之间的经贸往来得以便利展开。首先,越南地处东亚和东南亚的连接点,处于重要的新兴市场位置,为与不同国家和地区开展贸易提供了有利条件;其次,越南拥有漫长的海岸线,拥有众多优良港口,为海上贸易和航运提供了坚实的基础;最后,越南拥有庞大的人口规模,处于人口结构的黄金期,这为生产力和市场需求提供了显著的人口红利。此外,越南作为东南亚的投资热土,吸引了大量外资的发展,使其经济活跃度不断增加。这些优势条件使得越南在国际贸易领域呈现日新月异的发展态势。

一、主要出口贸易行业与结构

越南已与100多个国家和地区建立了进出口关系,出口市场遍及亚洲、欧洲、北美洲、大洋洲以及西亚-非洲地区。

(一)机械、电子、设备为主的出口额结构

随着外贸的迅速发展,越南的出口贸易结构正在发生变化。过去,大米、纺织品、咖啡等农产品和初级产品是越南主要的出口商品。随着经济发展和产业转型,广播设备、电子设备、手机、机械等高附加值产品的出口增速明显加快,成为越南出口的新兴力量。

据越南海关总署统计,2016—2020年,越南机械、设备、工具、零部件出口额大幅增长,年均增长率达28.1%。欧共体数据显示,2021年,越南出口最多的是广播设备(423亿美元)、电话(182亿美元)、集成电路(155亿美元)、纺织鞋类(106亿美元)和皮革鞋类(643亿美元),主要出口到美国(637亿美元)、中国(403亿美元)、日本(212亿美元)、韩国(203亿美元)和德国(82.2亿美元)。[①]

根据表4-2,2022年越南出口最多的产业大类是机械、运输和设备类产品,其次为杂项工业品,然后是粮食、食品和活禽类初级产品。随着时间的演进,机械、运输和设备类产品的出口额逐年增长,2015年为605.64亿美元,2018年突破1 000亿美元,2022年估算值为1 738.65亿美元。即便受到新冠疫情的影响,越南制造产品的出口依然呈现上升趋势,显示出该产业的韧性和抗风险

表4-2　2015—2022年按标准国际贸易分类(SITC)的越南货物出口额

单位:亿美元

分类	2015年	2017年	2018年	2019年	2020年	2021年	2022年
总值	1 620.17	2 151.19	2 436.97	2 642.67	2 826.29	3 361.67	3 713.04
初级产品	302.99	360.46	374.92	368.80	348.86	399.08	453.89
粮食、食品和活禽	203.40	253.97	261.42	250.01	249.09	274.51	308.68
饮料和烟草	5.68	5.37	6.19	6.98	5.21	5.46	3.85
原油、燃料外的非食用油	41.08	50.99	56.57	62.54	61.57	76.06	91.41
矿物燃料、润滑油及相关材料	49.96	48.46	49.07	47.57	30.87	39.26	43.29
动植物油、脂肪和蜡	2.87	1.67	1.67	1.70	2.13	3.79	6.66
制成品	1 317.11	1 790.65	2 061.93	2 273.74	2 477.27	2 962.25	3 258.93
未另列明的化学相关产品	40.98	46.87	60.82	68.04	70.18	97.04	98.95
主要按材料分类的制成品	170.58	221.53	274.92	292.56	315.39	451.03	427.64
机械、运输和设备	605.64	900.23	1 029.67	1 150.99	1 350.72	1 623.48	1 738.65
杂项工业品	499.91	622.02	696.52	762.15	740.98	790.69	993.69
不在SITC分类中的商品	0.07	0.08	0.12	0.13	0.16	0.34	0.22

资料来源:根据《2022年越南统计年鉴》整理。

[①] 经济复杂性观察站(OEC),https://oec.world/en/profile/country/vnm。

能力。杂项工业品出口也在持续增长，尽管增速相对机器设备类产品较慢，但仍然呈现稳定增长趋势。农产品出口额相对稳定，2019年有一定程度的回落，2020年出现回升，但尚未达到2018年的水平。

世界电话行业持续稳步增长，为越南的手机产业带来巨大的增长前景。2015年以来越南出口总额持续增长，2017年比2015年增长了50.83%，手机及零部件出口一直占据出口商品类别的首位（表4-3）。据越南海关总署统计，2016—2020年，越南手机及零部件出口额年均增长率为10.5%。即使2020年受到新冠疫情影响，越南的手机及零部件出口额仍然达到511.84亿美元，占越南出口总额的18.1%。越南的手机出口涵盖了全球50多个市场，中国、美国、欧盟、阿联酋、日本、韩国、印度、英国和东盟等国家和地区是主要的出口市场。同时，越南还积极开拓尼日利亚、埃及、南非、智利、哥伦比亚、秘鲁、阿根廷、中东国家等市场。

表4-3　2015—2022年越南主要出口商品类别及出口额　　单位：亿美元

2022年排名	商品类别	2015年	2017年	2018年	2019年	2020年	2021年	2022年
1	手机及零部件	302.40	456.10	495.31	519.70	511.84	575.31	579.95
2	电子、计算机及零部件	156.08	262.82	295.62	363.11	445.81	506.13	555.36
3	机械、设备及配件	81.60	129.13	163.59	183.02	272.02	383.43	457.52
4	纺织品	228.09	261.20	304.81	328.32	298.12	327.74	375.67
5	鞋类	120.13	146.78	162.36	183.18	167.91	177.50	238.96
6	木材和木制品	67.98	77.02	89.08	106.52	121.34	148.09	160.11
7	运输工具及零部件	65.31	68.43	80.18	87.41	91.82	106.12	119.88
8	水产品	65.69	83.49	87.71	85.14	83.89	88.53	109.23
9	钢铁	16.92	31.49	45.47	42.05	52.59	117.91	79.93
10	塑料制品	20.60	25.49	30.45	34.36	36.53	49.29	54.94
11	各种纤维	25.50	35.94	40.25	41.77	37.38	56.09	47.14

资料来源：根据《2022年越南统计年鉴》整理。

2022年，电子、计算机及零部件产业是越南第二大出口商品类别。根据越南统计局的数据，自2010年起，电子、计算机及零部件的出口额持续增长，2019年达到363.11亿美元，超过纺织品，成为越南第二大出口商品类别。在全球市场中，中国是越南电子、计算机及零部件的最大出口市场，其次是美国、欧盟等。越南从2010年开始积极参与电子行业3C价值链（包括元器件、组装件、成品），逐渐成为全球电子元器件组装的中心。越南在电子元件组方面主要充当元件集成商的角色，而在成品方面主要制造通信设备和领先的消费电子产品。越南的电子产品成品出口额超过泰国、菲律宾、马来西亚和韩国等国家和地区，出口额从2001年的第47位上升到2020年的第11位，成为全球电子产品的主要出口地之一。在全球价值链中，越南主要集中在附加值较低的中游环节，生产显示器和特殊零部件等小组件以及消费电子、通信和计算机等成品。

机械、设备及配件是2022年越南出口额排名第三的商品类别，也是越南的主要出口项目之一。自2015年起，该类别的出口额逐年增长，2015年约81.60亿美元，2017年上升至129.13亿美元，之后持续稳步上升，2022年达到457.52亿美元，2016—2022年年均增长率达到65.81%。该类别商品主要出口市场包括美国、欧盟、日本、韩国和中国。美国是越南最大的机械、设备及配件出口市场，且出口额持续增长；荷兰、德国、波兰、意大利等是越南在欧盟市场出口较多的国家。越南对印度市场的机器、设备及配件出口在2016—2018年大幅增长，年均增长率达到166.3%，之后出口有所下降。

纺织品是2022年越南出口额排名第四的商品类别，纺织和服装产业被视为越南关键的经济部门之一，也是重点出口产业之一。2015年以来，越南的纺织品出口额持续上升，尽管增长率不及手机及零部件，但仍表现出稳步增长的态势。纺织业在该国企业数量上居于领先地位，同时也是用工量较大的行业之一。纺织业是越南吸引FDI的重要行业，仅次于电子行业。

鞋类是2022年越南出口额排名第五的商品类别。2021年，越南皮革和鞋类出口额从2014年的全球第10位上升到第3位。越南的鞋类产品已出口到全球150多个市场，其中主要市场集中在美国、欧盟、中国、日本和英国。《世界鞋业年鉴》数据显示，2020年全球鞋类出口总量达到121亿双，同比下降19%，为近10年来的最低水平。其中，越南鞋类出口量达到12.3亿双，首次超过世界鞋类出口总量的10%，比2011年增长了4.4倍。一系列世界知名鞋履品牌如耐克、阿迪达斯、锐步、彪马等都在越南，进行大批量加工生产。

木材和木制品是 2022 年越南出口额排名第六的商品类别。作为世界第二大木制家具出口市场，越南在全球木制品市场中的份额较小，但拥有一定的发展潜力。越南的木材和木制品出口涵盖了 140 多个国家和地区，其中主要市场包括美国、日本、中国、欧盟和韩国，其出口总值估计为 139.8 亿美元，占越南木制品出口总值的 89.5%。[1] 2020 年，越南出口额较高的木制品主要包括木片、压块、去皮板、刨花板、纤维板、胶合板/胶合板和木椅。其中，胶合板在销量和价值方面表现尤为突出，销量增幅高达 94%，价值增幅高达 51%；其次是座椅类产品，出口额增幅达 32%。[2]

运输工具及零部件是 2022 年越南出口额排名第七的商品类别。该类商品主要出口拥有发达汽车工业的世界领先市场，其中，日本、美国和韩国是最大的市场，占出口总额的 50% 以上。此外，泰国、中国、加拿大、德国、荷兰、马来西亚和印度尼西亚等市场的出口份额也在逐渐扩大。丰富的劳动力资源和优良的投资环境吸引了众多汽车与运输工具制造商在越南设立生产基地，并将越南作为重要的出口基地。

水产品是 2022 年越南出口额排名第八的商品类别，其出口额占全国出口总额的 9%—10%。1997—2020 年，越南水产品出口额从 7.58 亿美元增长至 85 亿美元，实现了 11 倍的增长。越南出口的水产品主要包括虾和巴沙鱼，远销全球 160 多个市场。其中，前十大市场包括美国、欧盟、日本、中国、韩国、东盟、澳大利亚、英国、加拿大和俄罗斯，占越南水产品出口总额的 92%—93%。前六大市场中，越南对欧盟的水产品出口增速有所放缓，对东盟和韩国的出口保持稳定，对中国的出口增长迅速，对美国和日本的出口保持正增长态势。

钢铁是 2022 年越南出口额排名第九的商品类别。越南的钢铁产品主要出口到东盟、中国、欧盟和美国等市场，对亚洲市场的出口量呈下降趋势，但对欧

---

[1] Chu Khôi：" 木材和木制品出口将创下 156 亿美元的纪录 "，2021 年 12 月 17 日，https://vneconomy.vn/xuat-khau-nganh-go-va-lam-san-se-lap-ky-luc-15-6-ty-usd.htm。
[2] 商业部工商战略和政策研究所：" 加强越南木材和木制品的未来出口解决方案 "，2021 年 6 月 17 日，https://vioit.org.vn/vn/chien-luoc-chinh-sach/giai-phap-day-manh-xuat-khau-go-va-san-pham-go-cua-viet-nam-trong-thoi-gian-toi-4377.4050.html。

盟和美国市场的出口却有显著增长。镀锌钢板、建筑钢材和冷轧钢是越南钢铁出口的主要类别。截至2021年,东盟仍然是越南钢铁出口的传统市场,占据出口总额的28.64%;其次是中国大陆,占比21.32%;欧盟占12.56%;美国占7.51%;中国台湾占5.05%。[①]

塑料制品是越南出口额排名第十的商品类别。越南塑料工业的发展目标是逐步发展塑料工业,建立从原材料生产到最终产品加工的全过程,充分利用和处理产生的废料,逐渐增加本国原材料的比重,以建立一个自主的工业部门。从越南进口塑料最多的三个市场是印度尼西亚、中国和印度。

各类纤维是2022年越南出口额排名靠前的商品类别之一。2021年,越南首次超过韩国,成为世界第六大纤维和纱线出口国。越南主要将这类商品出口到中国、韩国、孟加拉国、巴西、印度尼西亚、美国等市场。

(二)美国、中国为主要出口市场,欧洲为潜力市场

越南的出口市场主要集中在亚太经合组织、欧盟、东盟和欧佩克等组织所在国家和地区(表4-4)。

表4-4 按国际组织分类的越南出口市场及出口额　　单位:亿美元

	2015年	2017年	2018年	2019年	2020年	2021年	2022年
总值	1 620.17	2 151.19	2 436.97	2 642.67	2 826.29	3 361.67	3 713.04
亚太经合组织	1 066.08	1 488.91	1 703.06	1 888.72	2 132.84	2 545.32	2 796.64
欧盟	309.28	382.86	419.86	415.36	351.46	401.23	468.29
东盟	181.95	216.80	248.54	252.67	234.11	288.66	340.21
欧佩克	68.92	61.28	62.31	58.33	52.54	57.32	99.32

资料来源:根据《2022年越南统计年鉴》整理。

按照国家和地区来看,美国是越南最大的出口市场,然后是中国、日本和韩国;荷兰、德国和英国等也是越南重要的出口市场,欧盟是越南重要的合作伙伴;东盟国家也是越南较为重要的出口市场(表4-5)。

---

① Bảo Ngọc:"钢铁出口报告",2022年1月20日,https://congthuong.vn/an-tuong-xuat-khau-thep-171006.html。

表 4-5 按国家和地区分类的越南出口市场及出口额　　　单位：亿美元

2022年排名	国家和地区	2015年	2017年	2018年	2019年	2020年	2021年	2022年
1	美国	334.51	415.31	475.30	613.32	770.77	962.69	1 093.89
2	中国大陆	165.68	353.94	413.66	414.63	489.06	559.26	577.03
3	韩国	89.15	148.07	182.41	197.35	191.07	219.46	242.94
4	日本	141.00	167.92	188.34	203.34	192.84	201.25	242.33
5	中国香港	69.59	75.74	79.58	71.54	104.37	119.95	109.37
6	荷兰	47.60	70.99	70.85	68.79	69.99	76.85	104.30
7	德国	57.07	63.54	68.73	65.51	66.44	72.88	89.68
8	印度	24.70	37.56	65.44	66.73	52.35	62.81	79.62
9	泰国	31.78	48.01	54.87	53.03	49.17	61.55	74.76
10	加拿大	24.08	27.09	30.14	38.89	43.61	52.70	63.15
11	英国	46.45	54.15	57.79	57.57	49.55	57.66	60.66
12	柬埔寨	23.95	27.62	37.92	43.83	41.49	48.30	57.53
13	马来西亚	35.77	42.04	40.65	37.88	34.19	44.15	55.66
14	澳大利亚	29.06	32.71	39.66	35.27	36.21	44.01	55.54
15	中国台湾	20.76	25.68	31.51	43.91	43.22	45.87	51.18

资料来源：根据《2022年越南统计年鉴》整理。

美国一直是越南最重要的出口市场，两国之间的贸易关系持续快速增长。1994年美国解除对越南的贸易禁运，随后两国恢复外交关系。2018年以来，中美贸易战导致中国一些制造业开始向越南转移，使得美国从越南进口相关替代产品的数额持续增加。越南向美国出口的主要产品类别包括电机、家具和床上用品、针织服装、机械和鞋类等，还有农产品，如坚果、未烘焙的咖啡、香料、糖、甜味剂、饮料基料，以及狗粮和猫粮。服务方面，越南向美国出口的主要领域包括旅游、运输、专业和管理服务。

中国是越南的第二大出口市场，两国之间的贸易额持续增长。自2015年起，越南对中国的出口额持续增加，2017年达到353.94亿美元。2019年由于新冠疫情的影响，出口额与2018年持平，2022年又继续增长，达到577.03亿美元。越南向中国出口的商品类别涵盖多个领域，主要包括手机及零部件、计算机及零部件、纱线、果蔬、机械设备及配套用具、橡胶及其制品、矿物燃料、矿物油及其产品等，对中国出口额超过10亿美元的商品包括手机及零部件、蔬菜瓜果和橡胶等。

韩国与日本在越南的出口市场中都扮演着重要的角色，越南对这两个国家的出口额保持相近水平。越南出口到韩国的产品主要涵盖电话、广播设备和广播配件等。日本是越南的第四大出口市场，两国之间的贸易保持稳定，出口额在200亿美元左右。越日贸易相对较为平衡，2019年的贸易顺差略向越南倾斜，为8.7亿美元。越南主要向日本出口绝缘电线、广播设备、燃料、纺织品、车辆及零部件、机械、工具、海鲜等产品。

荷兰是越南在欧盟的最大投资国和第二大贸易伙伴。越南对荷兰的主要出口产品包括广播设备、办公机器零件和集成电路等。越南对荷兰的出口持续增长，从1995年的1.12亿美元增长到2019年的68.6亿美元，年均增长率18.7%。2010—2015年，荷兰与越南之间的贸易额翻了两番。荷兰被认为是越南商品进入欧洲市场的门户。

德国是越南在欧盟最大的贸易伙伴。越南向德国出口的主要产品包括电信设备、鞋类、办公和自动数据处理机器、丝绸服装、人造纤维以及电视、无线电接收器和声音录像机等。

印度作为越南的周边国家，拥有庞大的人口基数，其中庞大的中产阶级以及对东盟产品的关税豁免政策，使其成为越南出口的利润丰厚的目的地。越南向印度出口的产品涵盖手机、电子元件、机械设备、计算机技术、天然橡胶、化学品和咖啡等。

泰国是越南在东盟国家中最大的贸易伙伴。越南向泰国出口的主要商品包括家用电器、钢铁、电器产品、原油和海鲜等。由于地理邻近和东盟内部贸易便利化等因素，泰国和越南之间的贸易往来持续增进。双边贸易发展不仅加强了两国之间的经济联系，也促进了整个东南亚地区的经济合作与发展。[1]

英国是越南在欧洲的第三大贸易伙伴。根据越南海关总署的统计数据，2019年两国的进出口总额达到66亿美元，其中越南对英国的出口额达到58亿美元，自英国进口8.57亿美元。2011—2019年，两国双边进出口总额年均增

---

[1] Nguyễn Nga："泰国是越南在东盟的最大贸易伙伴"，2022年11月16日，https://thanhnien.vn/thai-lan-doi-tac-thuong-mai-lon-nhat-cua-viet-nam-trong-asean-1851521920.htm。

长12.1%，高于越南对外贸易的平均增长率（10%）。2020年底，越南和英国在伦敦正式签署《越南-英国自由贸易协定》，为双方贸易合作开辟了新的机遇。越南向英国出口的主要产品包括手机及零部件、纺织品、鞋类、水产品、木材和木制品、计算机及零部件、腰果、咖啡、胡椒等。

二、主要进口贸易行业与结构

（一）中间产品为主的进口额结构

根据SITC（Standard International Trade Classification）的分类标准，越南进口的商品主要分为中间制成品和初级产品两大类。①中间制成品包括用于生产其他商品的中间产品、半成品和零部件。在中间制成品中，机械、运输和设备类占据最高比例，越南对于这类商品的进口需求呈上升趋势。②初级产品主要是原材料、能源和基础产品。在初级产品中，粮食、食品和活禽类占比最高，其次是燃油类商品和矿物燃料类产品。

值得注意的是，中间制成品在越南的进口商品中占据主导地位，进口额逐渐增长，2022年为2 862.73亿美元，各年进口额占总额的80%—83%。初级产品在进口中所占比例相对较低，各年进口额占总额的17%—20%，近年来呈波动上升趋势，但上升值不高（表4-6、表4-7）。

表4-6 按SITC分类的越南进口商品额　　　　单位：亿美元

项目	2015年	2017年	2018年	2019年	2020年	2021年	2022年
初级产品	293.68	373.14	458.97	466.05	442.76	620.42	723.64
粮食、食品和活禽	120.43	150.79	171.31	175.45	181.28	247.88	262.32
饮料和烟草	4.09	4.78	5.94	5.74	5.22	6.10	6.37
原油、燃料外的非食用油	84.09	100.15	121.06	117.80	118.27	186.28	169.94
矿物燃料、润滑油及相关材料	78.45	110.09	153.44	159.87	128.68	166.82	268.63
动植物油、脂肪和蜡	6.62	7.34	7.23	7.20	9.32	13.34	16.38
中间制成品	1 362.81	1 757.60	1 911.96	2 069.29	2 182.98	2 700.71	2 862.73

续表

项目	2015年	2017年	2018年	2019年	2020年	2021年	2022年
化学相关产品	201.46	260.51	293.35	300.16	297.19	399.26	401.34
按材料分类的主要制成品	371.18	430.70	493.49	499.44	466.72	592.20	675.26
机械、运输和设备	702.63	917.43	958.08	1 096.59	1 244.32	1 529.32	1 564.66
杂项工业品	87.55	148.96	167.04	173.11	174.75	179.93	221.47
不在SITC分类中的商品	1.27	1.42	1.49	1.62	2.17	8.57	2.65

资料来源：根据《2022年越南统计年鉴》整理。

表4-7 越南主要进口商品类别及进口额　　　单位：百万美元

2022年排名	项目	2015年	2017年	2018年	2019年	2020年	2021年	2022年
1	电子、计算机及零部件	232.11	377.74	432.25	515.98	639.67	755.40	818.84
2	手机及零部件	109.68	170.89	167.81	155.95	166.85	214.71	211.26
3	纺织面料	102.34	114.23	127.86	132.88	118.59	143.18	147.07
4	塑料初级制成品	59.43	75.83	90.90	90.18	83.98	117.60	123.87
5	钢铁	74.92	90.76	99.02	95.06	80.67	115.28	119.20
6	塑料制品	36.95	54.65	59.24	65.45	72.72	79.70	81.20
7	化学产品	34.14	46.04	50.36	54.20	56.57	76.78	87.48
8	化学品	31.34	41.23	51.65	51.29	50.16	76.45	91.45
9	精炼石油	55.23	71.06	78.76	63.44	34.17	42.18	89.69
10	原油	0.83	4.77	27.47	3.78	38.23	52.18	78.11

资料来源：根据《2022年越南统计年鉴》整理。

电子、计算机及零部件是2022年越南进口排名第一的商品类别，进口额占越南进口总额的21.3%。2015—2022年，该类商品进口额由232.11亿美元增加到818.84亿美元，年均增长率36.11%。越南进口的该类商品主要来自韩国、中国、日本和美国等国家和地区。随着中产阶级的崛起和信息技术产业的发展，越南对电子、计算机及零部件的需求不断增加，从而推动进口数量增加。电子产业的发展也成为越南经济增长的重要驱动力之一。然而，虽然越南对电子、计算机及零部件的进口需求强劲，但该类商品一直处于贸易逆差状态，说明越南在该领域的进口额超过了出口额,需要进口来满足国内需求。

手机及零部件是2022年越南进口排名第二的商品类别。越南主要从中国和韩国进口手机及零部件,这两个国家合计占其手机及零部件进口总额的90%左右。2015—2020年,手机及零部件的进口额明显增长。2015年,进口额仅为109.68亿美元,2017年上升至170.89亿美元,之后略有下降,2020年再次上升到166.85亿美元,较2019年增长14%。

纺织面料是2022年越南进口排名第三的商品类别。越南进口的纺织面料包括棉、纺织纤维、各种织物、纺织品、服装、皮革和鞋类原料等。中国大陆是越南纺织服装业最大的原材料和辅料供应市场,其次是韩国、中国台湾、日本和泰国等市场。

此外,塑料制品、钢铁、化学产品和能源类产品也是越南主要的进口商品类别。塑料制品包括PS塑料、PVC塑料、PET塑料和PP塑料等,主要从中国台湾、韩国和美国等国家和地区进口。越南对塑料制品的进口相对稳定,偶有下降现象,反映了国内塑料产业的发展和增长,使得一部分塑料制品的生产可以在本国完成,减少了对进口的依赖。

钢铁类产品主要从中国市场进口,进口额占越南钢铁类进口总额的近50%。除中国外,欧盟、墨西哥、柬埔寨和马来西亚也是越南钢铁产品进口的重要市场,并且这些市场的增速在近年来呈现突飞猛进的态势。越南经济的不断增长,基础设施建设和房地产业的发展都给钢铁产品的需求带来了增长。

化学产品的进口市场主要集中在韩国、日本和中国等地,且进口额逐年提高,2015年为34.14亿美元,2022年增至87.48亿美元,年均增长率22.32%。受到经济发展和工业化进程的推动,化学产品在各个领域的应用日益广泛,包括制造业、建筑业、农业等。

能源类产品主要进口原油、煤炭和成品油等。越南依赖进口能源来满足国内的能源需求。

(二)中日韩东亚地区为主要进口市场

2022年,中国大陆是越南最重要的进口来源地,远超其第二大进口市场(表4-8)。越南从中国大陆进口的商品类别主要包括:①机械设备及配套用具;

②计算机、电子产品及零部件；③电话及零部件；④纺织服装和鞋制品辅料；⑤钢铁制品；⑥塑料及其制品。越南与中国之间的贸易逆差较大，主要是因为中国商品在价格上较有竞争力。

表 4-8　按国家和地区分类的越南主要进口市场及进口额　　单位：亿美元

2022 年排名	国家和地区	2015 年	2017 年	2018 年	2019 年	2020 年	2021 年	2022 年
1	中国大陆	494.58	585.33	655.73	755.08	841.96	1 100.75	1 178.67
2	韩国	275.79	469.43	476.29	470.58	469.26	562.13	620.89
3	日本	142.25	169.17	191.08	196.21	203.69	228.06	233.74
4	中国台湾	109.51	127.10	132.43	151.63	167.03	207.80	226.31
5	美国	77.85	93.37	127.48	144.34	137.12	152.71	144.71
6	泰国	82.76	107.02	120.46	116.63	109.67	125.93	140.92
7	澳大利亚	20.40	32.00	37.79	44.81	46.86	79.68	101.45
8	印度尼西亚	27.40	36.56	49.38	57.23	53.82	76.15	96.41
9	马来西亚	41.88	59.45	74.54	73.37	65.76	81.65	91.24
10	印度	26.55	39.55	41.50	45.28	44.37	69.64	70.87

资料来源：根据《2022 年越南统计年鉴》整理。

韩国是越南第二大进口市场，两国之间的贸易往来逐年增加。韩国向越南出口的商品主要包括集成电路、电话和广播配件等高科技产品。越南对韩国的进口额从 1995 年的 13.50 亿美元增加到 2022 年的 620.89 亿美元，年均增长率 16%。韩国作为一个先进的工业国家，在高科技、电子、通信等领域具有较强的竞争力，其出口的高科技产品为越南提供了先进技术和制造业的支持，促进了越南产业的发展和升级。

日本是越南第三大进口市场。越南从日本进口的商品主要包括计算机、电子产品及零部件等高科技产品。越南通过从日本进口高科技产品，为自身的制造业和科技产业发展提供了重要的支持与补充。

中国台湾是越南第四大进口市场。越南从台湾进口的商品种类繁多，其中石油产品成交量较大。同时，台湾的织物、塑料材料、钢铁等商品也在越南的进口商品中占有一定比重。[1]

---

[1] Agtex："越南主要从哪里进口？" 2021 年 3 月 1 日，http://www.agtex.com.vn/thong-tin-khac/viet-nam-dang-nhap-khau-nhieu-nhat-tu-dau。

美国是越南第五大进口市场。2022年，越南对美国的进口额为144.71亿美元，进口的商品主要包括电机、棉花、塑料、动物饲料和机械。越南从美国进口的农产品主要包括棉花、大豆、酒糟、乳制品以及其他饲料、膳食和饲料。2020年从美国进口的服务类别主要包括旅游、运输、技术等。

泰国、马来西亚等东盟国家也是越南重要的进口来源地。越南从泰国进口的商品主要包括燃料、聚合物材料、摩托车及配件、化工和钢铁等。泰国和越南在经济上有着互补性。马来西亚的一些特定商品，在越南市场有着广泛的需求。

印度是一个具有丰富专业知识和资源的国家，与越南的经济合作潜力巨大。越南从印度进口的商品主要包括肉类和渔业产品、玉米、钢铁、药品、棉花和机械等。

越南对澳大利亚的进口额2021年前并未排进前十名，2021年起进口额大幅增加，可能与CPTPP生效以及新冠疫情有关。2022年，双方进口额进一步激增，贸易关系强劲增长。

越南与荷兰、德国、英国等国家之间的贸易合作都体现了互补性与合作潜力：从荷兰进口的商品主要包括燃气轮机、包装药物和汽车零部件等；从德国进口的商品主要包括飞机、直升机/航天器、包装药物和车辆零部件等；从英国进口的商品主要包括机械设备、药品、钢铁、化学制品等。

第三节　FDI的时空结构变化

根据世贸组织的定义，FDI指一个国家和地区的投资者在另一个国家和地区获得资产并有权管理该资产。根据越南的《投资法》（2014年），FDI被解释为外商个人或组织将任何形式的资金引入越南进行投资活动并参与在越南的管理的业务活动。

越南政局稳定，自然资源丰富，人工成本较低，劳动力充足且识字率高，使得越南的创业成本较低。越南经济稳定且正在高速增长，中产阶级的队伍正在逐渐壮大，购买力与日俱增，正在日益融入全球经济。上述因素使得越南拥有较强的投资吸引力。

在越南，FDI方式包括：①外商独资企业；②与当地投资商合资的企业；③按 BOO、BOT、BTO 和 BT 合同方式进行投资[①]；④通过购买股份或融资方式参与投资活动管理；⑤通过并购当地企业的方式投资；⑥其他直接投资方式。

FDI影响着越南经济结构的调整，并参与多个行业和领域，是推动越南经济结构向现代化转型的重要因素。

一、吸引 FDI 的有利条件

根据联合国贸易和发展会议发布的《2021年世界投资报告》，2020年，越南吸收 FDI 158 亿美元，同比下降 1.9%。截至 2020 年底，越南累计吸收外资存量达到 1 769.1 亿美元。这些数据反映尽管 2020 年受到新冠疫情影响，但越南仍在持续吸引外资。

（一）政局稳定，营商环境良好

越南政府执政能力较强，政策具有连续性，并注重经济建设。世界银行发布的《2020年营商环境报告》显示，2007—2020年，越南的营商环境指数呈上升态势，2007 年仅排名第 104 位，2011 年排名第 90 位，之后有所下降，2020 年越南在全球 190 个经济体中排名第 70 位（表 4-9），在东盟十国中排名第 5 位。各细项排名分别为：开办企业，第 115 位；办理施工许可证，第 25 位；获得电力，第 27 位；登记财产，第 64 位；获得信贷，第 25 位；保护少数投资者，第 97 位；纳税，第 109 位；跨境贸易，第 104 位；执行合同，第 68 位；办理破产，第 122 位。

---

① BOO 模式即建设-拥有-经营模式（Build-Own-Operaten）；BOT 模式即建设-经营-转让模式（Build-Operate-Transfer）；BTO 模式即建设-转让-运营模式（Build-Transfer-Operate）；BT 模式即建设-转让模式（Build-Transfer）。

表 4-9　2007—2020 年越南营商环境指数

	2007年	2008年	2009年	2010年	2011年	2012年	2013年	2014年	2015年	2016年	2020年
越南排名	104	97	92	93	90	98	99	99	93	90	70
全球经济体	175	178	181	183	183	183	185	189	189	189	190

资料来源：世界银行："越南商业环境改革的路线图建议"，2021年，https://documents1.worldbank.org/curated/en/099110206102263758/pdf/P16473701c850005a0921c0cd0dedc6b54b.pdf。

达沃斯世界经济论坛（WEF）发布的《2019年全球竞争力报告》显示，越南全球竞争力指数为61.5，比上一年度分值提高3.5；在全球141个经济体中排名第67位，比上一年度排名提升10位。

（二）法律体系较完备，对外开放度高

越南投资法律法规近年来逐渐开放、修订和完善，为外商投资提供了较为全面的基础法律保障和较大力度的优惠政策（表 4-10）。

表 4-10　越南的投资法律法规

年份	法律、决议等
2014	第67/2014/QH13号投资法、第68/2014/QH13号企业法、有关土地和水面租金征收事宜之第46/2014/ND-CP号决议、有关企业所得税法实施指引之第78/2014/TT-BTC号施行细则、有关在越南经商的外资机构纳税义务指引之第103/2014/TT-BTC号施行细则
2015	有关投资法部分内容指引之第118/2015/ND-CP号决议、有关企业法部分内容指引之第96/2015/ND-CP号决议、有关公私合作的投资模式指引之第15/2015/ND-CP号决议、有关报关流程、海关监控以及出口税和进口税征收指引之第38/2015/T-BTC号施行细则
2016	第107/2016/QH13号进出口关税法有关进出口关税法、实施指引之第134/2016/ND-CP号决议、有关投资优惠政策实施指引之第83/2016/TT-BTC号施行细则、有关增值税法和特别消费税法实施指引之第130/2016/TT-BTC号施行细则
2017	有关中小型企业可享有扶持政策之第04/2017/QH14号法（自2018年1月1日实施）、有关国家资金投资政策之第32/2017/ND-CP号决议、有关工业贸易部对国家投资项目规定中削减675项投资条件之第3610A/QD-BCT号规定
2018	税务征管法部分内容修正草案，增值税法、特别消费税法、企业所得税法、个人所得税法、自然资源税法和进出口关税法修正草案，有关外商投资的贸易类业务的控管指引之第09/2018/ND-CP号决议，有关工业贸易部的投资、经营、管理条件变更之第08/2018/ND-CP号决议

资料来源：德勤：《2019年越南经商须知：投资越南，走出世界》，2019年。

2006年7月,越南出台新的《投资法》,宣布对国内与国外投资实施统一管理,取消此前《外国投资法》的诸多限制并进一步开放市场。2015年7月,为适应跨太平洋伙伴关系协定(Trans-Pacific Partnership Agreement,TPP)等新的国际贸易和投资规则,越南对《投资法》进行了较大的补充和修改,再次出台了新的《投资法》。2015年的新版《投资法》对外资的界定、外资企业设立程序、外资购买本国企业股票等问题做了进一步解释和完善,给予外资更大的优惠。根据2015年版《投资法》,外商可选择投资领域、投资形式、融资渠道、投资地点、投资规模、投资伙伴及投资期限等,且可登记注册经营一个或多个行业。

越南已经签署或正在推进多项自由贸易协定,投资者可利用东盟、中国-东盟自贸区等平台,进一步接触更广阔的国际市场。这推动了越南经济的快速发展,并使其成为全球投资热点之一(表4-11)。

表4-11 越南签署的贸易协定

协议对象	调整时间	商定的关税削减
世界贸易组织	2007年1月1日—2018年12月31日	35.5%
东盟自由贸易区	1996年1月1日—2018年1月1日	0—100%
东盟-中国	2007年1月1日—2018年1月1日	90%
东盟-韩国	2007年6月1日—2018年1月1日	87%
东盟-澳大利亚和新西兰	2010年1月1日—2020年1月1日	90%
东盟-印度	2010年1月1日—2020年12月31日	78%
东盟-日本	2008年12月1日—2025年3月31日	88.6%
越南-日本	2009年10月1日—2026年3月31日	92%
越南-智利	2014年1月1日—2029年1月1日	87.8%
越南-韩国	2015年5月5日签署	89.9%
越南-欧亚经济联盟	2015年5月29日签署	87.8%
越南-欧盟	2015年12月2日签署,2018年1月1日实施	99%
跨太平洋伙伴关系协定	2016年2月4日签署,2018年1月1日实施	0—100%

资料来源:根据越南外交部网站和国际贸易政策咨询委员会网站信息整理。

二、FDI 的时空变化

（一）FDI 时序变化

20 世纪 90 年代初，越南的 FDI 项目数只有不到 200 个，之后缓慢增加；21 世纪以来，FDI 项目数量开始呈线性增长态势，2001 年突破 500 个，2007 年达到 1 544 个，2008 年因全球金融危机而减少至 1 171 个，之后比较平稳，2013 年后又快速增长，2019 年达到最高值 4 028 个。受中美贸易战的影响，许多本要投资中国的企业转战到越南，使得越南的 FDI 项目大幅增长。

在 FDI 注册资本总额上，20 世纪 90 年代初比较低，后逐渐增长，1996 年达到 96.35 亿美元，之后因亚洲金融危机逐渐回落。21 世纪以来，越南的 FDI 注册资本总额快速增长，并在 2008 年达到最高值 717.27 亿美元。2008 年的全球金融危机严重影响了流入越南的 FDI。2009 年，FDI 注册资本总额快速回落到 231.08 亿美元，这种下降趋势一直持续到 2012 年。2013—2019 年，流入越南的 FDI 在新注册项目、注册资本和项目数、年资本额等方面均保持稳定增长。2019 年 FDI 注册资本总额 389.52 亿美元，受新冠疫情影响，2020 年有所下降，2021 年有所回升（图 4-5）。

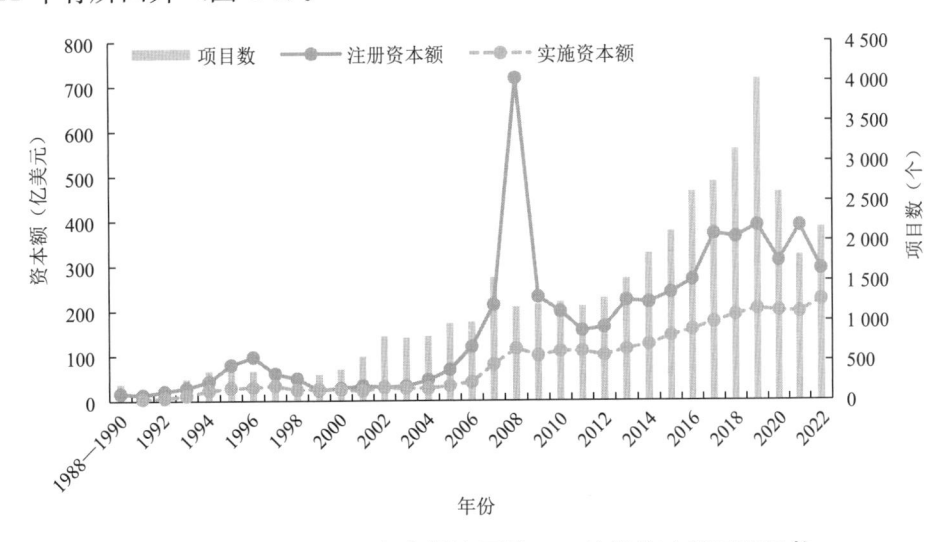

图 4-5　1988—2022 年获得许可的 FDI 注册资本额及项目数

注：越南的 FDI 统计开始得较晚，年鉴中对 1988—1990 年的数值做了加和统计。

资料来源：根据《2022 年越南统计年鉴》整理。

越南 FDI 的实施资本额与注册资本额走势并不一致，实施资本额在波动中逐渐增长，尽管增长速度比不上注册资本额，但总体来看更加平稳。

越南的 FDI 受到两次金融危机的影响都比较大，说明越南在对外贸易的投资上易受国际环境的影响。

从 2005 年开始，越南 FDI 占 GDP 的比例逐渐增加。2005 年，FDI 对 GDP 的贡献率为 15.16%，2008 年之前稳步上升，2009 年和 2010 年略有下降，随后继续上升，2019 年达到 20.00%，2021 年为 20.02%。这表明，FDI 对越南经济增长的直接影响逐渐变得更为重要，为经济发展做出了越来越大的贡献（图 4-6）。

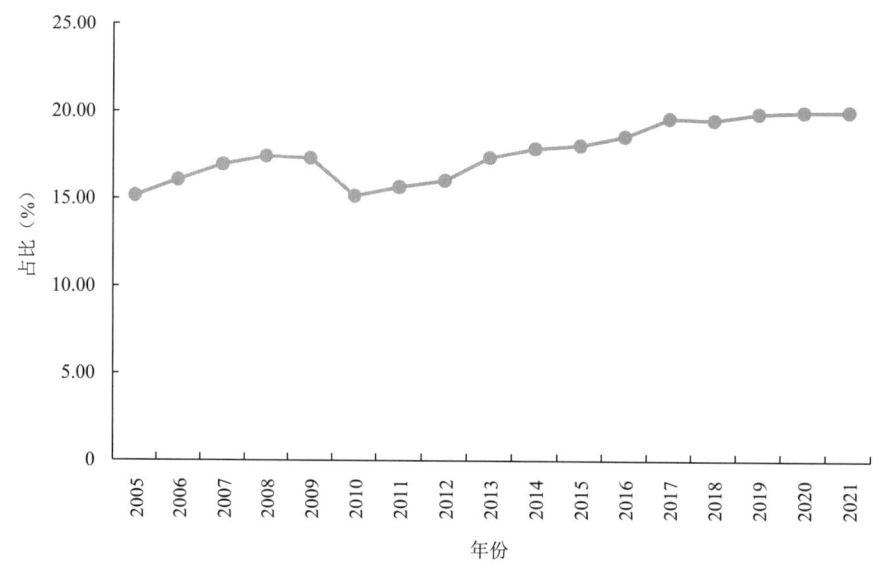

图 4-6　2005—2021 年越南 FDI 在 GDP 的占比

资料来源：根据《2022 年越南统计年鉴》整理。

根据越南统计局的投资数据，越南的投资总额主要来自国营企业、私营企业和 FDI 企业。自 2010 年以来，FDI 企业的投资总额保持相对稳定，占比 31%—38%，成为越南重要的资本来源之一（表 4-12）。

表4-12 2010—2022年越南按所有权类型划分的企业投资额

年份	企业投资总额（十亿盾）	国有企业（十亿盾）	私营企业（十亿盾）	FDI企业（十亿盾）	FDI企业占比（%）
2010	1 044 875	364 286	466 083	214 506	38.14
2011	1 160 185	387 576	545 718	226 891	32.77
2012	1 274 196	459 504	596 119	218 573	31.28
2013	1 389 036	493 724	655 200	240 112	31.05
2014	1 560 135	529 468	765 267	265 400	31.60
2015	1 756 240	556 380	881 760	318 100	33.83
2016	1 926 864	587 110	988 651	351 103	34.17
2017	2 186 560	616 459	1 173 901	396 200	34.74
2018	2 426 400	630 142	1 361 156	435 102	34.62
2019	2 670 471	643 094	1 557 937	469 440	34.65
2020	2 803 065	734 735	1 605 050	463 280	34.84
2021	2 896 728	719 293	1 719 354	458 081	34.16
2022	3 219 807	824 657	1 873 209	521 941	33.85

注：按照2010年不变价格计算。
资料来源：根据《2022年越南统计年鉴》整理。

（二）FDI空间变化

FDI几乎涵盖了越南所有的地区，但地区之间分布差异很大。根本性的原因是越南各地区经济发展水平不均衡，市场和投资环境在不同区域不尽相同。

总体而言，南部东区和红河平原地区是FDI的主要聚集地，2016—2022年，这两个地区的累计总额占到越南FDI总额的70.5%；相比之下，其余四个地区的FDI数量较少，尤其是西原地区，仅占到总投资额的0.41%。在这两个主要聚集地区，胡志明市与河内市是FDI的重点区域，河内市吸收FDI总额占比8.82%，胡志明市占比12.77%（表4-13）。

表 4-13　2016—2022 年越南各地区累计接收 FDI 情况

地区	项目数（个）	项目数占比（%）	FDI 总额（亿美元）	FDI 总额占比（%）
总计	36 345	100.00	4 405.35	100.00
北部边境和山区	1 223	3.36	254.08	5.77
红河平原地区	12 217	33.61	1 328.42	30.15
河内市	7 005	19.27	388.49	8.82
中北部和中部沿海地区	2 266	6.23	651.49	14.79
西原地区	166	0.46	18.11	0.41
南部东区	18 547	51.03	1 777.53	40.35
胡志明市	11 351	31.23	562.48	12.77
湄公河平原地区	1 876	5.16	348.03	7.90

注：各地区占比为占总额的比例。
资料来源：根据《2022 年越南统计年鉴》整理。

南部东区是越南吸引外资最多的地区（图 4-7）。该地区包括胡志明市、平福省、西宁省、平阳省、同奈省和巴地-头顿省，拥有优越的地理条件、丰富的自然资源、发达的基础设施和高素质的人力资源，是越南最大的经济中心和国际贸易门户，也是外商在越南的首选目的地。2016—2022 年，南部东区共吸引了 18 547 个外资项目，占全国总数的 51.03%，吸引的资本总额达 1 777.52 亿美元，占全国总额的 40.35%。胡志明市是南部东区吸引外资最多的城市。平阳省在外商投资的推动下，开发了 48 个工业区和产业集群，总面积超过 10 000 公顷，占整个南部工业区面积的 1/4。同奈省拥有 1 550 个外资项目，占该省地区生产总值的近 47%。2016—2020 年，同奈省吸引了近 90 亿美元的 FDI。巴地-头顿省计划投资建设 14 个工业园区，总面积达 8 400 公顷，还设有 52 个一般港口和集装箱港口。

红河平原地区是越南吸引外资第二大地区，吸引了许多来自韩国、日本和中国香港等国家和地区的 FDI 项目。许多全球知名品牌如本田、丰田、LG、三星、佳能等在这里汇聚。红河平原地区包括 11 个省份，其中河内市是吸引 FDI 的主要地区。2016—2022 年，河内市累计吸引了 7 005 个外资项目，占全国总数的 19.27%，吸引外资总额 388.48 亿美元，占全国总额的 8.82%。其次是北

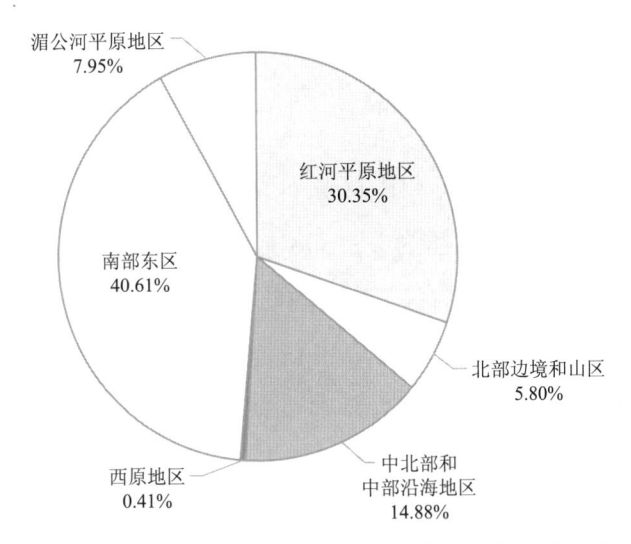

图 4-7　2016—2022 年越南各地区累计接收外资总额分布

资料来源：根据《2022 年越南统计年鉴》整理。

宁省，吸引了 1 820 个项目，吸引外资总额 233.17 亿美元。海防排名第三，累计吸引了 982 个外资项目，吸引外资总额 253.01 亿美元。韩国是该地区最大的 FDI 投资者，共投资 4 238 个项目，注册资本达 343 亿美元，占该地区投资总额的 28.4%。紧随其后的是日本（236 亿美元）和新加坡（186 亿美元）。[①]

中北部和中部沿海地区是越南排名第三的外商投资地。2016—2022 年，该地区清化省成为吸引外资最多的省份，累计吸引 177 个项目，吸引外资总额 148.52 亿美元。其次是河静省，累计吸引 80 个外资项目，吸引外资总额 120.14 亿美元。尽管清化省与河静省吸引的外资项目数量不多，但其投资金额相对较大。与此不同的是，岘港市在这一时期累计吸引了 929 个外资项目，但外资总额仅 61.46 亿美元，表明虽然岘港吸引了大量外资项目，但每个项目的投资金额相对较小。

湄公河平原地区作为越南的农业基地，2016—2022 年累计吸引外资 348.03 亿美元，占全国总额的 7.90%，共吸引 1 876 个外资项目，占全国总数的 5.16%。该地区隆安省是吸引外资最多的省份，累计吸引 1 293 个外资项目，

---

① Quang Ninh Điện Tử："超过 30% 的外国直接投资集中在红河三角洲"，2021 年 9 月 30 日，https://baoquangninh.com.vn/hon-30-von-fdi-tap-trung-vao-dong-bang-song-hong-3154817.html。

吸引外资总额129.19亿美元；其次为建江省，薄寮省排名第三。另外，胡志明市吸引外资的浪潮逐渐扩展至芹苴、后江、同塔等省份，一定程度上带动了湄公河平原地区，使其成为投资热点地。

2016—2022年，北部边境和山区累计吸引1 223个FDI项目，占全国总数的3.36%，吸引的FDI总额为254.08亿美元，占全国总额的5.77%。尽管该区域包括14个省份，拥有广阔的地理面积，但吸引外资的规模相对有限。外商在该区域的投资项目主要集中在加工制造业、房地产业和矿业等领域。该地区的主要外资来源地包括韩国、新加坡、中国内地、中国香港、萨摩亚、日本等。太原省是该地区外商投资金额最多的省份，其次是北江省和富寿省。该地区一些重要的外资项目包括三星太原高科技综合体项目二期、三星电子越南太原有限公司项目、三星电气-机械越南有限公司项目、WINTEK越南有限公司项目等。该地区总体吸引外资规模相对较小，主要投资领域也相对集中。

2016—2022年，西原地区累计吸引166个FDI项目，仅占全国总数的0.46%，吸引的FDI投资额为18.11亿美元，仅占全国总额的0.41%，是越南吸引外资最少的地区。该地区主要吸引外资的省是多乐省、林同省、达农省。尽管西原地区拥有丰富的农产品，如咖啡、可可、辣椒、杂交玉米等在全国具有竞争力，但由于该地区地理位置偏远，距离海港较远，导致进出口货物运输成本较高。此外，该地区基础设施相对不够完善，也限制了经济发展和外商投资的需求，导致FDI企业数量较少，规模也较小，深加工项目相对较少。

（三）FDI来源地空间格局

2016—2022年，投资越南金额最高的国家和地区是韩国，投资总额812.84亿美元，占比18.45%；共投资了9 543个项目，占比62.26%。新加坡排名第二，投资金额713.05亿美元，占比16.19%；共投资了3 117个项目，占比8.58%。日本排名第三，投资金额691.86亿美元，占比为15.70%；共投资了4 987个项目，占比13.72%（表4-14）。

表 4-14　2016—2022 年主要对口机构许可的 FDI 项目

国家和地区	项目（个）	金额（亿美元）	项目占比（%）	金额占比（%）	金额排名
韩国	9 543	812.84	26.26	18.45	1
新加坡	3 117	713.05	8.58	16.19	2
日本	4 987	691.86	13.72	15.70	3
中国台湾	2 909	365.80	8.00	8.30	4
中国香港	2 162	295.40	5.95	6.71	5
中国大陆	3 571	234.18	9.83	5.32	6
英属维尔京群岛	891	226.74	2.45	5.15	7
荷兰	413	138.54	1.14	3.14	8
泰国	681	131.26	1.87	2.98	9
马来西亚	707	130.84	1.95	2.97	10
美国	1 215	114.15	3.34	2.59	11
萨摩亚	426	94.53	1.17	2.15	12
开曼群岛	128	66.08	0.35	1.50	13
加拿大	244	48.19	0.67	1.09	14
英国	509	42.49	1.40	0.96	15
法国	661	37.74	1.82	0.86	16
卢森堡	61	26.23	0.17	0.60	17
德国	439	23.59	1.21	0.54	18
塞舌尔	287	20.22	0.79	0.46	19
澳大利亚	586	19.91	1.61	0.45	20

资料来源：根据《2022 年越南统计年鉴》整理。

韩国一直是越南 FDI 的主要资金来源地，其在对越投资方面位居前列。两国于 2015 年 5 月 5 日签署了《越南-韩国自由贸易协定》（VKFTA），这是两国之间的第一个双边自由贸易协定。韩国三星集团于 2012 年、2016 年分别在河内市、胡志明市建立了研发中心。韩国投资企业涵盖了越南经济的多个领域，包括服务业、物流业、金融银行业、服装业、建筑业、制造业和加工业，为约 70 万工人创造了就业机会。在中美贸易战影响下，韩国对越南的 FDI 有所增加。

新加坡是越南 FDI 排名第二的主要资金来源地。在越南，平阳、海防、北宁、广义、海阳和义安等地设立的 7 个越-新工业园区，成为两国紧密经济合作的典范案例。

日本是越南 FDI 排名第三的主要资金来源地。根据越南计划投资部的数据，截至 2021 年 10 月，日本在越南尚有 4 765 个未完工的 FDI 项目，这些项目的有效注册资本总额达 63.94 亿美元。平均而言，每个日本投资项目的规模为 1 340 万美元，高于越南平均项目规模的 1 170 万美元。[①] 日本的投资主要集中在加工制造业、电力生产和分配以及房地产业。丰田、本田、佳能、松下、雅马哈、铃木、三菱等许多日本大型企业在越南开展业务。日本已在越南的 57 个省份开展投资，清化省是最大的投资目的地，投资额达 125 亿美元，占投资总额的 19.59%。

中国是越南 FDI 的主要资金来源地之一。台湾的大型电子公司，如富士康、伟创力等都在越南进行投资，这些企业主要集中在越南南部省份，如平阳省、同奈省、巴地-头顿省等。台湾电子科技企业更倾向于选择北部地区，如北宁省、北江省、海防市等地。

香港的投资项目主要集中在制造业和加工业领域，其次为发电行业、房地产业。海阳省吸引了最多的来自香港的 FDI，胡志明市排名第二，庆和省排名第三。此外，平阳省、广宁省、河内市等也吸引了来自香港的投资项目。

根据中国商务部的统计数据，2020 年中国对越南的直接投资流量达到 18.76 亿美元（不含香港和台湾）。截至 2020 年底，中国对越南直接投资的存量达到 85.75 亿美元。这些投资主要集中在加工制造业、房地产和电力生产等领域。一些较大规模的投资项目包括铃中出口加工区、龙江工业园、深圳-海防经贸合作区、天虹海河工业区、赛轮（越南）有限公司、百隆东方、天虹集团、申州国际、立讯精密、歌尔科技、蓝思科技、越南光伏、永兴一期火电厂等。[②]

英属维尔京群岛是越南 FDI 的重要资金来源地之一。作为一个被称为"避税天堂"的地区，英属维尔京群岛吸引了许多投资者将资金投资到海外国家。英属维尔京群岛在越南的投资总额达到 22.154 亿美元，涉及制造业、服务业、

---

① Linh Nga：《来自日本的 FDI 大量投资于越南》，2021 年 11 月 24 日，https://diendandoanhnghiep.vn/dong-von-fdi-tu-nhat-ban-dau-tu-khung-vao-viet-nam-211481.html。

② 中国商务部：《"一带一路"沿线国家基本情况及投资指南——越南》，2023 年 2 月 17 日，http://ccpithz.huzhou.gov.cn/ydyl/ydylyxgjjbqkfxfx/20230217/i3451472.html。

房地产业等不同领域。

荷兰投资者在越南的投资涵盖了17个领域，其中加工制造业是最主要的投资领域，其次是电力、燃气、水和空调的生产与配送以及采矿和房地产业等领域。荷兰已经在越南32个省份进行了投资，其中，广宁省是投资金额最高的地区，胡志明市和巴地-头顿省分别排名第二和第三。

马来西亚和泰国等东盟国家是越南FDI的重要来源地之一。马来西亚在越南的投资主要集中在公用事业、房地产等领域。教育培训是马来西亚在越南的主导投资领域，其次是电力、燃气、水和空调生产与配送以及制造业和加工业。马来西亚的主要投资地区包括胡志明市、茶荣省与河内市等地。泰国在越南的FDI项目呈现小规模的特点，主要集中在加工制造业领域。泰国企业在越南投资的地区较为广泛，涵盖48个省份，但主要集中在基础设施条件较好的地区，如胡志明市、河内市、平阳省、同奈省和巴地-头顿省等。

此外，美国、萨摩亚、开曼群岛、加拿大、英国、法国、德国、卢森堡、澳大利亚、瑞士等国家也是越南FDI的资金来源地之一。

三、FDI主导的产业结构变化

2016—2022年，越南共吸引外资项目36 345个，吸引外资总额4 405.35亿美元。在项目数量方面，制造业共计吸引了15 960个项目，占比43.91%；其次是批发和零售、机动车辆修理行业，吸引项目6 154个，占比16.93%；排名第三的是科技行业，吸引项目4 129个，占比11.36%（图4-8）。在注册资本总额方面，2016—2022年，制造业吸引外资总额2 614.33亿美元，占外资总额的59.34%；第二是房地产业，吸引外资664.01亿美元，占比15.07%；第三为电力、燃气、蒸汽和空调生产与配送行业，吸引外资383.13亿美元，占比8.7%（图4-9）。

不论从投资项目数来看，还是从投资金额来看，制造业都是外商投资越南最重要的部门。加工和制造业是越南经济增长的牵引力，但这种牵引力仍主要处于外包和组装阶段。越南的FDI主要集中在制造业、房地产、电力、住宿等第二和第三产业，投资第一产业的很少。越南是农业大国，但近年来因FDI的

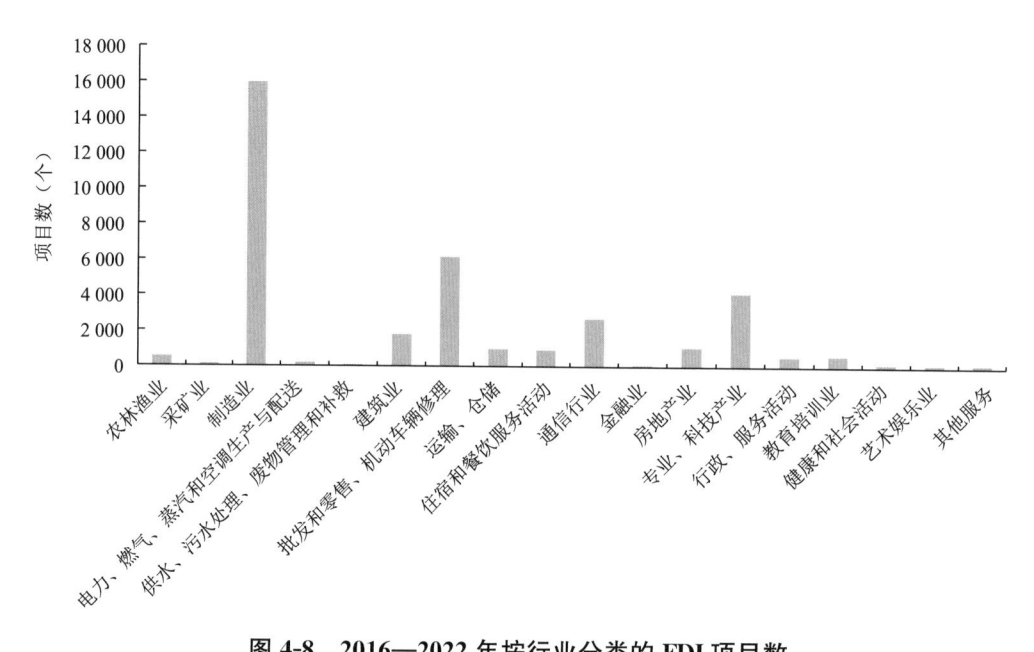

图 4-8　2016—2022 年按行业分类的 FDI 项目数

注：往年许可项目新增注册资本和补充资本，包括出资和购买外国投资者的股份。

资料来源：根据《2022 年越南统计年鉴》整理。

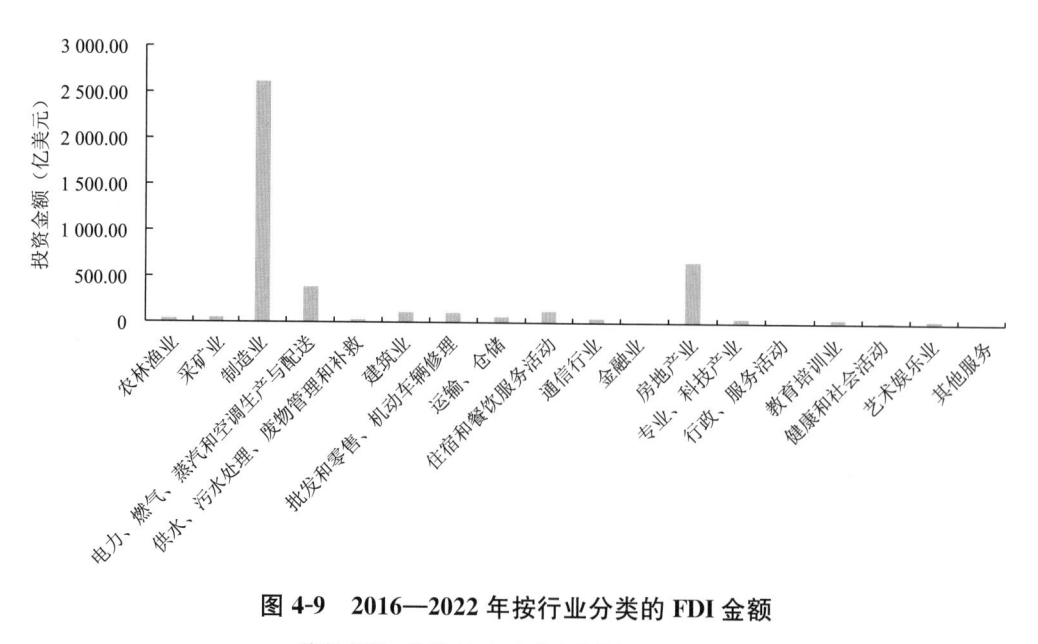

图 4-9　2016—2022 年按行业分类的 FDI 金额

资料来源：根据《2022 年越南统计年鉴》整理。

推动促进了产业结构的升级,工业和服务业在产业结构中占比越来越大。

FDI对产业结构的变迁有着积极的正向影响,相关实证研究支持了这一观点,FDI能够通过技术外溢效应来促进经济增长,并在此过程中进一步优化被投资国的产业结构(Blomström et al.,1999)。在越南,FDI对产业结构的变迁确实产生了影响,通过引进先进的技术、管理经验和市场知识,外国投资可以提高生产率、创新能力和质量标准,促使越南的经济逐渐向高附加值、技术密集型产业转变。

随着越南吸引了大量的FDI,特别是在制造业领域,一些传统产业逐渐受到冲击,而高科技、电子、汽车制造等新兴产业得到了发展。越南的产业结构变化通常是经济增长和发展的自然结果,也与FDI的影响密切相关。随着经济增长和城镇化的推进,人们逐渐从农村地区迁移到城市,农业在国民经济中的比重减小。工业在2004年前占比上升较快,之后出现一定的下降,这可能与制造业领域的技术升级和转移有关,一些低附加值的生产环节向其他国家和地区转移,而高附加值的产业则逐渐兴起。服务业占比稳步增长,并在近年来稳定在40%左右(图4-10)。

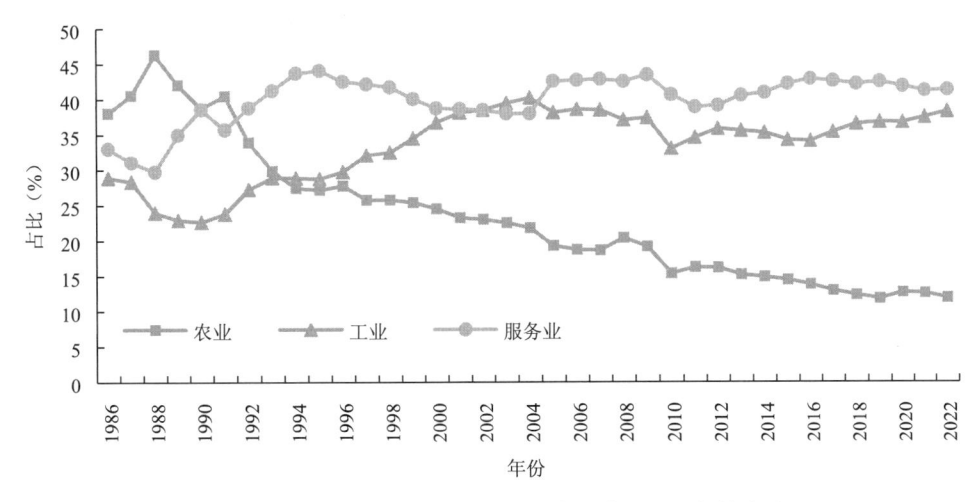

图4-10　1986—2022年越南各产业在GDP中的占比

资料来源:根据《2022年越南统计年鉴》整理。

根据图4-11,越南的农业增长率较低;工业近年来增长基本在6%以上,2015年达到9.19%,2020年受新冠疫情影响增长低迷,但2022年又恢复到

7.78%；服务业增长较快，2020年受疫情影响增长速度极速下降后又快速上升。

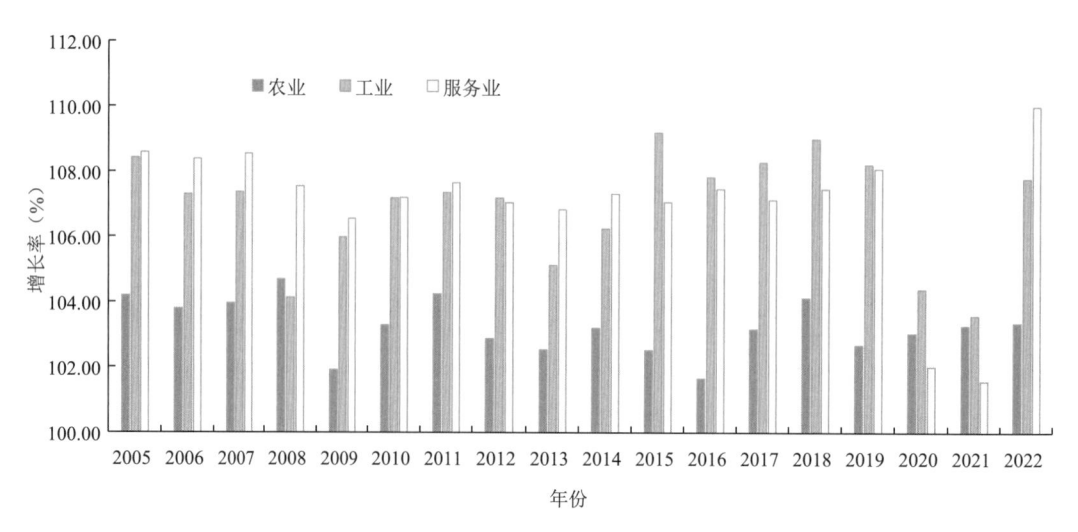

图 4-11　2005—2022 年越南各产业同比增长率

资料来源：根据《2022 年越南统计年鉴》整理。

一般来说，FDI 对技术具有升级效应、创新效应和溢出效应。范氏锦云（2019）通过建立面板模型研究 FDI 对越南三次产业内部 14 个子行业的影响，来判断 FDI 是否对产业结构升级存在积极作用。研究发现：第一，FDI 对越南 14 个行业的增加值有基本的正向促进作用，但对于不同行业的影响程度大不相同，对第二、第三产业的影响更加明显；第二，FDI 对越南产业结构优化起到了促进作用；第三，FDI 对产业内部结构调整有着积极的影响。

世界银行的数据显示[①]，以 FDI 为主的制造业与国内公司主导的产业之间存在不同的经济联系模式。这种现象在许多发展中国家和新兴市场经济体中都存在，主要由于 FDI 驱动的制造业通常在经济增长和产业升级方面扮演重要角色。然而，由于这些外资企业往往有较强的垂直整合与供应链控制能力，其在经济体系中的联系可能相对简单。这种模式可能导致局部产业的依赖性，特别是当外资企业在供应链中占据关键地位时。相比之下，由国内公司主导的产业在上游和下游行业之间构建了更复杂的关系网络。这种国内产业网络可以促进

---

① 世界银行小组对越南统计局数据的分析、企业普查（2006/2011/2016）以及来自越南统计局的输入输出原始目的地数据。

资源和信息的流动，加强产业之间的协同作用，从而更有可能推动产业升级和技术创新。

四、FDI 发展面临的挑战

自 2001 年以来，越南积极努力改善投资环境，通过放宽外资政策、实施国民待遇等举措，逐渐加速了 FDI 的增长。外资金额不断攀升，增资规模持续扩大，其在社会投资中的比重逐渐增加，同时也显著提升了对 GDP 的贡献率，扩大了投资的规模和领域。不同国家和地区对越南的投资规模及领域也在持续扩大，呈现出多元化的投资来源和多样化的投资方式。跨国公司纷纷入驻越南，尤其在房地产、油气、钢铁、化工、矿产、电子、汽车和服务业等领域的大型项目明显增多。外资已成为驱动越南经济，尤其是工业发展的重要动力之一。总体来看，越南利用 FDI 总体发展平稳，处于高速增长期，正逐步向结构调整阶段转变。外资在国民经济中的地位日益突出，但也面临一些问题。

首先，从"资本引进"到"技术引进"的转变不够彻底。早期引进的外商技术中，有相当一部分即将被淘汰，且以劳动密集型项目为主，科技含量较低。而在技术转让方面外商并不积极，同时越南国内吸收和消化能力也较弱，难以实现整体产业水平的提升。

其次，盲目引资导致产能过剩。部分行业缺乏科学的发展规划，未充分考虑越南国情和实际需求，过于盲目地引进外资，导致产能过剩，数量过多而质量不高。

再次，外资结构需要调整。近年来，越南政府逐渐转变发展思路，注重外资引进的质量和结构，调整了外资政策，鼓励外商投资于辅助配套工业、进口替代产业和高科技产业，引导外资流向资本和技术密集型项目，促进技术转让，推动本国企业的发展，提升整体产业水平。

最后，外资企业与越南国内经济的联系相对较弱。大多数大型外资企业在河内市与胡志明市周边的孤立工业园区开展业务，与本地企业和产业链的互动不够紧密。

第四节 城乡发展与规划

城镇化通常被视为经济增长、减贫和人类发展的积极力量。市场规则和政府政策在城镇化过程中起到关键作用，改变着人类生计、土地使用、健康和自然资源管理方式。城镇化也引发了经济结构的转变，资源和人力从农业重新配置到工业领域。

一、减贫成效

革新开放初期，越南的贫困人口比例的确相当高。根据世界银行的标准，20 世纪 80 年代末至 20 世纪末，越南统计局与世界银行进行了两次生活水平调查，显示该国的贫困率分别为 58%（1992 年）和 37%（1998 年）。到 2003 年，约 27% 的人口处于贫困状态。

2005 年，越南政府制定了贫困线标准，规定城市人均月收入为 26 万越南盾，农村人均月收入为 20 万越南盾。[①] 根据这一标准，2005 年贫困户约 460 万户，占全国总户数的 26.7%；贫困人口约 2 300 万人，占全国人口的 28%。值得注意的是，各地区之间存在较大差异，西原地区贫困户的比例最高，达到 44%，南部东区比例最低，仅 9%。[②]

根据政府的规定，一个家庭是否被定义为贫困家庭取决于其人均月收入是否低于固定门槛。农村地区门槛为 28 美元，城市地区门槛为 39 美元。此外，如果家庭的人均月收入在 28—39 美元（农村地区）或 39—51 美元（城市地区），并且该家庭缺乏或被剥夺至少三项基本社会服务，也会被视为贫困家庭。这些基本社会服务包括医疗服务、健康保险、成人教育水平、儿童教育、住房质量、人均住房面积、生活用水源、卫生厕所以及电信服务等。

[①] 越南政府 2005 年 5 月 6 日第 06/2005/NQ-CP 号决议：《关于提高 2006—2010 年贫困标准的通知》，2005 年 7 月 8 日，https://thuvienphapluat.vn/van-ban/Bo-may-hanh-chinh/Quyet-dinh-170-2005-QD-TTg-chuan-ngheo-ap-dung-giai-doan-2006-2010-2337.aspx。

[②] 越南社会科学院：《越南的扶贫：成就与挑战》，河内，2011 年。

随着经济发展,越南人均收入从 2016 年的每人每月 122 美元增加到 2020 年的 166 美元,但最贫困群体的收入增长速度始终低于最富有群体,贫富差距逐渐扩大。然而,越南的基尼系数①从 2016 年的 0.431 降至 2020 年的 0.373,表明人口阶层之间的收入不平等正在缩小;2022 年基尼系数为 0.375,与 2020 年和 2021 年相比保持稳定。大量越南家庭已经成功摆脱贫困,成为中产阶级的一部分。根据 2018 年越南家庭生活标准调查(VHLSS)的估计(Tổng Cục Thống Kê,2019),2016—2018 年,贫困率下降了 3 个百分点,降至 7%,超过 700 万人脱离了贫困,中产阶级的比例增加到 20%。

二、城乡贫富差距

越南收入不平等的原因多种多样。首先,少数民族的减贫和社会经济发展速度较慢,不及越族。其次,农业和非农业部门的增长差异导致了增长率的不平衡。随着时间的推移,从农业向非农业部门的转变,以及非农业部门从低技能工作向高技能工作的转变,已经改变了越南的收入分布情况。工业化和城镇化在短时间内快速发展也带来了各阶层之间的不平等,尤其是农村地区的居民。部分劳工由于未受到教育培训,无法满足工作要求,导致高收入群体和低收入群体之间产生了巨大的收入差距。

导致收入不平等加剧的因素还包括农村地区不平等的日益加剧。在农村地区,最贫困家庭的收入增长率不到最富有家庭收入增长率的一半,导致收入差距扩大。近年来,不论是城市还是农村,基尼系数都在不断减小,说明越南的收入不平等呈缩小趋势(表 4-15)。

表 4-15 2016—2022 年越南城乡基尼系数变化

	2016 年	2018 年	2019 年	2020 年	2021 年	2022 年
全国	0.431	0.425	0.423	0.373	0.374	0.375
城市	0.391	0.373	0.373	0.325	0.335	0.354
农村	0.408	0.408	0.415	0.373	0.374	0.364

资料来源:根据《2022 年越南统计年鉴》整理。

---

① 基尼系数的取值范围是 0—1,0 表示绝对平等,1 表示绝对不平等。基尼系数值越大,不平等程度就越高。

此外，城乡之间的贫困率和生活水平差距也较大。2016 年越南城市贫困率为 3.5%，而农村贫困率为 11.8%。到 2022 年，这一情况得到较大改善，城市贫困率降为 1.5%，农村贫困率降为 5.9%（表 4-16）。

表 4-16　2016—2022 年越南城乡贫困家庭占比　　　　　　　　　　单位：%

	2016 年	2017 年	2018 年	2019 年	2020 年	2021 年	2022 年
全国	9.2	7.9	6.8	5.7	4.8	4.4	4.2
城市	3.5	2.7	1.5	1.2	1.1	1.0	1.5
农村	11.8	10.8	9.6	8.0	7.1	6.5	5.9

资料来源：根据《2022 年越南统计年鉴》整理。

在城市地区，人们更容易获得教育和工作技能的发展机会，因此收入不平等相对较低。相比之下，农村地区的收入不平等略高。农村和城市之间的收入不平等已经影响了两者的人口分布。城市提供了稳定且薪资较高的工作机会，这促使许多农村劳动力前往城市寻求更好的生计，从而导致城市人口的绝对数量和相对比率的增加。

三、地区贫富差距

越南不同地区的贫困率均有所下降，但在一些较为发达地区，如红河平原地区和南部东区，贫困率的下降速度更快。红河平原地区 2010 年人均贫困率 11.9%，而到了 2018 年，这一数字已降到 1.2%；南部东区 2010 年人均贫困率 7.0%，2018 年降到了 0.4%。贫困家庭主要集中在北部边境和山区、西原地区、湄公河平原地区、中北部和中部沿海地区。在这些地区，贫困水平的不平等趋势逐渐加剧（表 4-17）。

尽管不同地区之间接受教育的差距有所缩小，但获得医疗保健设施和医疗服务质量的机会显示出明显的不平等。例如，贫困地区每 1 000 名活产儿 1 岁以下和 5 岁以下儿童的死亡率高于全国平均水平及其他地区。

表 4-17　2010—2018 年越南各地区贫困率　　　　　　　　　单位:%

地区	贫困率					贫困人口分布				
	2010年	2012年	2014年	2016年	2018年	2010年	2012年	2014年	2016年	2018年
全国	20.7	17.2	13.5	9.8	6.7	100.0	100.0	100.0	100.0	100.0
北部边境和山区	44.9	41.9	37.3	28.0	22.3	28.6	33.4	35.6	40.2	40.2
红河平原地区	11.9	7.5	5.2	2.2	1.2	13.7	9.9	9.0	5.2	5.2
中北部和中部沿海地区	23.7	18.2	14.7	11.8	6.3	25.9	23.7	23.3	26.7	26.7
西原地区	32.8	29.7	30.4	24.1	19.8	9.5	10.0	13.7	16.2	16.2
南部东区	7.0	5.0	3.7	0.6	0.4	5.2	4.7	4.6	1.0	1.0
湄公河平原地区	18.7	16.2	9.8	5.9	2.0	17.1	18.4	13.7	10.8	10.8

资料来源:根据《2018 年越南统计年鉴》整理。

四、民族贫富差距

政策支持使得越南少数民族的生活水平逐渐提高,但越族和少数民族之间的生活条件与贫困率差距在扩大。尽管全国整体贫困率一直在下降,但是少数民族在贫困和特困人口中的集中度却显著增加,这意味着少数民族的减贫速度远远低于国家的平均水平和越族。

近年来,不同人口和地区之间的贫困水平差距逐渐扩大。政府的减贫进展报告显示,贫困率在少数民族聚居的地区,如西北、东北和西原地区居高不下。西原地区 2010 年的贫困率是全国平均水平的 1.5 倍,2012 年增至 1.6 倍;北部山区 2010 年的贫困率是全国平均水平的 2.3 倍,2012 年达到 2.5 倍。

越族和少数民族之间在一些社会经济指标上存在显著差异。以 2010 年为例,少数民族的贫困率(按支出)为 66.3%,是越族 12.9% 的五倍之多(表 4-18)。此外,越族贫困户和少数民族贫困户的生活水平差距也非常大。教育领域同样存在不平等。2010 年,越族和少数民族之间 10 岁及以上人口的识字率相差达到 16.4 个百分点。在教育机会方面,2010 年,越族 6—14 岁儿童的入学率比少数民族高出 5.2 个百分点。

表 4-18　2010 年按民族划分的社会经济指标　　　　　单位：%

指标	越族	少数民族
贫困率（按支出）	13.0	66.3
贫困差距（按支出）	2.7	24.3
10 岁及以上人口识字率	96.2	79.8
6—14 岁儿童入学率	95.0	89.8
接入电网的家庭	90.9	69.6
获得改善用水的家庭	69.2	18.4
获得改善卫生条件的家庭	98.9	83.2

资料来源：根据《2018 年越南统计年鉴》整理。

许多少数民族仍处于贫困之中，他们主要集中在远离经济活动中心的山区，源于这些地区难以获得非农业收入增长的机会、地理劣势、低教育水平以及劳动力市场的不公平竞争环境等。

五、流动人口

地理变迁带来繁荣，但同时也伴随着风险与代价。由于户籍制度的存在，城市移民往往成为一个机会不平等的群体。超过 500 万越南人并未在他们实际居住的地方进行永久户籍登记，其中胡志明市就有 270 万人。尽管户籍制度的约束力不如过去那么强，但它依然导致长期存在的机会不平等问题。那些没有户口的城市居民在获得医疗、教育、社会保障和公共服务等方面面临各种困难，同时在就业和社会关系方面也面临挑战。

一般来说，越南的户籍制度要求在当地居住满两年或三年才能进行永久登记，且需要支付高额费用并提供大量文件。因大多数流动人口是年轻人和受过教育的人，他们主要是出于经济原因（就如业）或与家庭相关的原因以及接受教育而流动。流动人口群体通常具有与永久居民截然不同的社会经济特征和就业状况。流动人口中以 20—39 岁的青年群体为主，占流动人口总数的 61.8%（Huong，2021）。

越南的流动人口包括北部之间的移民、北部到南部的移民以及南部之间的移民，主要流向大城市、工业园区和出口加工区。在城镇化过程中，人口无序流动会导致城市的一些薄弱环节和社会问题，资源过度集中和不平衡的城市发展会导致一些城市间的差距不断拉大，进一步加剧社会空间分割，让不同收入群体在城市内部形成阶层化，影响社会的稳定与均衡发展。

参 考 文 献

[1] 程敏、李燕：《中国云南省与越南西北四省边境贸易研究》，中国社会科学出版社，2014年。
[2] 范氏锦云："外商直接投资与越南产业结构升级关系研究"（博士论文），对外经济贸易大学，2019年。
[3] 赵克、卢珍菊：《越南证券市场研究》，人民日报出版社，2014年。
[4] 中国银行股份有限公司、社会科学文献出版社：《越南》，社会科学文献出版社，2016年。
[5] ADBI Discussion Paper 105. Tokyo: Asian Development Bank Institute. http://www.adbi.org/discussionpaper/2008/05/16/2536.managing.capital.flows.vietnam/.
[6] Blomström, M., A. Kokko, S. Globerman, 1999. The Determinants of Host Country Spillovers from Foreign Direct Investment: A Review and Synthesis of the Literature. In *Home Inward Investment Technological Change and Growth Chapter*, pp. 34-65.
[7] Huong, V., 2021. Understanding Urban Migration in Vietnam: Evidence from a Micro-Macro Link. ADBI Working Paper Series.
[8] Thanh, V., C. Pham, 2008. Managing Capital Flows: The Case of Viet Nam.
[9] VASS (Vietnam Academy of Social Sciences), UNDP, 2015. Viet Nam Human Development Report 2015: Growth That Works for All. Hanoi: Social Sciences Publishing House.
[10] Tổng Cục Thống Kê, 2019. Kết quả khảo sát mức độ sự hài lòng của người dân Việt Nam năm 2018. Hà Nội: Nhà xuất bản thống kê. https://www.gso.gov.vn/wp-content/uploads/2020/05/VHLSS2018.pdf.
[11] Tổng Cục Thống Kê, 2022. Kết quả toàn bộ Tổng điều tra dân số và nhà ở năm 2021. Hà Nội: Nhà xuất bản thống kê.
[12] Tổng Cục Thống Kê, 2023. Kết quả toàn bộ Tổng điều tra dân số và nhà ở năm 2022. Hà Nội: Nhà xuất bản thống kê.

第五章　农业结构与农业生态区

越南是传统的农业国家，农业是其国民经济的支柱产业，也是经济发展的基础。政府采取了多种措施来促进农业发展，包括多元化农作物种植、发展渔业和水产业、发展林业、财政投入以及吸引外资等。

热带气候、肥沃的土地、丰富的水资源和生物多样性构成越南农业重要的基础条件。越南农业主要集中在三角洲、河谷低地和沿海平原，红河平原和湄公河平原是两个主要农业基地。

第一节　世界三大稻米出口国之一

稻米生产的发展是越南农业最大的成就，为消除贫困做出了重要贡献。稻米不仅为越南粮食安全提供保障，也是重要的出口创汇产品，促进了越南的经济增长以及政治和社会稳定。

一、水稻种植与产出

水稻是越南的主要粮食作物，一年可以进行2—3季的水稻种植，播种面积和产量均居于首位。

截至2018年12月，越南的农业用地总面积达到2 726.86万公顷，其中水稻种植面积412.64万公顷，占农业用地总面积的15%（韦宏丹等，2020）。2018年，越南水稻总产量达到4 397.92万吨，占全部谷类粮食总产量的89.9%。

（一）水稻种植面积

2010年以来，水稻种植面积先上升后逐渐下降。2010年水稻种植面积748.94万公顷，随后逐步上升。2013年达到最高峰，790.25万公顷，较上一年增长了1.8%。随后的几年中水稻种植面积逐渐下降，2020年降至727.90万公顷，相当于前一年种植面积的97.4%。2021年和2022年，水稻种植面积继续下降，2022年仅剩710.90万公顷（图5-1）。

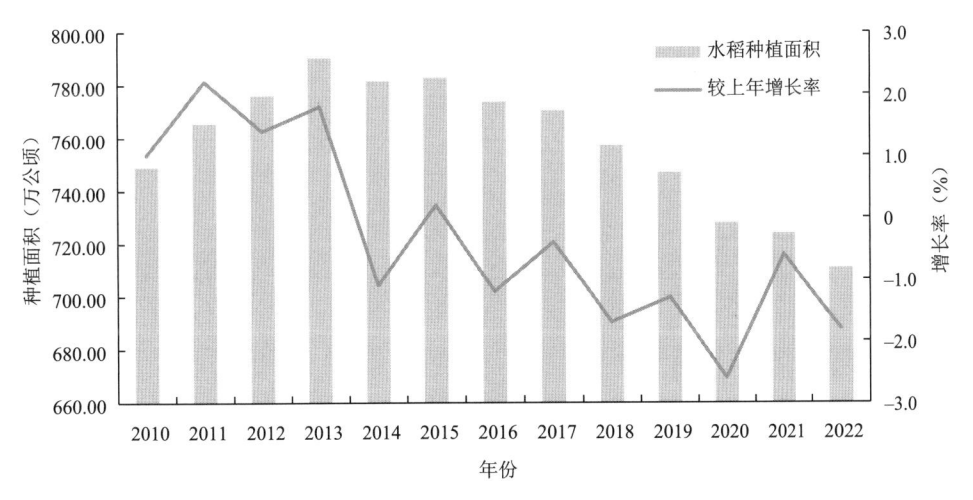

图5-1　2010—2022年越南水稻种植面积变化

资料来源：根据《2022年越南统计年鉴》制作。

水稻种植分布广泛，覆盖全国各地区。其中，湄公河平原地区水稻种植面积最大，2022年达到380.26万公顷，比2015年减少了49.89万公顷。尽管面积减少，但仍占全国水稻种植总面积的53.49%。中北部和中部沿海地区水稻种植面积也相对较大，2022年达到118.55万公顷，占全国水稻种植面积的16.68%。红河平原地区水稻种植面积为95.37万公顷，西原地区和南部东区的水稻种植面积较小（表5-1）。

表 5-1　2015—2022 年越南各地区水稻种植面积　　　单位：万公顷

地区	2015 年	2017 年	2018 年	2019 年	2020 年	2021 年	2022 年
全国	782.80	770.52	757.09	746.95	727.89	723.89	710.90
北部边境和山区	68.43	67.98	67.24	66.90	66.52	66.22	65.97
红河平原地区	111.09	107.14	104.08	101.23	98.34	97.03	95.37
中北部和中部沿海地区	122.05	125.34	123.44	120.82	115.77	119.87	118.55
西原地区	23.75	24.34	24.56	24.37	24.69	25.02	25.19
南部东区	27.33	27.19	27.02	26.74	26.20	25.89	25.55
湄公河平原地区	430.15	418.53	410.75	406.89	396.37	389.86	380.26

资料来源：根据《2022 年越南统计年鉴》整理。

（二）水稻产量

2010 年，越南水稻产量 4 000.56 万吨，2011 年增长至 4 239.85 万吨，增幅 6%。在之后的几年里，水稻产量呈现先升后降的趋势。2015 年达到最高点，4 509.10 万吨，2020 年则降至 4 276.48 万吨，2021 年上升后，2022 年又有所下降，波动维持在 2%—3%（图 5-2）。

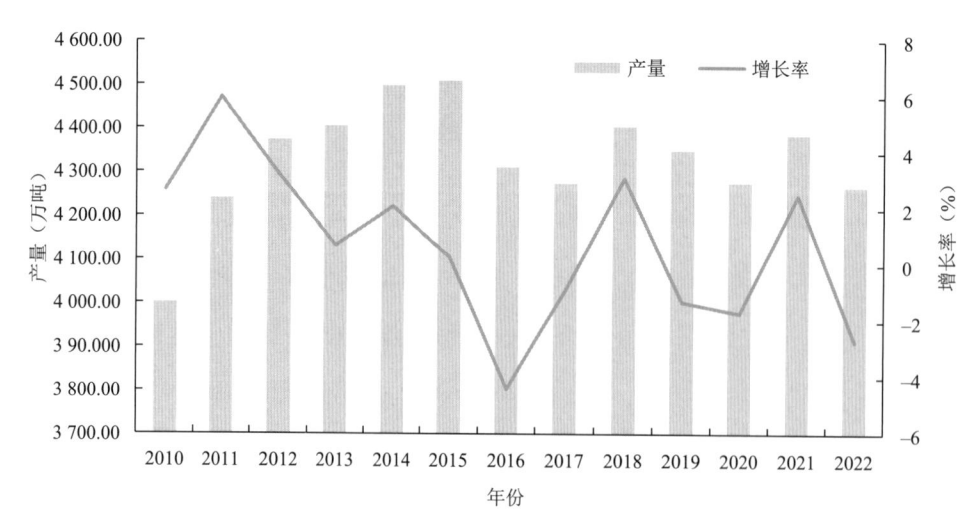

图 5-2　2010—2022 年越南水稻产量变化

资料来源：根据《2022 年越南统计年鉴》制作。

近年来，越南水稻产量保持相对稳定，在4 200万—4 400万吨波动。其中，2020年湄公河平原地区水稻产量2 382.76万吨，占全国产量的55.72%，突显了该地区作为越南"第一大粮仓"的地位（表5-2）。中北部和中部沿海地区水稻产量与红河平原地区相近，但两个地区水稻种植面积存在较大差异，中北部和中部沿海地区种植面积比红河平原地区多出17.45万公顷，表明红河平原地区水稻单产较高。与种植面积相对应的是，西原地区和南部东区是越南水稻产量较低的地区。

表5-2　2015—2022年越南各地区水稻产量　　　　　　　　　单位：万吨

地区	2015年	2017年	2018年	2019年	2020年	2021年	2022年
全国	4 509.10	4 273.89	4 404.60	4 349.54	4 276.48	4 385.26	4 266.07
北部边境和山区	333.68	333.64	338.28	337.85	339.12	342.65	343.57
红河平原地区	672.95	608.33	629.80	613.40	603.55	602.04	588.77
中北部和中部沿海地区	685.51	699.79	705.96	685.51	669.49	720.03	688.65
西原地区	120.98	131.56	137.98	139.47	141.37	146.63	150.54
南部东区	137.61	139.67	141.89	142.31	140.19	141.18	140.91
湄公河平原地区	2 558.37	2 360.90	2 450.69	2 431.00	2 382.76	2 432.73	2 353.63

资料来源：根据《2022年越南统计年鉴》整理。

（三）水稻种植地区分布

水稻喜温喜湿，在水量充足和湿度较大的地方长得很好，最适宜的温度是25—32℃，空气湿度在80%以上，所以，越南全国各地都可以种植。在越南，水稻基本上全年种植，但季节性天气推动种植周期分为四个种植期：冬春季、夏秋季、晚季和秋冬季。根据气候条件、水利设施以及水稻生长期，越南形成四个主要水稻品种：冬春稻、夏秋稻、晚季稻和秋冬稻[①]（表5-3）。

通常冬春稻上年11月播种，次年2月收获；夏秋稻一般3月中旬栽插，7月收获；晚季稻一般7月播种，10—11月收获，全生长期100—110天；秋冬稻

[①] 一般来说，秋冬稻只在湄公河平原地区种植，为统计方便，越南统计局将夏秋稻与秋冬稻合并为秋季稻，故本书只讨论这三种类型。

一般 10 月播种，次年 1 月收获（刘万才等，2014）。

表 5-3 2010—2022 年越南各品种水稻种植面积与产量

年份	面积（万公顷）				产量（万吨）			
	总量	冬春稻	秋季稻	晚季稻	总量	冬春稻	秋季稻	晚季稻
2010	748.94	308.59	243.60	196.75	4 000.56	1 921.68	1 168.61	910.27
2011	765.54	309.68	258.95	196.91	4 239.85	1 977.83	1 340.29	921.73
2012	776.12	312.43	265.91	197.78	4 373.78	2 029.19	1 395.80	948.79
2013	790.25	310.56	281.08	198.61	4 403.91	2 006.97	1 462.34	934.60
2014	781.62	311.65	273.41	196.56	4 497.46	2 085.05	1 447.92	964.49
2015	782.80	316.80	286.91	179.09	4 509.10	2 109.17	1 534.13	865.80
2016	773.71	312.89	287.29	173.53	4 316.51	1 964.66	1 523.21	828.64
2017	770.52	311.71	287.67	171.14	4 273.89	1 941.58	1 546.12	786.19
2018	757.09	310.28	278.48	168.33	4 404.60	2 060.30	1 517.64	826.50
2019	746.95	312.41	273.38	161.16	4 349.54	2 047.16	1 492.31	809.86
2020	727.90	302.41	266.91	158.58	4 276.09	1 987.44	1 478.01	810.62
2021	723.88	300.68	267.35	155.85	4 384.81	2 062.88	1 516.35	805.58
2022	710.89	299.23	256.40	155.26	4 265.56	1 997.60	1 445.60	822.36

资料来源：根据《2022 年越南统计年鉴》整理。

冬春稻和晚季稻的种植面积呈现下降趋势，尤其是晚季稻，2022 年相较于 2010 年减少了 41.49 万公顷，而冬春稻减少了 9.36 万公顷。与此同时，秋季稻的种植面积却有所增加，2022 年比 2010 年增加了 12.80 万公顷。由于秋季稻的高产性及更有经济价值，越南农民更倾向于选择种植秋季稻，晚季稻产量较低，因此种植面积下降。

冬春稻主要集中在湄公河平原地区，中北部和中部沿海地区以及红河平原也有一些冬春稻的种植，但在南部东区和西原地区冬春稻的种植量相对较少。

秋季稻主要集中在湄公河平原地区以及中北部和中部沿海地区种植，这两个地区的种植面积占到全国的 95% 以上。西原地区和南部东区有少量秋季稻种植，而红河平原地区由于气候较冷不适宜种植秋季稻。

晚季稻适合种植在越南北部地区，因此，红河平原以及中北部和中部沿海地区种植面积较大，占全国总晚季稻种植总面积的 56.94%，而南部地区晚季稻种植面积相对较少。

2022年，越南的水稻产量表现出明显的品种差异。冬春稻以其最高的产量位居榜首，达到1 997.60万吨，占总产量的46.80%；秋季稻排名第二，产量为1 445.60万吨，占比33.89%；晚季稻产量最低，为822.36万吨。

1. 湄公河平原地区

该地区大规模开发相对较晚，直到17世纪中叶才开始启动，现大部分土地已被开垦为稻田，其中超过一半的土地可以实现双季稻的种植。该地区秋季稻和冬春稻是主要种植品种，2022年秋季稻种植面积212.45万公顷，冬春稻种植面积150.69万公顷，但秋季稻和冬春稻的产量相差并不多，可见冬春稻的单产较高（图5-3）。相对地，晚季稻的种植面积和产量相对较少。建江、安江、隆安、同塔等省是湄公河平原冬春稻种植的主要地区，形成了越南重要的大米生产基地。

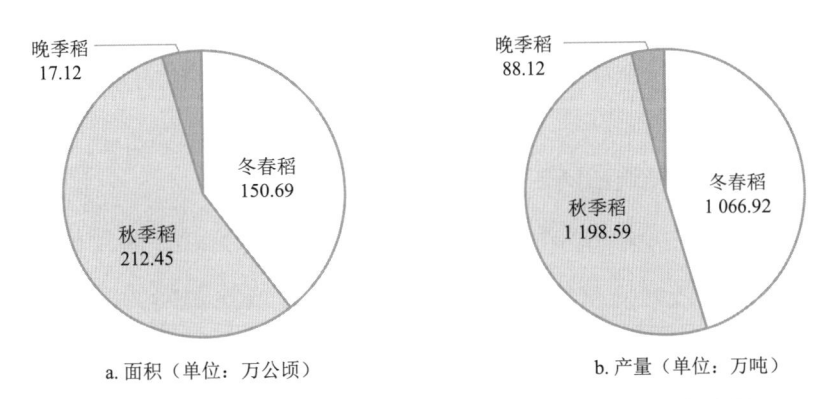

a. 面积（单位：万公顷）　　b. 产量（单位：万吨）

图5-3　2022年湄公河平原地区各品种水稻种植面积与产量

资料来源：根据《2022年越南统计年鉴》制作。

湄公河平原地区是越南受气候变化影响最为严重的地区，海水入侵、干旱等极端气候对水稻种植和农业生产造成了严重威胁。此外，湄公河上游国家修建水电站也导致湄公河流域的淡水供应减少，对该地区的水资源供给和灌溉产生影响，进一步加剧了农业面临的挑战。

2. 红河平原地区

该地区耕地面积广阔，水利设施条件良好，土壤肥沃，成为双季稻种植的理想场所。

红河平原地区主要种植冬春稻和晚季稻,两个品种的种植面积相当,2022年分别为48.43、46.94万公顷,但冬春稻的产量相对高一些(图5-4)。该地区农民常采用稻鱼共作的耕作模式,帮助提高土地的综合利用效率,同时促进生态平衡和资源的可持续利用。太平省、南定省、海阳省、兴安省和宁平省是红河平原水稻生产的主要地区,这些地方的水稻种植集中度高,产量也较高。

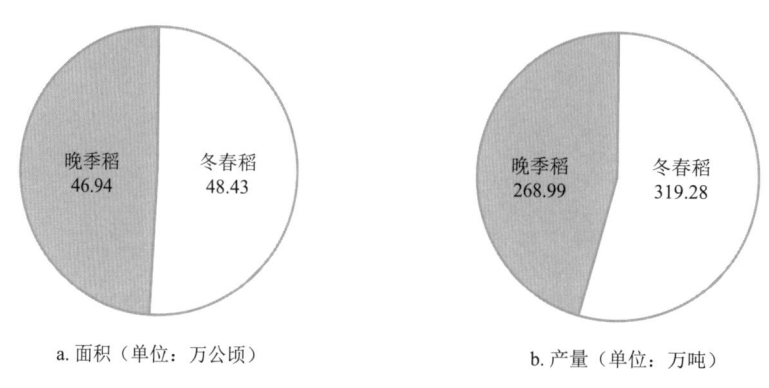

a. 面积(单位:万公顷) — 晚季稻 46.94,冬春稻 48.43

b. 产量(单位:万吨) — 晚季稻 268.99,冬春稻 319.28

图5-4　2022年红河平原地区各品种水稻种植面积与产量

资料来源:根据《2022年越南统计年鉴》制作。

3. 中北部和中部沿海地区

中北部和中部沿海地区是除越南的两大粮仓外,水稻种植面积最大和产量最高的地区。该地区的平原分布不连续,常被山脉或丘陵隔为多个小平原,且毗邻海岸,面临风暴、洪水等自然灾害的影响。近年来,由于淡水资源匮乏和生产不稳定的问题,许多地区已开始将水稻改种为玉米、豆类、芝麻和畜牧草等其他作物。尽管如此,水稻仍是该地区的主要农作物,虽然水稻种植面积有所减少,但仍然占据相当大的耕地面积。水稻种植主要分布在清化、义安、河静、广南、平定、平顺和广义等省。

该地区以冬春稻种植为主,种植面积占到一半左右(2022年面积占比49.21%),产量较面积来说较高。秋季稻的种植面积比晚季稻种植面积稍高一些,产量也更高(图5-5)。

4. 北部边境和山区

该地区因多山区、丘陵和高原的地理特点,人们采用开垦梯田的方式来种植水稻。近年来,该地区重点发展集约化农业,改善灌溉条件以提高水稻的产

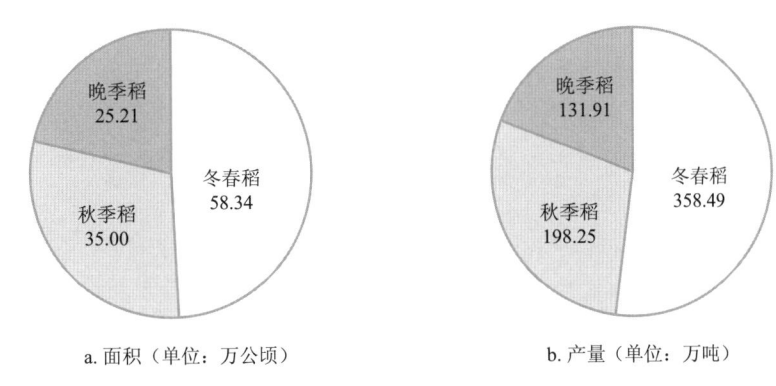

图 a. 面积（单位：万公顷）
- 冬春稻 58.34
- 秋季稻 35.00
- 晚季稻 25.21

图 b. 产量（单位：万吨）
- 冬春稻 358.49
- 秋季稻 198.25
- 晚季稻 131.91

图 5-5　2022 年中北部和中部沿海地区各品种水稻种植面积与产量

资料来源：根据《2022 年越南统计年鉴》制作。

量，同时发展特色水稻、糯米、粳稻等不同品种，还将旅游业发展和生物多样性保护与农田生产结合起来。

该地区主要种植晚季稻和冬春稻。2022 年，晚季稻占据了总种植面积的 62.92% 并贡献了总产量的 58.45%，而冬春稻则占据了 37.08% 的种植面积并贡献了总产量的 41.55%（图 5-6）。冬春稻的单位产量相对更高。该地区的水稻种植主要集中在奠边、北江、富寿、太原等省。

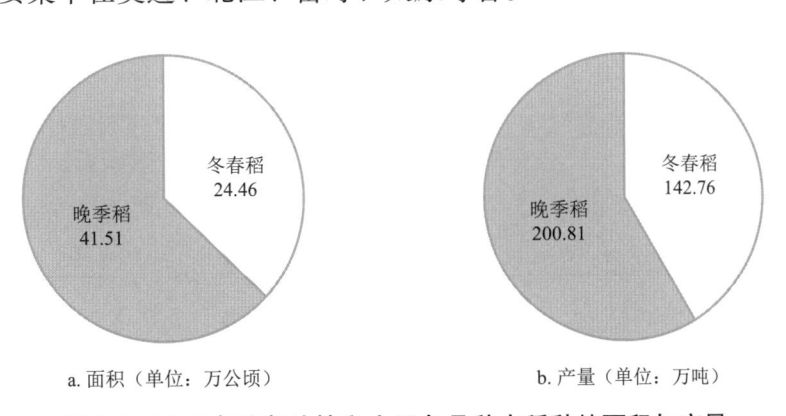

图 a. 面积（单位：万公顷）
- 冬春稻 24.46
- 晚季稻 41.51

图 b. 产量（单位：万吨）
- 冬春稻 142.76
- 晚季稻 200.81

图 5-6　2022 年北部边境和山区各品种水稻种植面积与产量

资料来源：根据《2022 年越南统计年鉴》制作。

5. 西原地区

西原地区采取修建水利工程的方式来灌溉水稻。尽管北部山区面积广阔，但水稻种植面积的增长并不显著。该地区水稻种植面积相对较小，2022 年总面积 25.19 万公顷，其中以晚季稻为主，占总面积的 60.58%，产量占总产量的 56.21%。冬春稻次之，秋季稻种植最少（图 5-7）。多乐省和嘉莱省是该地区水稻种植的主要集中地。

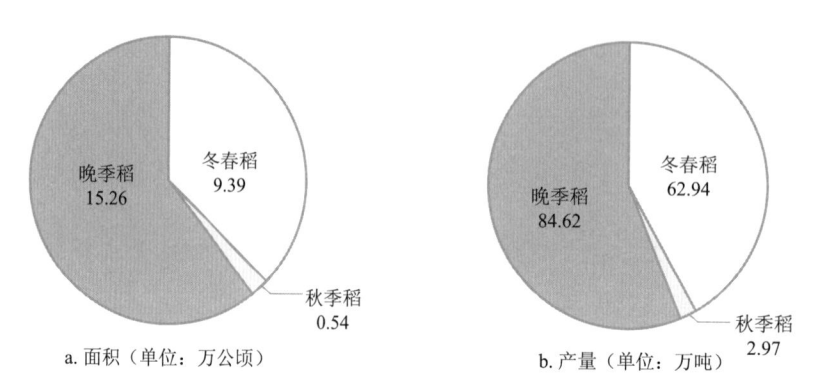

图 5-7　2022 年西原地区各品种水稻种植面积与产量

资料来源：根据《2022 年越南统计年鉴》制作。

6. 南部东区

南部东区水稻种植面积也相对较小，2022 年为 25.56 万公顷，产量 140.91 万吨。冬春稻、秋季稻和晚季稻都有种植，三类稻的种植面积和产量差异不大。该地区水稻种植主要集中在西宁省和同奈省，虽然种植规模较小，但仍然为该地区的农业经济做出了一定的贡献（图 5-8）。

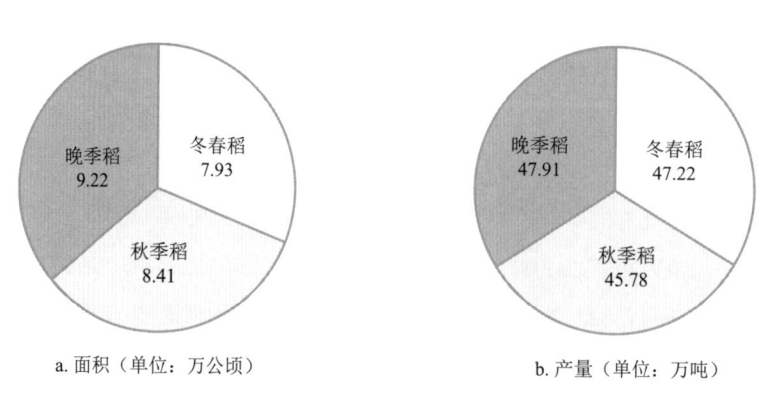

图 5-8　2022 年南部东区各品种水稻种植面积与产量

资料来源：根据《2022 年越南统计年鉴》制作。

二、大米出口时空演化

越南在全球大米生产中位列第五，仅次于中国、印度、印度尼西亚和孟加拉国。1986年以前，越南每年需要大量进口粮食以满足国内需求；自1989年起，越南开始向世界市场出口大米，首次出口量超过100万吨，使其成为仅次于泰国和美国的全球第三大大米出口国。此后，越南一直稳居大米出口前三名。在经过30年的持续发展后，越南已在世界大米市场上确立了重要地位，其大米产量和出口对全球市场产生了显著影响。

根据联合国贸易数据库的数据，2020年，越南大米出口量在全球排名第三，出口额达到27.91亿美元。2016—2020年，越南大米出口额年均增长率6.6%，2020年较2019年增长了14.7%，占全球大米出口市场份额的11.0%（表5-4）。大米作为越南的重要出口农产品，每年为国家创造数十亿美元的外汇收入。

表5-4 2020年世界主要大米出口国家和地区的出口情况

	出口额（亿美元）	年均增长率（%）	同比增长率（%）	占全球份额（%）
世界	253.86	5.0	6.1	100.0
印度	79.80	10.7	17.3	31.4
泰国	37.10	−4.2	−11.8	14.6
越南	27.91	6.6	14.7	11.0
巴基斯坦	21.01	5.4	−7.4	8.3
美国	18.89	1.3	0.6	7.4
中国	9.17	24.7	−13.4	3.6
缅甸	7.73	15.2	−1.2	3.0
意大利	7.15	6.1	15.5	2.8
巴西	5.04	18.9	36.7	2.0
柬埔寨	4.71	11.4	11.8	1.9
乌拉圭	4.62	2.8	27.8	1.8

续表

	出口额（亿美元）	年均增长率（%）	同比增长率（%）	占全球份额（%）
比利时	3.25	12.6	31.0	1.3
荷兰	3.01	15.1	8.0	1.2
巴拉圭	2.95	10.8	30.2	1.2
圭亚那	2.59	11.3	15.5	1.0

注：年均增长率是指2016—2020年的。

资料来源：根据联合国贸易数据库中2020年出口大米最多的前16名国家和地区的数据整理，https://comtrade.un.org。

越南的大米出口经历了不同的发展阶段和政策变化。1989—1991年，大米出口处于起步阶段；1991—2000年，出口逐渐增加，全国约有47家大米出口企业；2001—2006年，加入WTO后农产品关税减少，为越南大米出口创造了更有利的条件；2007年以后，大米出口量迅速增长，出口战略也逐渐完善。

根据图5-9，21世纪以来，越南的大米出口量经历了一系列波动和变化。2001—2005年，大米出口量和出口额都出现了快速增长。特别是在2005年，出口额和出口量都是2004年的两倍。随后的几年，大米出口虽然有些波动，但总体增长趋势仍然持续。2008年全球金融危机后，越南大米出口迎来了快速增长。2011年出口额达到顶峰，为36.59亿美元，出口量为711.66万吨。之后越

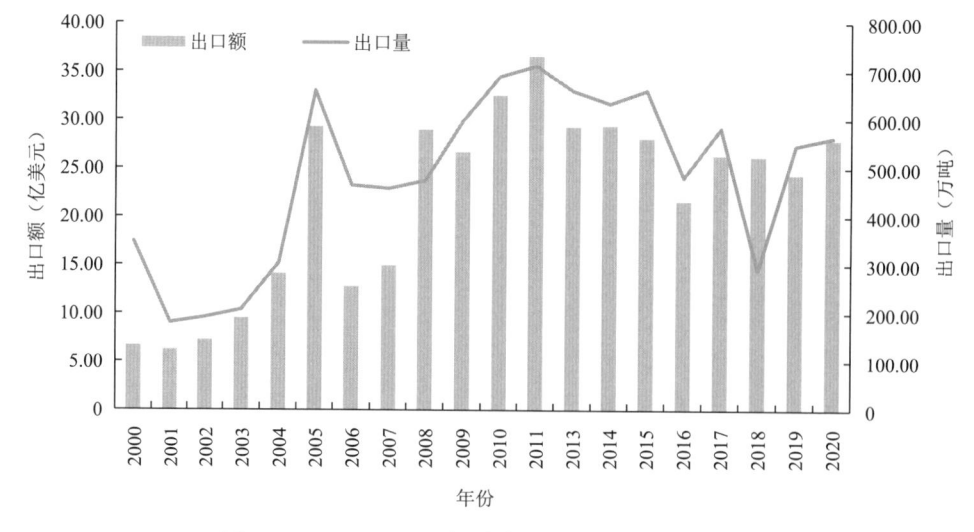

图5-9 2000—2020年越南大米出口额及出口量

注：根据联合国世界贸易库中越南历年出口大米的数据整理，https://comtrade.un.org，2012年出口量无数据。

南大米出口呈下降态势，2019年受新冠疫情和世界大米市场需求的影响又开始增长，2020年维持稳定。

越南大米销往150多个国家和地区，主要面向亚洲市场，包括中国、菲律宾、印度尼西亚、马来西亚、加纳、伊拉克、科特迪瓦等地。2017年，在越南大米出口市场份额中，中国占40.02%，马来西亚占8.13%，菲律宾占9.69%，印度尼西亚占0.27%。新加坡也是越南优质大米出口的主要市场。非洲进口越南大米的比重也较高，2013年曾达28%，越南主要向其出口普通香米。随着越南不断开拓新的出口市场，大洋洲、欧洲和中东市场的销量在提高。

越南大米的价格主要受出口需求、稻米质量和国际市场价格波动影响。越南有70多种不同的大米品种，但出口的种类并不多。多年来，越南高级大米和特种大米出口量占大米出口总额的比重较低。所以，虽然越南大米出口量大，但出口价格一直低于其他国家的同类产品，出口额不高（表5-5）。因越南大米没有达到严格的市场标准，所以在世界五大大米出口国中价格最低，与其他四个国家泰国、印度、美国和巴基斯坦相比优势不足。

表5-5　2013—2018年世界五大大米出口国的大米出口价格　单位：美元/吨

年份	泰国（5%）	越南（5%）	印度（25%）	泰国（25%）	越南（25%）	美国（14%）	巴基斯坦
2013	518	391	402	504	363	692	1 372
2014	423	410	377	382	377	1 007	1 324
2015	386	353	337	373	334	857	849
2016	396	347	333	385	332	651	795
2017	398	372	361	384	351	673	843
2018	421	412	374	408	391	888	1 023

资料来源：根据联合国粮农组织数据库中各年份大米出口较多的国家的出口价格整理，括号内为碎米含量，https://www.fao.org/faostat/zh/#home。

如图5-10所示，2011年，越南大米出口价格上涨了11.32%，之后两年下跌，2014年因向亚洲和非洲新市场扩展而上升。2015年，由于低市场进口需求和库存量过高，加之财务状况不利，大米出口市场竞争激烈，导致世界大米出口价格下跌，特别是在亚洲地区，价格跌至多年来的最低水平。2016—2018年，气候变化影响导致大米价格持续上升，因为供应受到限制，越南仍然承受

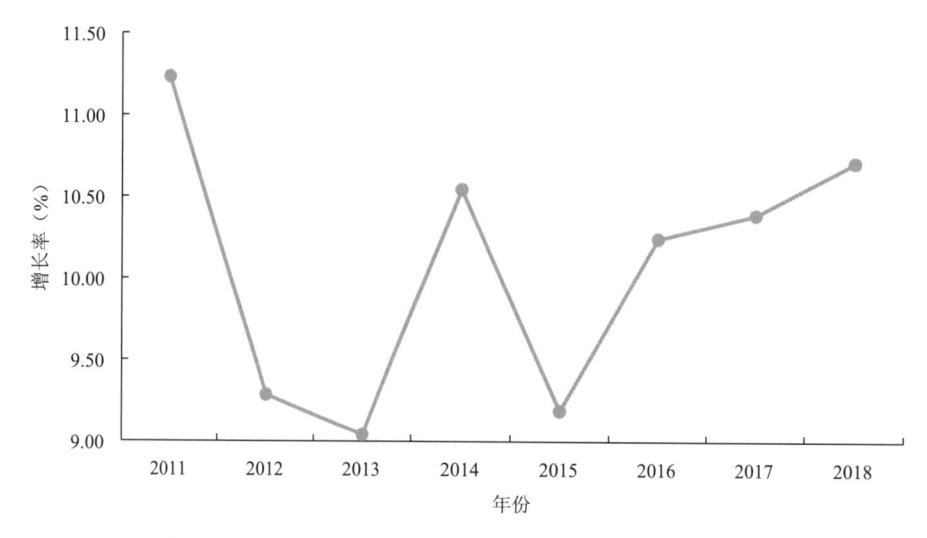

图 5-10　2011—2018 年越南大米出口价格同比增长率

资料来源：《2018 年越南进出口报告》，工业出版社（河内），2019 年，https://trungtamwto.vn/file/18440/Bao%20cao%20Xuat%20nhap%20khau%20Viet%20Nam%202018.pdf。

来自新兴大米出口国如柬埔寨、缅甸等的巨大竞争压力。

越南在大米生产和贸易领域面临一系列的困难与挑战：第一，自然灾害和病虫害对大米产量与质量构成威胁；第二，该国科技水平不高，缺乏先进的生产和加工技术，制约了产量的提升和质量的提高，限制了大米在国际市场上的竞争力；第三，世界大米价格的波动影响农民的收入和整个产业的可持续性；第四，越南的大米品牌形象尚未建立，缺乏特色和国际市场的认知度，在一定程度上限制了其在国际市场的表现；第五，国际市场上的贸易壁垒日益增加，对越南稻米的出口造成一定限制。

第二节　世界农产品出口大国

经济作物是除粮食、饲料和绿肥作物以外的其他各项作物的统称，一般是指为轻工业提供原料的农作物，具有选择性强、适应性差、技术要求严格、商品率高、经济价值大的特点，重要性仅次于粮食作物，在农业生产布局中意义重大。

一、世界第二大咖啡出口国

越南是世界咖啡生产和出口大国之一。根据越南工贸部发布的《2021年出口优势产品名录》，咖啡年出口额高达30亿美元。越南咖啡已成功进入80个国家和地区市场，咖啡豆出口占全球市场份额的14.2%，是世界第二大咖啡出口国，仅次于巴西。

在越南，咖啡的引入和发展可追溯到16世纪，但咖啡产业的真正发展开始于20世纪80年代，之后咖啡种植面积迅速扩大。越南咖啡品种主要有两种，即罗布斯塔（Robusta）和阿拉比卡（Arabica）。这两种咖啡在生长条件上有所不同。罗布斯塔咖啡适合生长在炎热潮湿的气候环境和充足的阳光下，因此主要在南部种植。而阿拉比卡咖啡则适应较凉爽的气候，对阳光的强度要求较低，能够耐受较低的温度，所以更适合在北部种植。目前，罗布斯塔咖啡的种植面积最大，占越南咖啡种植总面积的90%，阿拉比卡和其他品种占10%。

革新开放以前，咖啡种植面积一直维持在1万公顷左右，1985年起开始迅速扩大，1999年达到26.98万公顷，2000年达到47.69万公顷，2005年，种植面积达到49.74万公顷，产量为75.21万吨。此后，咖啡种植面积增速逐渐放缓。2019年，种植面积达到68.38万公顷，产量则达到167.88万吨（图5-11）。

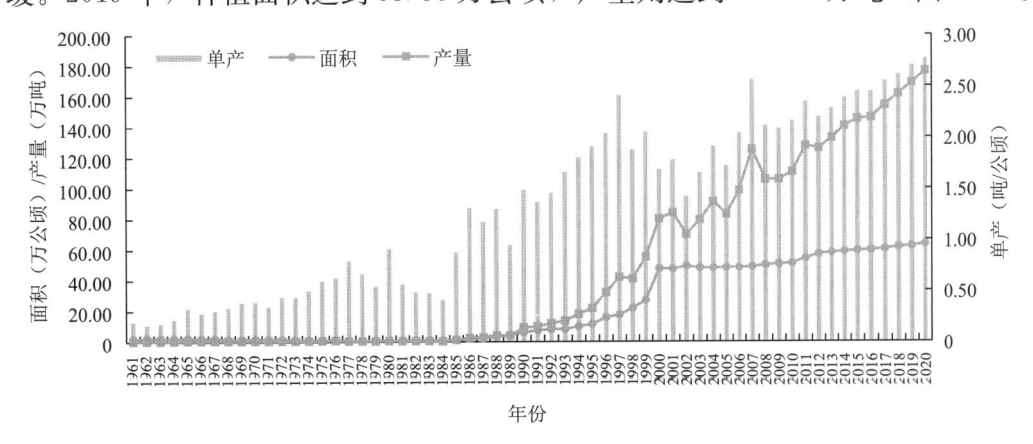

图5-11 1961—2020年越南咖啡种植面积与产量

资料来源：根据联合国粮农组织数据库中各年份越南咖啡的数据整理，https://www.fao.org/faostat/zh/#home。

在产量方面，2000年以前，咖啡产量与种植面积的变化趋势基本一致。自2010年以来，咖啡的单产呈现出持续上升的线性趋势。尽管咖啡种植面积的变化相对不大，但是越南通过科技的应用和种植管理的改进，成功实现了咖啡产量的不断增加。

越南的咖啡种植主要集中在西原地区，包括多乐、林同、达农和嘉莱等省；南部东区的同奈、平福和巴地-头顿等省也有种植；北部边境与山区的奠边、山萝等省有少量种植（表5-6）。

表5-6 2012—2016年越南主要区域的咖啡种植面积　　　　单位：万公顷

区域	2012年	2013年	2014年	2015年	2016年
多乐省	20.20	20.72	21.00	20.90	19.00
林同省	14.57	15.16	15.34	15.40	16.20
达农省	11.64	12.23	12.23	12.60	13.50
嘉莱省	7.76	7.76	7.80	8.00	8.25
同奈省	2.00	2.00	2.08	2.10	2.10
平福省	1.49	1.49	1.56	1.60	1.60
昆嵩省	1.22	1.22	1.33	1.40	1.35
山萝省	0.64	0.90	1.07	1.20	1.20
巴地-头顿省	0.71	0.71	1.50	1.50	1.50
广治省	0.51	0.51	0.51	0.51	0.50
奠边省	0.34	0.34	0.34	0.45	0.45
其他区域	1.14	0.57	0.50	0.57	0.57
全国	62.21	63.59	65.34	66.23	66.22

资料来源：根据越南农业与农村部数据库中各年份咖啡种植面积数据整理，https://www.mard.gov.vn/Pages/bao-cao-thong-ke.aspx。

越南咖啡出口欧洲、美国、俄罗斯、日本等多个国家和地区，尽管在全球市场上的出口量位居第二，但也存在一定的竞争劣势，主要表现在深加工不足上。越南咖啡主要以初级产品的形式出口到世界各地，附加值相对较低。一吨加工后的咖啡平均价格约3 600美元，而生咖啡的价格仅约2 400美元。不过，越南已经开始认识到这一问题，并在推动咖啡深加工方面采取了措施。

二、世界橡胶出口大国

全球市场上存在两种主要类型的橡胶，分别是天然橡胶与合成橡胶。越南主要以生产天然橡胶为主，是世界上重要的橡胶出口国之一。2020年，越南天然橡胶出口额7.86亿美元，占全球市场份额的7.1%，全球排名第四，仅次于泰国、印度尼西亚和科特迪瓦（表5-7）。受新冠疫情影响，2020年出口额较2019年减少了21.8%。2016—2022年，越南天然橡胶的出口额一直稳居全球前三。根据 Forest Trends 的报告，越南的天然橡胶种植面积在全球排名第五，2020年约92.6万公顷；产量位列全球第三，2020年约122万吨。[1]

表5-7 2020年世界主要天然橡胶出口国家和地区的出口情况

	出口额（亿美元）	年均增长率（%）	同比增长率（%）	占全球份额（%）
世界	109.93	−1.9	−11.8	100.0
泰国	35.25	−5.6	−14.9	32.1
印度尼西亚	30.12	−2.8	−14.6	27.4
科特迪瓦	9.40	14.4	3.7	8.5
越南	7.86	−2.8	−21.8	7.1
马来西亚	7.85	−2.6	−13.8	7.1
柬埔寨	2.74	13.8	24.5	2.5
老挝	2.32	32.6	6.6	2.1
缅甸	2.20	11.2	20.5	2.0
危地马拉	1.46	5.0	0.8	1.3
比利时	1.06	−6.2	−43.9	1.0
菲律宾	0.97	27.9	22.9	0.9
新加坡	0.92	−0.8	−7.7	0.8
法国	0.87	8.7	−6.2	0.8
德国	0.79	−15.3	−10.2	0.7
卢森堡	0.79	−4.4	−8.1	0.7

注：年均增长率是指2016—2020年的。
资料来源：根据联合国贸易数据库中2020年世界天然橡胶出口数据整理，https://comtrade.un.org。

---

[1] Shaun Turton：" 越南的橡胶行业面临满足全球标准的压力 "，2021年10月11日，https://asia.nikkei.com/Business/Markets/Commodities/Vietnam-s-rubber-industry-faces-pressure-to-meet-global-standards。

根据表5-8，2000年，越南天然橡胶出口量27.34万吨，出口额1.66亿美元。2002年出口量突然增加到36.20万吨，出口额也增至2.71亿美元，并在此后呈线性增长趋势。受全球金融危机影响，增长势头放缓，但随后再次恢复增长。尤其是2010年，尽管出口量的增长幅度相对较小，但出口额几乎翻倍。2013年，出口量达到99.02万吨，创下近年来的最高值，出口额23.79亿美元，成为越南重要的出口农产品之一。之后，出口量逐渐下降，保持在50万—80万吨波动，出口额也进一步减少。2015—2020年，出口额在10亿美元上下浮动。

表5-8　2000—2020年越南天然橡胶出口量与出口额

年份	出口额（亿美元）	出口量（万吨）
2000	1.66	27.34
2001	1.66	28.54
2002	2.71	36.20
2003	3.78	38.73
2004	4.81	38.15
2005	7.14	56.09
2006	11.37	62.85
2007	13.12	67.37
2008	15.62	64.17
2009	11.09	63.03
2010	20.90	67.21
2011	29.89	71.35
2012	24.96	85.38
2013	23.79	99.02
2014	16.69	98.22
2015	10.66	78.34
2016	8.81	66.57
2017	9.43	57.30
2018	9.54	—
2019	10.05	75.00
2020	7.86	57.44

资料来源：根据联合国贸易数据库中越南历年天然橡胶出口数据整理，https://comtrade.un.org。

橡胶种植需要适宜的环境条件，一般温度在 25—30℃，湿度为 60%—70%，土壤养分充足，海拔不超过 600 米。越南的橡胶种植始于 1923 年。1994 年，橡胶种植面积达到 13.76 万公顷；2005 年，面积增加到 33.42 万公顷，产量为 48.16 万吨；2019 年，面积达到 70.87 万公顷，产量为 118.25 万吨，面积翻了一番，产量是 2005 年的两倍多。这表明橡胶种植业逐渐繁荣起来，种植技术得到了改进，种植效率也得到了提高，为越南带来了可观的经济收益（图 5-12）。

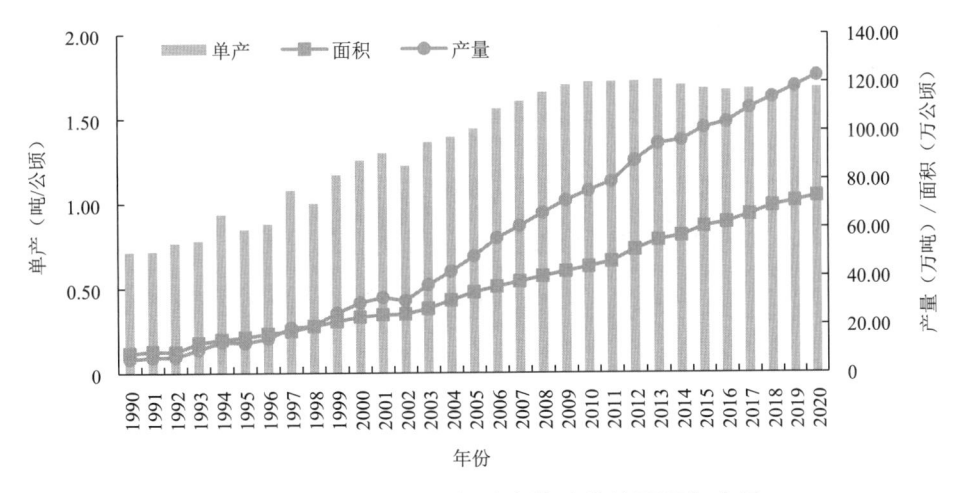

图 5-12　1990—2020 年越南橡胶种植面积与产量

资料来源：根据《2021 年越南统计年鉴》制作。

橡胶在越南的种植方式因地区而异。在西原地区，人们采用专耕的方式种植橡胶，类似的情况也在嘉莱省和多乐省得到迅速发展。中部北区的一些省份，如广治、广平和义安等省，也有许多农民从事橡胶种植。近年来，橡胶种植的重心逐渐向南部东区和中部高原区域转移，特别是在同奈、林同等省，橡胶种植面积最大；其次是西宁、多乐、广平、广治等省，甚至河静省南部也开始有橡胶种植活动。

在越南，橡胶种植以出口为主要目的，出口涵盖全球 60 多个市场，其中中国是越南最大的橡胶出口市场，其他的出口市场主要包括印度、韩国、美国等。欧洲也逐渐成为越南天然橡胶出口的新兴市场，包括德国、西班牙、意大利、荷兰等国家。

三、世界第一大胡椒出口国

越南的胡椒销往全球100多个国家和地区，占世界市场份额的50%—60%。美国、新加坡、印度是其三大主要出口市场，紧随其后的还有德国、荷兰、巴基斯坦等国家。越南胡椒每年平均出口量达到11万吨左右，占世界胡椒出口总量的40%—50%，连续多年保持世界胡椒生产和出口第一大国的地位。因此，越南成为主导世界胡椒市场的重要国家。作为世界胡椒种植面积最大的国家，越南主要出口整粒胡椒，占出口总量的90%，其中又以黑胡椒为主，占胡椒粒出口总额的90%，白胡椒仅占10%。

2000年以来，越南胡椒出口量呈现波动上升趋势。2014年，胡椒出口额达到12亿美元，成为越南首个出口额超过10亿美元的商品类别。2015年初，越南胡椒出口价格达到了每千克20万越南盾，创下有史以来的最高纪录。[①] 2019年，胡椒出口量达到最高值，28.44万吨。越南胡椒出口额在2016年达到最高点，14.29亿美元，之后尽管出口量仍在上升，但受世界胡椒市场价格波动的影响，出口额逐步下降，2020年出口额仅9.71亿美元（图5-13）。

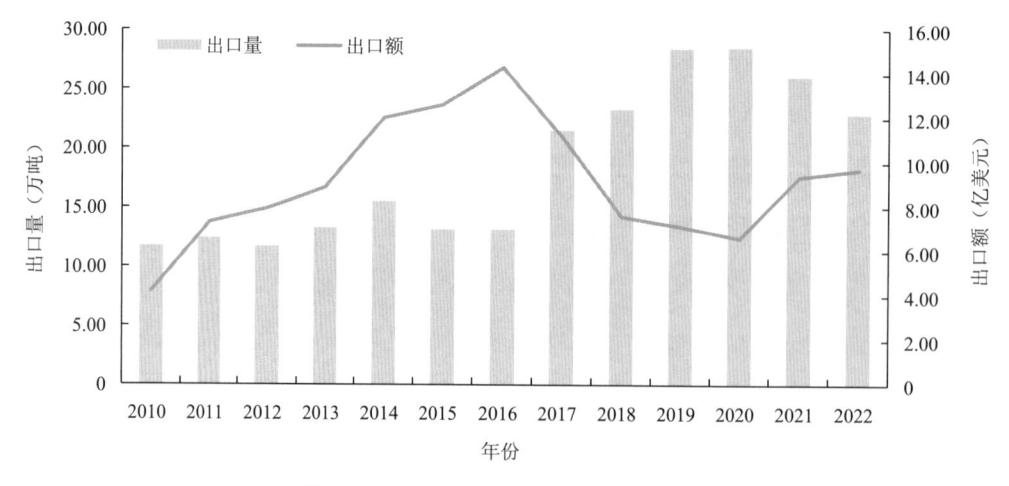

图5-13 2010—2022年越南胡椒出口

资料来源：根据《2022年越南统计年鉴》制作。

[①] "越南主导世界胡椒市场"，《世界热带农业信息》，2015年第8期。

21世纪初期,越南胡椒种植面积基本保持在4万—5万公顷的水平。2016年,胡椒种植面积急剧增加,达到8.18万公顷。随后种植面积持续扩大,2019年达到11.11万公顷。在产量方面,2000年胡椒产量为5.10万吨,而2014年则达到了15.19万吨,几乎是2000年的三倍。2019年,胡椒产量更是达到27.02万吨,实现了倍级的增长(图5-14)。

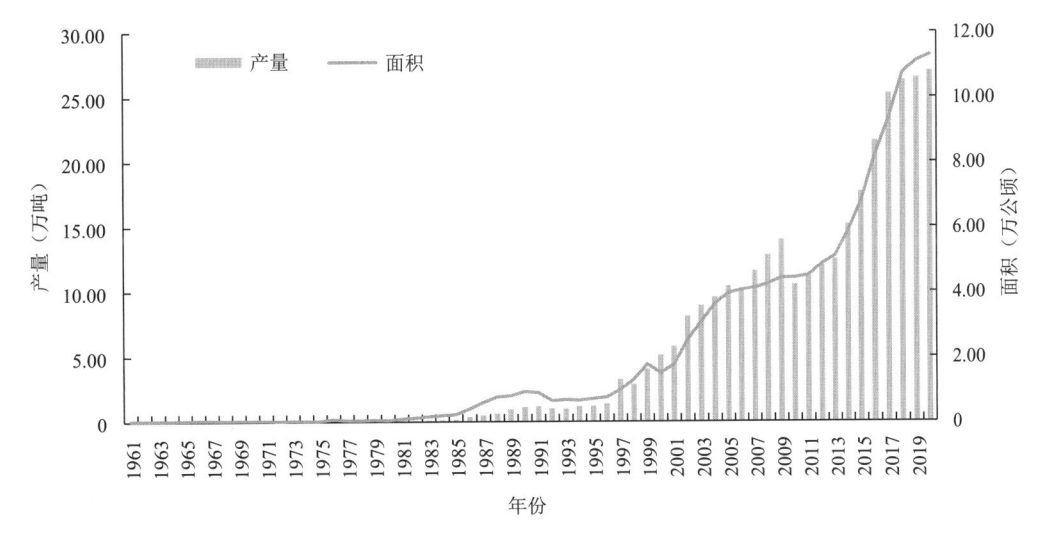

图5-14 1961—2020年越南胡椒种植面积与产量

资料来源:FAO(2021)。

越南的胡椒种植主要集中在南方地区和西原地区,还包括南部东区、富国岛以及广平、广治等省。2018年富国岛胡椒种植面积达到520公顷,主要集中在门阳、门浅、阳丝等乡镇。[①] 但是,多地的胡椒种植属于自发生产,缺乏统一的种植标准和品种选择,产量并不高。此外,各地区的自然条件和耕作水平存在差异,也对胡椒产量造成影响,各地的胡椒产量存在很大差异。

越南胡椒主要以未加工的粗产品形式出口,加工程度较低,深加工的规模相对较小,并且与每年的胡椒生产产量不平衡。许多地区的胡椒种植仍未实现机械化,主要依靠手工操作进行生产和加工。此外,除了基本的黑胡椒、白胡椒和胡椒粉等产品外,越南的胡椒产品品种较为有限。其他类型的胡椒产品相对较少,缺乏多样性(丁黄山,2017)。

---

① "越南建江省富国县努力实现胡椒产量达1 200 t以上",《世界热带农业信息》,2018年第3期。

四、世界第一大腰果出口国

腰果在越南是一种具有特色的热带经济作物。2010年，越南腰果种植面积为37.93万公顷，产量33.94万吨。之后腰果种植面积逐年减少，到2022年，腰果种植面积仅剩下32.23万公顷，产量为34.17万吨。对比2010年的情况，腰果种植面积减少了10.52%，但产量却增加了0.60%（图5-15）。这一现象表明，腰果的单产在逐步提高。

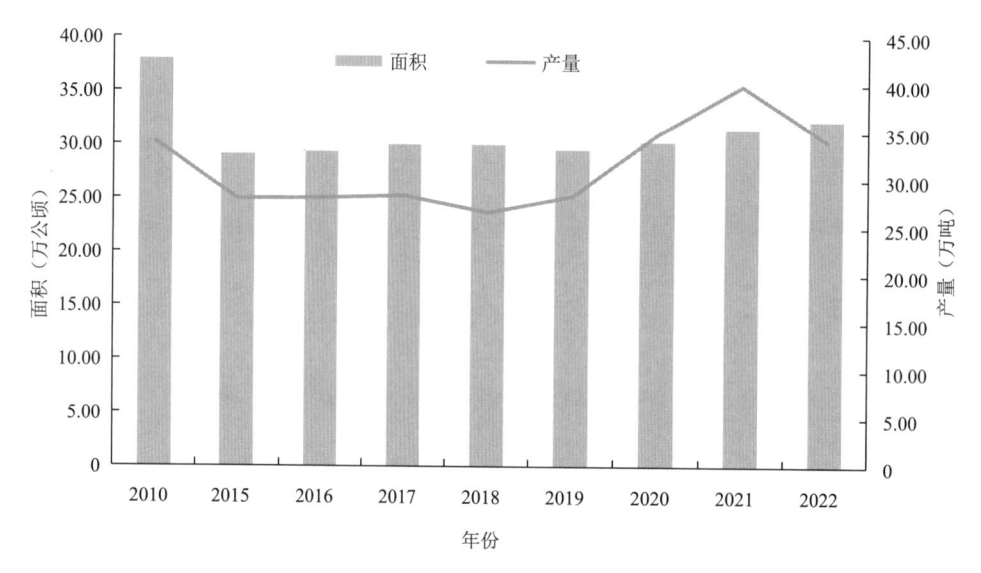

图5-15　2010—2022年越南腰果种植面积与产量

资料来源：根据《2022年越南统计年鉴》制作。

腰果在越南主要用作出口。2006年起，越南成为全球最大的腰果加工和出口国，主要出口市场包括中国、美国、荷兰、澳大利亚、加拿大、俄罗斯、德国、日本和意大利等国家和地区。2020年，越南腰果出口量达到25.93万吨（表5-9）。

越南腰果的种植分布并不均匀，主要集中在广南省以南地区。南部东区和中部沿海地区的腰果种植面积占全国种植面积的90%以上，主要集中在平福、同奈、平阳、宁顺、平定等省。腰果的主要生产模式是以农户为主的家庭式种植。由于腰果种植具有较高的经济效益，因此农户们在种植腰果方面表现出积极性。

表 5-9 2017—2020 年世界主要腰果出口国家的出口情况

国家	2020年 出口量（万吨）	2020年 出口额（亿美元）	2019年 出口量（万吨）	2019年 出口额（亿美元）	2017年 出口量（万吨）	2017年 出口额（亿美元）	2020年排名
越南	25.93	6.26	26.29	6.67	21.50	11.18	1
巴西	8.98	1.85	8.47	1.80	5.95	2.74	2
印度尼西亚	5.84	1.60	7.11	1.47	4.58	2.36	3
印度	1.75	0.67	1.96	0.80	1.83	1.35	4
德国	1.37	0.66	1.40	0.65	1.55	1.25	5

资料来源：FAO（2021）。

第三节 林业与渔业发展

优越的地理位置、适宜的气候条件、肥沃的土壤和有利的地形，为林木生长提供了良好的环境，使越南成为一个拥有丰富林业资源的国家。

越南近海，拥有众多海岛和漫长的海岸线，与海接壤的省市达 28 个，河流系统非常密集，结合热带季风气候，为渔业生产创造了有利条件。越南的渔业包括海洋捕捞、江河湖泊内陆捕捞、运河以及盐、咸水和淡水养殖业等。因为生物多样性非常丰富，越南拥有 1 万多个物种，涵盖热带海洋生态系统的各个层面。[1]

一、林业

（一）森林现状与布局

截至 2022 年底，越南林地总面积 1 479 万公顷，其中，天然林从 2002 年的 990 万公顷增加至 2022 年的 1 013 万公顷，种植林从 2002 年的 192 万公顷迅速

---

[1] Nguyen Tuan Uyen："国家渔业概况：越南"，2018 年 6 月 21 日，http://www.seafdec.org/fisheries-country-profile-viet-nam/。

扩展至 2022 年的 466 万公顷。[①] 全国范围内的林地覆盖率有所增加，从 2002 年的 35.80% 进行增加至 2022 年的 42.01%。

越南政府根据森林的不同用途，将其分为防护林、特用林和生产林。①防护林主要用于保护水资源，保护土地，防止侵蚀，抗击沙漠化，限制灾害，调节气候和保护环境的林地；②特用林主要用于自然保护、国家生态系统的标准样本和森林遗传资源，进行科学研究，保护历史文化遗迹、旅游景点，服务于休闲和旅游，结合环保目的；③生产林主要用于木材及非木材森林产品的生产和贸易，结合保护和环保目的。2011—2020 年，生产林面积从 630 万公顷增加到 780 万公顷；防护林面积从 480 万公顷减少到 470 万公顷；特用林面积从 200 万公顷增加到 220 万公顷。总体来看，森林面积的增加主要集中在生产林和特用林。

2022 年，在六个经济社会地理区中，中北部和中部沿海地区的森林面积最为广阔，560.58 万公顷（表 5-10），北部边境和山区紧随其后，539.97 万公顷，两个地区的森林面积合计占到全国总面积的 74.15%，森林覆盖率分别为 54.2% 和 53.8%，是越南森林覆盖最广的两个地区。相比之下，红河平原与湄

表 5-10　2022 年越南森林分布

地区	森林面积（万公顷）	自然林面积（万公顷）	种植林面积（万公顷）	森林覆盖率（%）
全国	1 479.01	1 013.41	465.60	42.0
北部边境和山区	539.97	374.79	165.18	53.8
红河平原地区	48.74	18.02	30.72	22.7
中北部和中部沿海地区	560.58	377.78	182.80	54.2
西原地区	257.11	209.08	48.03	46.3
南部东区	47.94	25.81	22.13	19.4
湄公河平原地区	24.67	7.93	16.74	5.8

资料来源：根据《2022 年越南统计年鉴》整理。

[①] 根据《越南统计年鉴》：林地指符合林业保护与发展立法规定的森林标准的有林地（包括种植林和天然林），以及与自然农法相结合的新种植地或林场。天然林指自然存在或通过自然更新恢复的林木，包括原始林和次生林；种植林指由人工种植的林木；包括在无林地上新建的种植林、采伐现有种植林后重新种植的林木以及采伐种植林后自然再生的林木。

公河平原地区主要进行农作物种植，森林覆盖率相对较低。2022年，红河平原地区森林面积48.74万公顷，森林覆盖率22.7%；而湄公河平原地区森林面积24.67万公顷，森林覆盖率仅5.8%，是全国森林覆盖率最低的地区。西原地区多为高山和丘陵，森林面积相对较大，达到257.11万公顷，森林覆盖率达46.3%。

在自然林分布上，北部边境和山区以及中北部和中部沿海地区的森林面积均超过370万公顷。这一分布格局基本上与总体森林分布格局相吻合。在种植林分布上，中北部和中部沿海地区面积最大，达到182.80万公顷，北部边境和山区紧随其后，为165.18万公顷。红河平原地区种植林面积30.72万公顷，西原地区为48.03万公顷。相比之下，南部东区和湄公河平原地区种植林面积较小。

（二）木材生产与出口

越南的木材总产量逐年增长。1995年木材产量仅279.31万立方米，2006年增至312.85万立方米，2010年达到598.81万立方米，2015年更是超过1 000万立方米，2022年达到2 064.64万立方米（表5-11）。

表5-11　1995—2022年越南木材总产量　　　单位：万立方米

年份	全国	红河平原地区	北部边境和山区	中北部和中部沿海地区	西原地区	南部东区	湄公河平原地区
1995	279.31	29.18	79.00	65.35	41.53	12.18	52.07
1996	283.35	28.94	81.94	70.45	38.86	13.75	49.41
1997	248.00	20.15	66.55	64.68	33.51	10.32	52.79
1998	221.68	19.61	65.28	54.02	24.54	9.32	48.91
1999	212.25	14.26	69.23	49.70	24.35	8.49	46.22
2000	237.56	14.81	71.95	55.89	37.28	11.40	46.23
2001	239.72	13.35	75.11	55.32	39.52	10.54	45.88
2002	250.40	13.38	71.62	57.73	41.98	9.65	56.04
2003	243.58	12.13	68.73	65.63	31.30	7.61	58.18
2004	262.78	11.64	78.65	75.24	32.41	7.93	56.91
2005	299.64	15.70	99.67	83.32	30.93	9.04	60.98

续表

年份	全国	红河平原地区	北部边境和山区	中北部和中部沿海地区	西原地区	南部东区	湄公河平原地区
2006	312.85	16.35	106.36	87.08	32.87	10.09	60.10
2007	346.18	17.88	118.58	99.11	35.25	12.74	62.62
2008	361.04	18.84	120.87	107.08	37.57	14.91	61.77
2009	376.67	18.29	127.99	107.39	33.47	19.43	62.10
2010	598.81	26.42	132.81	123.77	41.65	26.28	61.01
2011	469.20	27.87	140.29	144.35	58.95	32.46	65.28
2012	525.10	31.87	159.02	171.73	62.03	32.30	68.15
2013	590.80	38.24	173.11	234.99	53.96	32.36	58.14
2014	770.14	51.63	227.81	347.43	44.73	32.08	66.46
2015	1 130.43	49.15	325.49	587.78	60.19	34.54	73.28
2016	1 263.32	46.70	352.62	693.84	59.02	36.53	74.61
2017	1 418.18	47.19	382.08	801.45	67.98	38.27	81.21
2018	1 566.76	49.10	445.66	877.29	68.57	46.10	80.05
2019	1 675.82	49.74	472.13	956.22	69.93	47.62	80.18
2020	1 764.46	51.80	488.50	1 025.55	71.20	46.82	80.59
2021	1 888.92	67.03	536.18	1 085.48	75.37	45.13	79.73
2022	2 064.64	86.42	571.07	1 174.72	89.75	52.48	90.20

资料来源：根据《2022年越南统计年鉴》整理。

北部边境和山区木材产量一直居于全国之首，约占全国总产量的25%。其次是中北部和中部沿海地区、湄公河平原地区以及西原地区，南部东区相对较少。然而，近年来，中北部和中部沿海地区木材总产量超过北部山区，特别是2022年，中北部和中部沿海地区木材产量达到1 174.72万立方米，占全国总量的56.90%，而北部边境和山区的产量为571.07万立方米，占全国总量的27.66%。这两个地区的合计产量占到全国总量的84.56%。其他地区的木材产量也在逐年增加，但是增速较慢，尤其是西原地区和湄公河平原地区，木材产量的变动相对较小。

2022年，越南生产林新增面积29.45万公顷（表5-12）。2010年以来，生产林每年的新增面积都稳定在21万公顷以上。防护林新增面积每年都有一定的波动，有时为10多万公顷，有时为20多万公顷，近几年新增面积呈现下降趋势。每年新增的特用林面积较少，为1万—2万公顷。

表5-12　2010—2022年越南按森林类型划分的新增林面积　　单位：万公顷

年份	总面积	生产林面积	防护林面积	特用林面积
2010	25.68	22.11	3.11	0.46
2011	23.32	21.33	1.70	0.29
2012	22.93	20.90	1.85	0.18
2013	23.93	22.28	1.53	0.12
2014	24.97	22.32	2.50	0.15
2015	27.14	24.41	2.59	0.14
2016	26.49	24.09	2.26	0.14
2017	28.42	26.70	1.51	0.21
2018	28.24	26.80	1.25	0.19
2019	26.84	25.59	1.11	0.14
2020	27.05	26.09	0.78	0.18
2021	28.89	27.99	0.80	0.10
2022	30.65	29.45	1.01	0.19

资料来源：根据《2022年越南统计年鉴》整理。

越南的非国有经济在木材开采领域扮演日益重要的角色（表5-13）。自2010年起，越南的木材开采量逐年递增，2016年翻一番，2021年达到了1 888.92万立方米。在此过程中，非国有产权主导了木材开采。2010年，非国有部门开采量占木材开采总量的75.95%，此后逐年上升，2018年增至89.06%。相比之下，外资在这一领域的占比相对较低，仅约0.62%（2021年），近年来略微上升。

表5-13　2010—2021年越南按所有权类型划分的木材开采量　　单位：万立方米

类型	2010年	2015年	2016年	2017年	2018年	2019年	2020年	2021年
总量	598.81	1 130.43	1 263.32	1 422.42	1 566.76	1 675.82	1 764.46	1 888.92
国有	138.33	198.13	191.54	196.84	174.46	179.96	185.40	194.93
非国有	454.82	922.88	1 062.66	1 206.76	1 381.68	1 487.24	1 564.99	1 682.29
外资	5.66	9.42	9.12	18.82	10.62	8.62	14.07	11.70

资料来源：根据《2022年越南统计年鉴》整理。

越南的木材加工业由大约 5 000 家本地企业和 FDI 企业组成，其中 80% 位于胡志明市及其周边地区，主要集中在南部的平阳省、同奈省和平定省。2019 年，该行业共有 966 家 FDI 企业，总投资 60 亿美元。[①] 2019 年，木材加工业吸引了 99 个新的投资项目，注册资本总额 7.26 亿美元，较上年增长 48%，投资资本增长幅度高达 170%。这些 FDI 企业的主要出口产品包括家具、胶合板和木板。

越南的木材出口主要分为两大类型：木材和木制品。在这两大类别中，主要的出口类型为 HS44 和 HS94。[②] 2009—2018 年，越南的木材和木制品产量不断增长，其中增幅较大的是 HS44 型木材。尽管 HS94 型木制品的绝对产值高于 HS44 型木材，但总产值在这十年间增长了近四倍，这主要受益于 HS94 型木制品生产总值的增加。美国是越南木材和木制品出口的主要市场，中国排名第二。日本排名第三。越南的室内木制品出口价值仅次于中国，对美国、欧盟、澳大利亚等稳定性较强的市场的出口也在稳步增长（表 5-14）。

表 5-14　2009—2018 年越南木材和木制品向 11 个主要国家的出口额

单位：亿美元

国家	2009 年	2010 年	2011 年	2012 年	2013 年	2014 年	2015 年	2016 年	2017 年	2018 年
美国	15.53	15.53	20.33	22.59	25.07	26.27	27.67	28.65	30.01	36.29
日本	7.05	7.05	9.08	10.02	10.21	11.19	13.98	14.37	15.53	15.93
中国	5.02	5.02	10.03	10.17	11.05	13.04	13.32	12.71	12.55	14.53
韩国	8.22	8.22	10.33	11.72	13.05	13.02	13.91	12.65	12.10	12.92
英国	6.37	6.37	10.99	11.04	9.73	9.49	10.37	10.11	10.24	13.78
澳大利亚	5.39	5.39	7.67	7.75	8.38	8.91	9.88	9.67	9.89	13.52
加拿大	13.55	13.55	12.33	14.84	13.08	12.7	11.33	10.59	10.83	9.41
德国	5.73	5.73	6.33	6.84	7.02	7.32	7.56	7.67	8.35	12.41
法国	5.62	5.62	6.11	6.56	7.08	7.18	8.08	8.86	8.98	10.56
荷兰	5.27	5.27	6.88	7.04	7.09	8.03	8.24	8.91	7.12	9.91
意大利	6.27	6.27	5.89	6.01	6.46	7.04	7.02	7.93	8.48	9.33
出口总额	85.11	85.11	113.23	114.58	118.57	124.01	131.36	132.12	134.08	158.59

资料来源：根据联合国贸易数据库中越南历年木材出口额数据整理，https://comtrade.un.org。

---

① USDA："越南的木材加工产业"，2020 年 6 月 12 日，https://apps.fas.usda.gov/newgainapi/api/Report/DownloadReportByFileName?fileName=Vietnam%20Wood%20Processing%20Industry_Ho%20Chi%20Minh%20City_Vietnam_06-11-2020。

② HS（Harmonized System）编码是国际通用的产品描述和编码系统，用于贸易商品的分类。HS44 包括未加工的木材、木板、家具及其他木制品，HS94 包括家具、床垫、灯具及其他家庭装饰品的类别。

尽管越南的木制品种类逐渐增多，但木制品的质量和设计仍然存在一定的局限性，缺乏多样性和竞争力。长期以来，尽管木材和林产品加工业快速发展，但其发展并不可持续。行业的增长主要依赖出口，且很大一部分只是外包加工，严重依赖外国客户的订单和设计。只有少数企业会积极引入先进技术和设备，能够根据独立设计进行制造，积极开拓消费市场，提高产品的附加值。许多小型和微型加工企业，如家庭工坊、合作社和手工艺村等，面临技术设备滞后、管理能力不足以及战略和经营规划缺失等问题，导致生产的产品价格较高，从而降低了竞争力。

二、渔业

越南拥有漫长的海岸线、众多的岛屿和海湾，加上热带季风气候，为海洋生物提供了理想的繁殖和栖息环境。沿岸地区江河交织，尤其是位于中部和南部靠近海岸的地区，河流纵横交错，湖泊众多。每年的雨季，这些河流为海洋生物提供了丰富的食物资源，为海洋水产的自然增长和人工养殖创造了有利条件。

（一）渔业现状与布局

越南的渔场主要分布在北部湾沿岸海域以及泰国湾和东南沿海地区。每年的2月左右，是北部湾地区的主要捕鱼季节。境内的湖泊和水域面积约12万公顷，其中红河是主要的淡水鱼类捕捞基地。同塔梅平原[①]也以其天然的"鱼库"而闻名，前江、后江之间的河间平原设有大规模的养殖场（吴关琦，2023）。此外，湄公河还是养殖鳄鱼的地区。一些著名的渔场包括湄公河口、富国岛周围的渔场、平顺渔场和藩切渔场等（王茜等，2019）。

根据联合国粮食及农业组织《2020年世界渔业和水产养殖状况》的研究报告，越南在2018年全球捕捞生产排名中位居第七位，在世界主要鱼类养殖产量排名中位列第四，在甲壳类海洋养殖产量排名中位列第三。

[①] 湄公河平原的一部分，位于湄公河支流前江以北的同塔省和隆安省境内。

21世纪以来,越南的渔业产量持续增长。2010年起,越南渔业产量一直呈上升趋势,截至2022年,渔业产量经历了显著的增长,达到了翻倍的水平(表5-15)。尽管捕捞产量稳步增长,但像许多东南亚国家一样,越南也面临环境污染和过度捕捞等问题,渔业资源逐渐减少。因此,越南将发展水产养殖作为保持渔业可持续发展的一种途径,与可持续捕捞相结合。从2007年开始,越南的水产养殖产量首次超过捕捞产量,并持续快速增长。越南水产养殖部门持续扩大,并几乎垄断了全球鲇鱼贸易。2022年,越南水产养殖产量达到523.38万吨,其中,内陆水产养殖占据主导地位。

表5-15　2010—2022年越南渔业产量　　　　　　　　　　　　　单位:万吨

年份	总产量	捕捞产量	养殖产量
2010	520.45	247.22	273.23
2011	559.81	259.59	300.22
2012	590.38	272.57	317.81
2013	613.37	283.55	329.82
2014	642.05	301.00	341.05
2015	672.72	317.65	355.07
2016	692.44	326.41	366.03
2017	740.26	346.39	393.87
2018	788.59	365.98	422.61
2019	842.13	382.93	459.20
2020	863.57	389.65	473.92
2021	882.67	393.88	488.79
2022	910.80	387.42	523.38

资料来源:根据《2022年越南统计年鉴》整理。

六大经济社会地理区中,湄公河平原地区渔业产量表现最为突出,多年来一直位居全国第一,并且渔业产量往往是第二名地区的3—4倍(表5-16)。然后依次为中北部和中部沿海地区、红河平原地区。湄公河平原地区的表现得益于其地理位置优越,毗邻南海和泰国湾。中北部和中部沿海地区拥有漫长的海岸线,在近海捕捞方面具备便利条件。而红河平原地区则因其水网密集的内水体系,主要发展内水养殖。

表 5-16　2015—2022 年越南各地区渔业产量　　　　　　　　单位：万吨

地区	2015 年	2017 年	2018 年	2019 年	2020 年	2021 年	2022 年
全国	658.21	731.34	788.59	842.13	863.57	882.67	910.80
北部边境和山区	11.38	13.19	14.13	15.40	16.44	17.19	17.97
红河平原地区	82.64	94.34	101.46	108.92	115.45	120.01	125.04
中北部和中部沿海地区	146.40	161.91	174.87	184.85	191.47	196.54	201.80
西原地区	3.82	4.25	4.58	4.67	4.81	5.24	5.33
南部东区	43.64	48.06	49.13	50.35	51.98	51.83	50.88
湄公河平原地区	370.34	409.60	444.42	477.93	483.42	491.86	509.77

资料来源：根据《2022 年越南统计年鉴》整理。

2003 年开始实施的《渔业法》是越南渔业领域最为重要的法律，涵盖了捕捞、水产养殖、水产品加工和贸易、进出口等多个方面的条例，以及渔业作业国际合作和行政管理等方面的规定。随后，政府对现有法规的条款进行了修订和补充，以适应不断变化的情况，包括颁布了《水产品加工企业环境管理条例》《水产兽药管理条例》《渔船与船员注册条例》，并签发了涉及制裁渔业经营中违规行为、水产饲料管理等方面的法令。

2013—2018 年，越南的水产品出口额呈现稳定增长的趋势，从 2013 年的 67 亿美元增长到 2018 年的 88 亿美元，年均增长率 6.3%。其中，冷冻鱼和冷冻虾是主要的出口商品，两者合计占整个时期出口总额的 65.0%。冷冻鱼产品出口表现最为突出，从 2013 年的 22 亿美元增长到 2018 年的 35 亿美元，年均增长率达到 8.4%。而冷冻虾出口额 2013—2018 年维持在从 18 亿—25 亿美元，年均增长率 5.5%。[1]

2004—2014 年，越南水产品出口额从 24 440 亿美元增长到 80 290 亿美元，实现了三倍的增长，年均增长率达到 12.6%。[2] 2014 年，越南成功取代泰国，成为东南亚主要的水产品出口国，但在 2017 年被印度暂时超越。根据 FAO 2016 年的报告，越南在全球水产品出口国排名中位列第三，仅次于中国和挪威，超过了泰国和印度。

---

[1] 贸易与服务统计局：《2013—2018 年越南农产品出口商品分析》，河内，2020 年。
[2] FAO："2020 年世界渔业和水产养殖状况"，2020 年，https://doi.org/10.4060/ca9229en。

越南的水产品出口市场主要集中在美国、欧盟和日本，三个市场共占越南水产品出口总额的 50% 以上。在水产品类别中，鲇鱼是越南主要的出口产品之一，占出口总额的 26.7%，主要出口到韩国、日本和美国等市场。

（二）水产养殖现状与布局

越南的水产养殖起源于 20 世纪 60 年代初，当时采用了小规模的粗放养殖系统，如稻田和鱼类兼作、家畜和鱼类兼作以及土池养殖等方式。20 世纪 80 年代初，越南的水产养殖部门开始朝着商业化出口的方向发展，最初主要养殖斑节对虾。斑节对虾和鲇鱼养殖是越南水产养殖中最为发达的两个部门，2004 年产量分别达到 29.0 万吨和 31.5 万吨。除了斑节对虾和鲇鱼，水产养殖还涵盖龙虾、石斑鱼、双壳类贝类、罗非鱼、中国鲤科鱼、印度鲤科鱼、攀鲈和小盾鳢等多个品种，这些品种在集约化程度和养殖范围方面存在差异。

2010 年，越南的水产养殖产量与近海捕捞产量相当，之后水产养殖逐渐超过近海捕捞，2022 年，近海捕捞产量 387.42 万吨，水产养殖产量则达到 523.38 万吨。水产养殖主要集中在内河水域，其中红河与湄公河地区最为发达。2022 年，越南的海洋水产养殖面积为 4.07 万公顷，而内河水产养殖面积高达 105.7 万公顷（表 5-17—表 5-19）。虾类养殖在海洋水产养殖中占比较大，内河水产养殖中同样以虾类为主要品种，其次是鱼类。

表 5-17　2015—2022 年越南各地区水产养殖产量　　　　单位：万吨

地区	2015 年	2017 年	2018 年	2019 年	2020 年	2021 年	2022 年
全国	353.22	389.29	422.61	459.20	473.92	488.79	523.38
北部边境和山区	10.28	11.99	12.89	14.18	15.19	15.92	16.65
红河平原地区	58.09	66.30	70.92	76.57	81.08	84.48	88.96
中北部和中部沿海地区	22.47	23.22	24.82	26.43	27.44	28.53	30.26
西原地区	3.34	3.53	3.63	3.71	3.80	4.39	4.40
南部东区	11.91	12.76	13.04	13.40	14.32	14.42	14.97
湄公河平原地区	247.13	271.50	297.31	324.92	332.08	341.05	368.13

资料来源：根据《2022 年越南统计年鉴》整理。

表 5-18　2015—2022 年越南各类别水产养殖面积　　　　　单位：万公顷

类别	2015 年	2017 年	2018 年	2019 年	2020 年	2021 年	2022 年
总计	105.73	110.68	112.67	114.78	113.05	108.95	109.77
海洋水产养殖	4.08	4.82	4.52	4.45	4.36	3.73	4.07
鱼类	0.06	0.06	0.05	0.06	0.05	0.04	0.11
虾类	0.43	0.25	0.24	0.24	0.25	0.03	0.19
其他水产品	3.59	4.51	4.23	4.15	4.06	3.66	3.77
内河水产养殖	101.21	105.40	107.36	109.52	107.90	105.22	105.70
鱼类	32.73	32.20	32.80	33.36	33.16	31.66	32.67
虾类	66.84	72.07	73.47	74.99	73.39	71.85	71.28
其他水产品	1.64	1.13	1.09	1.17	1.35	1.71	1.75

资料来源：根据《2022 年越南统计年鉴》整理。

表 5-19　2015—2022 年越南各地区水产养殖面积　　　　　单位：万公顷

地区	2015 年	2017 年	2018 年	2019 年	2020 年	2021 年	2022 年
全国	105.73	110.68	112.67	114.78	113.05	108.95	109.77
北部边境和山区	4.55	4.66	4.76	4.90	4.97	4.83	4.88
红河平原地区	12.82	13.49	13.60	13.80	14.06	13.68	13.87
中北部和中部沿海地区	8.61	8.92	9.18	9.42	9.55	9.89	9.88
西原地区	1.36	1.36	1.39	1.39	1.36	1.32	1.17
南部东区	2.69	2.65	2.64	2.62	2.53	1.99	2.07
湄公河平原地区	75.70	79.60	81.10	82.65	80.58	77.24	77.90

资料来源：根据《2022 年越南统计年鉴》整理。

在淡水地区，湄公河平原地区的鲇鱼养殖产量位居首位，是该地区水产养殖的主要品种。此外，还有其他一些养殖品种在淡水鱼类产量中也发挥着重要作用，其中包括属于鲤科家族的鲢鱼、草鱼、鲤鱼、鳙和印度鲤科鱼等。近期，单性罗非鱼也被引入。在南方地区，罗氏沼虾、攀鲈和小盾鳢等品种也备受欢迎，成为当地水产养殖的主要对象。

在海水养殖领域，中部地区主要养殖龙虾、石斑鱼和海藻，南部地区斑节对虾、锯缘青蟹和双壳类则产量较高。在海产品行业中，巴沙鱼、黑虎虾和白腿虾是越南的三大产品，2020 年三大产品产量分别为 149.45 万吨、26.31 万吨和 61.61 万吨。

(三) 海洋捕捞现状与布局

据 FAO 2018 年的调查数据，越南在世界十大捕捞国家中位列第七（表 5-20）。在捕捞渔业中，越南以海洋捕捞为主，内陆捕捞量相对较少。

表 5-20　世界主要捕捞国家和地区海洋捕捞产量

单位：百万吨，活重

国家	1981—1990 年年均产量	1991—2000 年年均产量	2001—2010 年年均产量	2015 年	2016 年	2017 年	2018 年	2018 年该国占世界比重
中国	3.82	9.96	12.43	14.39	13.78	13.19	12.68	15%
秘鲁	4.14	8.10	8.07	4.79	3.77	4.13	7.15	8%
印度尼西亚	1.74	3.03	4.37	6.22	6.11	6.31	6.71	8%
俄罗斯	1.51	4.72	3.20	4.17	4.47	4.59	4.84	6%
美国	4.53	5.15	4.75	5.02	4.88	5.02	4.72	6%
印度	1.69	2.60	2.95	3.50	3.71	3.94	3.62	4%
越南	0.53	0.94	1.72	2.71	2.93	3.15	3.19	4%
日本	10.59	6.72	4.41	3.37	3.17	3.18	3.10	4%
挪威	2.21	2.43	2.52	2.29	2.03	2.38	2.49	3%
智利	4.52	5.95	4.02	1.79	1.50	1.92	2.12	3%

资料来源：FAO (2020)。

中北部和中部沿海地区的 14 个省市邻近南海，具备便利的捕捞条件。这些地区拥有 90 马力以上渔船的数量相对较多，截至 2022 年共有 19 756 艘，占全国总量的 56.58%。湄公河平原地区也拥有较多渔船，总数达到 9 796 艘。北部边境和山区以及西原地区不靠海，因此在这些地区并没有近海捕捞渔船（表 5-21—表 5-23）。

表 5-21　2015—2022 年越南各地区 90 马力以上近海渔船数量　　单位：艘

地区	2015 年	2017 年	2018 年	2019 年	2020 年	2021 年	2022 年
全国	28 719	32 878	34 561	35 557	35 214	35 099	34 919
北部边境和山区	0	0	0	0	0	0	0
红河平原地区	1 331	1 929	2 277	2 432	2 668	2 747	2 715

续表

地区	2015年	2017年	2018年	2019年	2020年	2021年	2022年
中北部和中部沿海地区	16 068	18 450	19 440	20 263	20 119	20 092	19 756
西原地区	0	0	0	0	0	0	0
南部东区	2 657	2 805	2 896	2 966	2 893	2 781	2 652
湄公河平原地区	8 663	9 694	9 948	9 896	9 534	9 479	9 796

资料来源：根据《2022年越南统计年鉴》整理。

表5-22　2015—2022年越南各地区90马力以上近海渔船总容量

单位：万马力

地区	2015年	2017年	2018年	2019年	2020年	2021年	2022年
全国	938.88	1 233.90	1 357.93	1 442.60	1 427.34	1 421.43	1 464.16
北部边境与山区	0.00	0.00	0.00	0.00	0.00	0.00	0.00
红河平原地区	26.48	48.76	59.87	67.34	72.36	76.11	75.53
中北部和中部沿海地区	499.66	664.46	750.88	803.40	803.97	804.39	801.97
西原地区	0.00	0.00	0.00	0.00	0.00	0.00	0.00
南部东区	96.07	110.80	118.29	134.20	132.17	127.84	124.57
湄公河平原地区	316.68	409.88	428.89	437.66	418.84	413.09	462.09

资料来源：根据《2022年越南统计年鉴》整理。

表5-23　2018—2022年越南各地区海洋捕捞产量　　　　单位：万吨

地区	2018年	2019年	2020年	2021年	2022年
全国	365.98	382.93	389.65	393.88	387.42
北部边境和山区	1.23	1.22	1.25	1.28	1.32
红河平原地区	30.54	32.36	34.37	35.53	36.08
中北部和中部沿海地区	150.05	158.42	164.02	168.01	171.54
西原地区	0.95	0.97	1.00	0.85	0.93
南部东区	36.10	36.95	37.67	37.41	35.90
湄公河平原地区	147.11	153.01	151.34	150.81	141.64

资料来源：根据《2022年越南统计年鉴》整理。

根据越南第 33/2010/ND-CP 号法令的规定，海洋渔业的监管依据船用发动机的大小和捕鱼活动的地点划分为三个渔区：①沿海区域，指海滩到海岸线 11.12 千米范围内，主要适用于发动机低于 20 马力的船舶进行捕鱼活动；②近海区域，指海岸线到近海 43.8 千米范围，以及配备 20—90 马力发动机的船舶进行捕鱼的区域；③远海区域，指位于近海航线与越南海域专属经济区和 90 马力以上船舶捕捞区的外边界之间的海域。[①]

因位于西太平洋和中太平洋地区，越南拥有丰富的金枪鱼资源。2011 年，金枪鱼产量约 224.5 万吨，占太平洋地区金枪鱼总产量的 79%，占全球金枪鱼总产量的 55%（Williams and Terawasi，2011）。越南金枪鱼产量在西太平洋产量中仍扮演中等角色。金枪鱼渔业主要采用延绳钓、围网和刺网等渔具。延绳钓金枪鱼渔业主要分布在中部的庆和、平定、富安等省，主要捕捞大眼金枪鱼和黄鳍金枪鱼。刺网和围网渔业遍布几乎所有中部沿海省份，主要捕获鲣鱼。

第四节　农业生态区的发展与挑战

湄公河平原地区是越南最大的粮食生产和出口区，同时也是热带果树种植的主要地区。该地区的大部分土地每年都会被沉积的冲积层覆盖，使得土壤非常肥沃，尤其是分布在前江与后河河道附近的淤泥冲积带。这里河渠纵横交错，为灌溉和水稻生产提供了有利条件。得益于这些地理优势，湄公河平原地区主要以水稻种植为主，是越南最重要的粮食生产区，被称为越南的"饭碗"。

虽然在农业经济发展方面取得了良好的成就，但该地区未来面临着来自气候变化和上游开发活动的重大挑战。这些挑战包括地面沉降、地下水位下降、河岸和海岸侵蚀、海平面上升和洪水威胁、盐水入侵、洪水泛滥、地表水环境污染以及季节性结构和生产力变化等。气候变化可能导致海平面上升，加剧洪水风险，同时也可能引发盐水入侵问题，影响农田和淡水资源。地下水过度开采和地面沉降会导致土壤下陷，进一步加剧洪水风险。此外，上游开发活动会

[①] 东南亚渔业发展中心，http://www.seafdec.org/fisheries-country-profile-viet-nam/。

对湄公河的水量和水质产生影响，从而影响三角洲地区的生态系统和农业生产。

一、越南最主要的稻米生产区

作为土壤、气候和资源最为优越的地区，湄公河平原地区的经济高度依赖农业、林业等活动，尤其是水稻、果树种植以及渔业和水产养殖等。该地区大部分平原每年都被冲积层覆盖，非常肥沃，尤其是沿着前江和后江的冲积土带以及纵横交错的河流、运河网络，为稻米生产提供了有利的水源条件。凭借这些优势，该地区集中生产稻米，成为全国第一的稻米产区。

湄公河平原地区水稻种植面积和产量在全国均居于领先地位（表5-24）。2000年，该地区水稻播种面积占全国的51.5%，2015年增至55.0%，2020年保持在54.5%。通过改进种植结构和生产过程，该地区逐渐实现了从每年一至两季水稻到每年三季水稻的转变，实现了更高的产量和更稳定的生产。

表5-24　2000—2020年湄公河平原地区水稻种植面积与产量

	2000年	2005年	2010年	2015年	2016年	2017年	2018年	2019年	2020年
种植面积（万公顷）	394.58	382.63	394.59	430.15	424.11	418.53	410.75	406.89	396.37
单产（吨/公顷）	4.23	5.04	5.47	5.95	5.62	5.64	5.97	5.97	6.01
重量（百万吨）	16.7	19.3	21.6	25.6	23.8	23.6	24.5	24.3	23.8
面积占全国比例（%）	51.5	52.2	52.7	55.0	54.8	54.3	54.3	54.5	54.5
单产与全国相比（吨/公顷）	−0.01	0.15	0.13	0.19	0.04	0.09	0.15	0.15	0.14
产量占全国比例（%）	51.3	53.9	54.0	56.7	55.2	55.2	55.6	55.9	55.7

资料来源：越南统计局："湄公河三角洲——发挥全国第一大稻米产区的优势"，2021年，https://www.gso.gov.vn/du-lieu-va-so-lieu-thong-ke/2021/08/dong-bang-song-cuu-long-phat-huy-loi-the-vua-lua-so-mot-ca-nuoc/。

通过水稻品种改良，该地区从每公顷仅2—3吨的低产量水稻逐渐改为每公顷5—7吨的高产优质水稻，大多数年份水稻单产都高于全国平均水平。2015年该地区水稻单产为5.95吨/公顷，高于全国单产0.19吨/公顷；2020年该地区水稻单产增加至6.01吨/公顷，高出全国单产0.14吨/公顷。这一增长趋势在地区内部也有明显体现，例如，后江省单产达到7.82吨/公顷，富安省达到

7.79 吨/公顷，薄寮省达到 7.73 吨/公顷等。政府在规划方面也充分结合地区特点，规划湄公河平原致力于发展水稻生产以形成规模化集约化种植区，保障越南国家粮食安全和出口。

二、越南重要的水产品与水果生产区

湄公河平原地区丰富的水系为渔业提供了天然的渔场。2016 年该地区渔业产量达到 128 万吨，占全国渔业总产量的 40.6%（Lê，2006）。根据政府规划，该地区在渔业上有如下举措：①咸淡水养殖：发展规模化商品水产养殖，包括咸水对虾和鮎鱼；②沿海开发：开发沿海地区的水产养殖，包括黑虎虾、白腿虾和软体动物；③内陆水产养殖：在内陆地区推广网箱养殖技术，包括鮎鱼、巨型淡水虾、斜视和虾虎鱼等；④养殖中心建设：升级淡水区的蔡贝-天江渔业国家养殖中心，同时在咸水区组建富国水产养殖中心（建江省）；⑤海洋捕捞能力建设：发展多样化的海洋捕捞，包括螃蟹、虾、墨鱼、地乌贼、鳟鱼和黄花鱼等；⑥岛屿渔业物流服务中心建设：在相关岛屿形成渔业物流服务中心，加强渔业物流和交易，提高渔产品的流通效率；⑦加工业发展：扩大和建立与原料集中区相关的加工厂新体系，提高渔产品的附加值，推动渔产品的深加工和市场拓展。

湄公河平原地区位于热带季风气候区，拥有充足的阳光和长时间的辐射，适宜种植水果，主要生产香蕉、柑橘类（橙子、酸橙、橘子和柚子）、龙眼、荔枝、红毛丹、菠萝和杧果等。该地区柑橘类和杧果产量占全国产量一半以上。2010—2016 年，水果出口额从约 3.29 亿美元增加到约 11 亿美元，水果产业蓬勃发展（Hoang et al.，2008）。

三、气候变化对农业生态区的影响

全球因气候变化而被列为极度濒危的三个三角洲地区分别为湄公河下游地区（越南）、甘格斯河-布拉马普特拉河（孟加拉国）以及尼罗河（埃及）。人口增长和经济社会发展的压力导致湄公河平原出现咸水入侵、洪水泛滥、水资源过度开发等一系列挑战。

湄公河平原地区极其容易受到气候变化的影响，尤其是城市地区。这些城市位于低洼的三角洲地带，逐渐受到海平面上升、盐水入侵、风暴潮和海岸侵蚀等影响。与此同时，该地区的景观正在发生变化，城镇化、运河和道路建设以及新的工业设施的兴建，使其更易受到气候风险的威胁。环境变化可能成为移民的重要推动力，特别是对于那些因气候变化（如洪水、干旱和侵蚀）而变得脆弱的地区，这在一定程度上推动了湄公河平原地区的人口迁移。

人类活动对湄公河平原的影响导致了地面的下沉和海岸的侵蚀现象。利用高分辨率卫星照片的观测结果显示，2003—2012 年，超过 50% 的海岸线受到海水淹没和侵蚀，南海沿岸的侵蚀情况甚至高达 90%。洪水风险最高的省份包括后江省（80.62%）、建江省（76.86%）和金瓯省（57.69%）等（Tran，2016）。2015—2016 年，干旱导致盐碱化土地蔓延至河口，形成了长达 70 千米的受影响区域，对农林渔业生产产生严重影响，尤其对种植业和水产养殖业造成巨大挑战。湄公河上游水电工程的调节和运行导致水流减少，进一步加剧了盐碱化问题，直接威胁到稻米生产，也对虾和鱼类养殖造成冲击。此外，温度变化还增加了水产养殖业中疾病流行和环境污染风险的可能性。

目前该地区面临的主要问题有：①海水倒灌：发达的河网在雨季洪水下泄的同时，容易导致旱季的海水倒灌。②水资源管理问题：围坝护田的实施大幅度降低了系统蓄水能力和自身调水能力，导致地下水超采。每年地面下沉 1.1—2.5 厘米，城市下沉速度高于农村，超过了气候变化带来的海平面上升速度。③河道和海岸侵蚀：河道采砂和河流泥沙减少导致河岸渠岸坍塌，加之海岸线的 66% 受到侵蚀，每年约损失 500 公顷土地。④不可持续的土地和水资源管理：导致河流和运河受到污染，引发了淡水短缺危机。上游海水入侵已超过耐受阈值，加剧了淡水资源紧缺问题。⑤人类活动压力：虽然气候变化和海平面上升是部分问题的原因，但上游大坝开发和过度开采沙子、地下水等人类活动也对三角洲造成了压力（吕星、王艳，2020）。

据预测，到 2030 年，湄公河平原约 45% 的面积将面临盐碱化风险。[①] 自

[①] Tuyên Giao："到 2030 年，湄公河三角洲 45% 的面积可能会受到盐碱化影响"，2016 年 7 月 11 日，https://tuyengiao.vn/45-dien-tich-dbscl-co-the-nhiem-man-vao-nam-2030-87863。

2009年以来，泰国朱拉隆功大学和芹苴大学气候变化研究所基于1980—2000年气候数据序列，对2030—2040年的预测进行了PRECIS区域气候模型的测试。模型结果表明，湄公河平原将受到以下影响：旱季平均最高气温将从33—35℃上升到35—37℃；初夏（4月15日至5月15日）的降水量将减少10%—20%；月降水分布在夏秋季节开始时和中期呈下降趋势，但在雨季结束时略有增加；安江、芹苴和朔庄的年降水量将减少约20%，雨季开始时间将晚两周左右。

预计未来该地区将有数十万公顷的土地会被淹没，如果海平面上升，数百万人会失去家园，这将导致大规模的人口流离失所，引发社会和经济混乱。[①] 气候变化还将对农业产生负面影响。由于使用淡水资源的农业耕作面积缩小，如水稻、果树和水产养殖面积，产量会随之下降。平原与河流盐碱化的增加可能导致淡水鱼资源减少，影响渔业的可持续发展。

海平面上升还会带来海堤系统风险、岸线侵蚀风险以及河堤和堤坝系统水位上升风险。这与上游洪水流量的增加相结合，会使洪水峰值进一步提高，增加了河堤和堤坝系统的安全风险。洪水可能会冲垮河堤，导致洪水灾害。

因此，未来湄公河平原在保护自然资源和环境以及应对气候变化方面需要特别关注四类问题：①上游洪水流量改变，治理造成的干旱、咸水入侵和沿海地区海平面上升引起的洪水问题；②河岸、海岸侵蚀、沉降问题；③保护因过度开发、森林火灾等引起的陆地和水生生态系统问题；④水和空气污染、土壤环境污染以及废物管理问题。

参 考 文 献

[1] 丁黄山："越南与印尼胡椒出口贸易比较研究"（硕士论文），广西大学，2017年。
[2] 联合国粮食与农业组织：《2018年农产品市场状况：农产品贸易、气候变化和粮食安全》，2018年。
[3] 刘万才、陆明红、翟保平等："越南水稻生产及其迁飞性害虫发生情况"，《中国植保导刊》，2014年第10期。
[4] 吕星、王艳："越南湄公河三角洲问题的根源"，《世界知识》，2020年第22期。
[5] 王茜、刘勤、熊敏思等："越南虾类和鲶鱼的养殖及其产品出口贸易现状"，《渔业信息与战略》，2019年第4期。
[6] 韦宏丹、谢莉珠、许劲："越南稻米生产和出口及展望"，《中国经贸导刊（中）》，2020年第12期。

---

① 世界银行：《坚韧的海岸：越南的沿海发展面临机遇与灾害风险》，2020年。

[7] 吴关琦：《中国大百科全书世界地理卷网络版》，2023 年 5 月 18 日，https://www.zgbk.com/ecph/words?SiteID=1&ID=394465。

[8] FAO, 2020. The State of World Fisheries and Aquaculture 2020: Sustainability in Action. Rome.

[9] FAO, 2021. World Food and Agriculture—Statistical Yearbook 2021. Rome.

[10] Hoang, X., T. Dinh, T. Nguyen, *et al*., 2008. Urbanization and Rural Development in Vietnam's Mekong Delta Livelihood Transformations in Three Fruit-Growing Settlements. International Institute for Environment and Development.

[11] Ojamaa, P., 2018. Research for PECH Committee—Fisheries in Vietnam. Policy Department for Structural and Cohesion Policies, European Parliament.

[12] Tran, T., V. T. Nguyen, T. L. H. Huynh, *et al*., 2016. Climate Change and Sea Level Rise Scenarios for Viet Nam. Ministry of Natural Resources and Environment, Ha Noi.

[13] Williams, P., P. Terawasi, 2011. Overview of Tuna Fisheries in the Western and Central Pacific Ocean, Including Economic Conditions 2011. Busan, Korea, Western and Central Pacific Fisheries Commission.

[14] World Bank, 2020. Towards Urban Resilience and Economic Growth in Vietnam's Mekong Delta. International Bank for Reconstruction and Development/The World Bank.

[15] Bộ Nông Nghiệp Và Phát Triển Nông Thôn, 2016. Phê Duyệt Đề Án Tái Cơ Cấu Ngành Lúa Gạo Việt Nam Đến Năm 2020 Và Tầm Nhìn Đến Năm 2030. https://thuvienphapluat.vn/van-ban/Linh-vuc-khac/Quyet-dinh-1898-QD-BNN-TT-de-an-tai-co-cau-nganh-lua-gao-Viet-Nam-2020-tam-nhin-2030-2016-313302.aspx.

[16] Lê, V., 2006. Hiện trạng nghề khai thác hải sản tỉnh Bà Rịa—Vũng Tàu và một số định hướng phát triển trong thời gian tới. *Tạp chí Thủy sản*, No.11.

[17] Tổng Cục Thống Kê, 2019. Các Bão Cão Phân Tãch Vã Du Bão Thăng Kênm. Hà Nội: Nhà xuất bản thống kê.

[18] Tổng Cục Thống Kê, 2021. Kết quả toàn bộ Tổng điều tra dân số và nhà ở năm 2020. Hà Nội: Nhà xuất bản thống kê.

[19] Tổng Cục Thống Kê, 2023. Kết quả toàn bộ Tổng điều tra dân số và nhà ở năm 2022. Hà Nội: Nhà xuất bản thống kê.

[20] Vụ Thống kê Nông, Lâm nghiệp và Thủy sản, 2019. Phân tích tác động của kinh tế vùng Đồng bằng sông Cửu Long lên phần còn lại của kinh tế Việt Nam. Hà Nội.

第六章　制造业崛起与高新技术区

工业化在塑造国家空间结构和经济特征方面起着关键作用。越南作为一个新兴经济体，在工业化和技术创新方面取得了显著进展，其工业格局不断演变。越南的工业化进程呈现出明显的区域分异：北部地区以其便利的交通和丰富的人力资源，成为制造业集聚的重要地区；沿海城市如海防市、河内市在汽车制造、电子设备等领域崭露头角；中部地区则在纺织业和加工制造业方面具有竞争优势；而南部地区，尤其是胡志明市周边，成为引领全国高新技术发展的引擎。

越南工业化虽然起步较晚，基础设施相对薄弱，但工业化进展却发展迅速。目前，越南已建立了一定的工业基础，整体处于工业化的初期阶段。制造业在这一过程中尤为重要，不仅构成越南国民经济的物质支撑和产业骨干，还扮演着工业领域的核心角色。

根据2030年发展规划，越南政府主要致力推动的产业包括五类：①具备世界领先水平的信息技术和电信产业、电子工业，以应对第四次工业革命需求并为其他行业创造数字技术平台；②清洁能源、可再生能源及智能能源产业；③推动农业成为符合全球规范的产业；④纺织和服装产业（但主要优先发展具备高附加值的智能化与自动化生产流程项目）；⑤机械行业，包括汽车、农业机械设备、工业机械设备、建筑机械设备、机电设备和医疗设备等。在越南产业布局中，信息技术和电子工业的发展为主要途径，加工制造业的发展为核心，智能制造产业的发展为突破口，绿色产业的发展为"加速器"。

第一节　工业发展与演变特征

越南的工业经历了从计划化向全球化的发展过程，工业政策也随之不断变化，工业结构由原来的以重工业为主导逐渐转变为崛起的加工制造业大国，工业增长势头强劲。

一、工业发展历程

(一) 中央计划经济下的社会主义工业化（1965—1985年）

1945年越南独立后，其经济主要表现为以农村为基础的自给自足的农业体系。南部地区主要发展农业，以种植大米和橡胶为主，而北部地区则重点发展制造业，主要是煤炭开采，以供出口。这一时期实行集中计划经济体制，国家对经济实行全面控制。在农村土地改革和集体化进程中，北部地区的私营部门在工业领域没有得到发展的机会。同时，大部分技术和科学研究都被用于支持重工业与战争，工业发展主要依赖社会主义盟国（如中国、苏联）提供的援助。

彼时，越南的工业政策确实着重于优先发展重工业。然而，1964年美国对越战争导致经济活动向轻工业和农业倾斜。在战争中，北部地区遭受了巨大的破坏。六个重要的工业城市受到严重影响，大部分省份和地区的城镇受到战争的冲击。发电站、铁路线、道路、桥梁、海港和内河港口遭受到严重破坏，导致运输路线和能源供应中断，包括电力和石油。这对原材料和消费品的分配产生了严重影响，劳动力短缺严重制约了经济的发展。由于大部分劳动力都参与了战争，工业生产和经济建设受到严重限制。

1976—1985年的战后时期，越南开始着手恢复国家的基础设施网络和工业基础。这一时期，市场价格机制尚未建立，贸易并未开放，所有工业生产和贸易活动都由国有企业负责，这些企业受到中央政府部门和地方政府直接管理。当时越南的经济结构以农业为主，村级"集体"主导的农业部门贡献了国民收入的80%以上，农业和轻工业部门的增长超过了重工业部门。

（二）中央计划经济向市场经济的转变（1986—2006 年）

1986 年，越南开启了革新开放之路。在第三个五年计划（1986—1990 年）期间，越南取得了一系列工业产量增长的显著成就：钢的年产量增长了 8%，水泥增长了 11%，电力增长了 11.1%，锌增长了 10%。1991 年，越南进一步提高工业化比率，采用工农业、林业和渔业联合发展模式，重点发展农、林、水产品加工工业和中间产品工业。1992 年，越南对《外资法》进行修订，进一步鼓励外国投资，为外资企业在越南开展业务提供更加有利的环境。

1992—1996 年是越南工业化的首次加速发展阶段。这一时期，越南经济实现了快速增长，产业结构得到优化，城市人口持续增加。工业出口产值占比超过 50%，1996 年更是达到出口总值的 57.7%。然而，亚洲金融危机爆发，给越南经济带来了一定的冲击。为了应对这一挑战，政府取消了约 150 个行业的许可证制度，同时出台了多项优惠措施，以吸引更多的外国投资。

越南的经济结构在此期间也发生了显著的变化。农业在 GDP 中的比重从 1988 年的 46.3% 急剧下降到 2005 年的 20.9%，工业的比重从 21.6% 增加到 41%，工业在经济中迅速崛起。服务业的比重略微增加，从 33.1% 上升到 38.1%。

在就业方面，1990 年农业就业占总劳动力的 73.02%，2005 年下降到 56.8%，工业和建筑业的就业比例从 12.1% 上升到 17.9%，服务业从 19.7% 上升到 25.3%。这表明随着经济结构的变化，劳动力逐渐从农业部门向工业和服务业部门转移。

（三）全球化下的工业化（2007 年至今）

2007 年，越南加入了世贸组织，标志着国家经济由进口替代战略转向出口导向战略，对推动工业化进程具有重要意义。然而，2008 年全球金融危机的爆发导致越南经济增速放缓。总体来看，越南的工业化进程在持续向前推进。

在推进工业化的过程中，越南特别注重形成农林渔生产专业化区域，根据各地实际情况，充分利用当地有利条件，合理配置生产资源，培育经济优势。不同省份逐渐形成以各自主导产业为核心，同时协调发展其他产业的趋势。在空间布局上，北方地区主要发展重工业，而南方地区则以轻工业为主导。

在工业部门的主导方面，食品、轻纺、机械、能源、建材和化学工业等具有重要地位。食品工业是为满足国内和出口需求而重点培育的，轻纺工业在制造业中具有一定的优势，机械工业为其他行业提供关键设备，能源、建材和化学工业则为经济发展提供基础支持。

2010年以来，越南采取集群和产品群的方式，形成规模化、高效化的产业综合体，通过推动产业园区和产业集群来促进产业发展。2019年，越南计划投资部发布《第四次工业革命国家战略草案》，提出一系列旨在推动科技和工业发展的目标。草案强调了技术转型优先发展的领域，包括公共管理、公共设施、医疗保健、教育、制造业、农业、物流、贸易、信息技术、金融和银行等。此外，越南还设定了更远大的目标，力争在全球创新指数排名中至少上升到第30位，目前排名为全球第42位。

联合国工业发展组织的工业竞争力指数（CIP）主要反映各国在生产和出口制造业方面的竞争能力以及向高附加值、技术密集型产业结构的变革能力。越南CIP指数从2005年的0.137到2009年的0.171，排名迅速上升了14位，居全球第58位。这一跃升速度超越了许多拥有悠久工业化传统的国家，如埃及、摩洛哥和俄罗斯。2006—2016年，越南的CIP指数排名上升了27位，大大缩小了与地区领先国家之间的差距，使越南有望在2030年前跻身东盟地区的前列国家之中。

然而，目前越南还被视为低成本出口导向型制造业目的地，而不是高附加值制造业中心。根据2018年1月世界经济论坛发布的《关于国家准备进入第四次工业革命的报告》，评估各国的第四次工业革命准备程度主要依据两个指标：生产结构和生产动力。这两个指标将各国的状态划分为领先、高潜力、继承和初创四个类别。根据该报告，越南被归类为初创国家，即新进入第四次工业革命，其价值为中等水平上：制造业的生产动力为5.0，生产结构为4.9。与其他东盟国家相比，越南与老挝、柬埔寨、缅甸等国家一样，距离第四次工业革命的实现还有一定的距离。

二、工业政策演变

1986年革新开放以来，越南经历了从中央计划经济到以市场为基础的社会主义经济的转变。产业政策在国家经济转型中发挥了核心作用，其重点发展产业随着时间而不断改变：

1946—1954年，越南主要侧重于促进农业生产、家庭手工业、采矿、机械、冶金、纺织、造纸和制药业。

1955—1965年，越南的工业生产逐步恢复和发展，许多工业生产设施得到恢复和建设，此时重点发展的重工业包括机械工程、采掘冶金、化工、化肥，轻工业则主要生产涉及农业发展的消费品和设备。

1966—1975年，越南经历了一段保护主义时期，此时的重点产业是建筑材料制造、能源、机械和零部件制造、造船、汽车/摩托车修理、运输服务和消费品等一些基础产业。

1976—1985年，越南继续执行工业政策，以恢复农业和发展工业生产为基础，创造新的经济结构，主要目标是满足对设备和消费品的需求。

1986—2010年，越南侧重于以农业生产、出口市场消费品（如纺织品、鞋类、海产品）和一些具有竞争优势的重工业（能源、燃料、建材、加工业、造船和船舶修理业）为重点，促进工业化和现代化；适时发展国有工业企业，逐步扩大其规模；加大国有企业的自主权，取消国家补贴；促进私营部门的发展，对FDI和国际经济持开放政策。在该阶段后期，越南启动了两项重大政策：一是加入世贸组织，与重要的贸易伙伴，特别是美国、欧盟和日本谈判贸易协定。因此，越南不得不修订一些与加入世贸组织有关的法律法规；二是政府和国民议会决定批准了《企业法》，为企业创造一个公平的竞争环境，并不受所有制制约。

2011—2020年，越南致力于继续保持工业部门的增长水平，实施结构调整，以应对国际经济一体化进程，同时重点发展农业、食品、机械、建材等竞争优势产业和劳动密集型产业；进一步发展能源、化工、冶金、机械工程等重点产业；促进配套产业提高产业化质量，促进技术发展。

三、工业结构变化

越南的工业主要涵盖：电力、燃料生产、黑色金属冶炼、有色金属冶炼、机械设备制造、电子技术、其他金属产品制造、化肥生产、橡胶加工、建材生产、林产品加工、造纸、陶瓷制造、粮食加工、食品生产、纺织、制衣、皮革制造、印刷等。这些工业部门在产业结构中发挥着不同作用，共同推动越南的经济增长和现代化进程。

当前，越南工业部门正逐步调整结构，以增加加工业和制造业的比重，降低采矿业的比重，重点发展高附加值和高出口价值的产业。这主要得益于钢铁、纺织、食品、鞋类、电器等行业的稳健发展，尤其是电子产品、计算机和光学产品。这些产业的增长推动了制造业占比的上升，进一步推动了工业领域的多样化和现代化。越南的工业发展策略正在逐步实现产业结构的优化，从而使其经济更具竞争力并在全球价值链中扮演更重要的角色。

2016年，越南的工业增加值增长了7.06%，2017年增长了7.85%，2018年增长了8.79%，2019年增长了8.86%，2016—2019年年均增长8.14%。2020年，受新冠疫情对各经济部门的负面影响，工业增加值仅增长了3.36%，是2011—2020年的最低增幅。2016—2020年，工业增加值年均增长7.16%，低于前一阶段7.64%的年均增长率。2016—2019年，工业增长速度的提升得益于加工制造业的高增长率。2020年，加工制造业的增加值仅增长了5.82%，是2011—2020年的最低增幅。同时，采矿业增加值的增长速度大幅下降，符合越南减少经济增长对矿产资源和自然资源依赖的目标。2016—2020年，采矿业增加值年均减少3.75%（2011—2015年年均增长3.29%）；发电和电力分配业增加值年均增长8.86%（2011—2015年年均增长11.02%）；供水、垃圾处理、污水处理业增加值年均增长7.22%（2011—2015年年均增长8.24%）（表6-1）。

表 6-1　2016—2020 年越南工业增加值占 GDP 的比重　　　单位：%

年份	全行业	采矿业	加工制造业	发电和电力分配业	供水、垃圾处理、污水处理业
2016	7.06	−4.00	11.90	11.60	7.80
2017	7.85	−7.10	14.40	9.40	8.67
2018	8.79	−3.11	12.98	10.40	6.42
2019	8.86	1.29	11.29	9.14	7.72
2020	3.36	−5.62	5.82	3.92	5.51
2016—2020 年年均增速	7.16	−3.75	11.24	8.86	7.22

资料来源：越南统计局："越南经济社会五年动态与现状（2016—2020）"，2021 年，https://www.gso.gov.vn/du-lieu-va-so-lieu-thong-ke/2021/06/dong-thai-va-thuc-trang-kinh-te-xa-hoi-viet-nam-5-nam-2016-2020/。

越南六个经济社会地理区之间的工业化水平存在较大差距。根据越南工业化发展水平指标，南部东区工业化水平领先于其他区域。人口城镇化率和就业结构这两个指标显示，南部东区处于工业化的后期阶段，而红河平原地区的人口城镇化率处于工业化的初期阶段，就业结构则表现为工业化的中期阶段。与此相比，北部边境和山区、中北部和中部沿海地区、西原地区、湄公河平原地区的发展相对滞后，从单个指标来看，这四个区域处于前工业化阶段或工业化前期阶段。综合而言，各个区域呈现出三级阶梯式的工业化发展现状，其中，南部东区发展最为迅速，红河平原地区次之，而北部边境和山区、中北部和中部沿海地区、西原地区、湄公河平原地区相对落后。

越南的工业生产主要由非国有经济部门主导，非国有经济占据绝大部分份额，工业生产设施占全国的 99% 以上，国有经济和外商投资的工业生产设施相对较少（表 6-2）。这表明非国有企业在越南的工业生产中发挥着重要作用。

表 6-2　2015—2019 年按类型划分的越南工业生产设施数量及占比

年份	总数	国有经济 数量（个）	国有经济 占比（%）	非国有经济 数量（个）	非国有经济 占比（%）	外商投资部门 数量（个）	外商投资部门 占比（%）
2015	897 799	933	0.10	890 161	99.15	6 705	0.75
2016	907 916	876	0.10	899 509	99.07	7 531	0.83

续表

年份	总数	国有经济		非国有经济		外商投资部门	
		数量（个）	占比（%）	数量（个）	占比（%）	数量（个）	占比（%）
2017	943 298	830	0.09	934 022	99.02	8 446	0.90
2018	957 160	751	0.08	947 765	99.02	8 644	0.90
2019	984 586	712	0.07	974 469	98.97	9 405	0.96

资料来源：越南统计局："越南经济社会五年动态与现状（2016—2020）"，2021年6月22日，https://www.gso.gov.vn/du-lieu-va-so-lieu-thong-ke/2021/06/dong-thai-va-thuc-trang-kinh-te-xa-hoi-viet-nam-5-nam-2016-2020/。

2016—2019年，越南的工业生产劳动力呈现上升趋势（表6-3）。2019年，工业生产劳动力总数达到970.82万人。分行业来看，2019年，采矿业劳动力20.26万人，占工业生产劳动力总数的2.07%，较2016年减少了3.78%；加工制造业劳动力923.58万人，占工业生产劳动力总数的95.13%，较2016年增长了9.88%；发电和电力分配业劳动力13.85万人，占工业生产劳动力总数的1.4%，较2016年下降了4.53%；供水、垃圾处理、污水处理业劳动力13.13万人，占工业生产劳动力总数的1.4%，较2016年增长了5.68%。

表6-3　2016—2019年越南工业生产劳动力行业分布　　单位：万人

年份	总数	采矿业	加工制造业	发电和电力分配业	供水、垃圾处理、污水处理业
2016	888.55	21.06	840.56	14.51	12.43
2017	922.55	19.87	875.71	14.30	12.67
2018	942.41	19.56	895.37	14.57	12.91
2019	970.82	20.26	923.58	13.85	13.13

资料来源：越南统计局："越南经济社会五年动态与现状（2016—2020）"，2021年6月22日，https://www.gso.gov.vn/du-lieu-va-so-lieu-thong-ke/2021/06/dong-thai-va-thuc-trang-kinh-te-xa-hoi-viet-nam-5-nam-2016-2020/。

越南大部分加工制造业企业主要从事低附加值的加工、组装等，不能自主供应生产，特别是对于需要进口原材料的产品，如纺织品、服装、鞋类、电子、化学品等，从FDI企业到国内企业的技术接收和转让在提高工业劳动生产率方面进展有限。

越南的十大出口导向型行业包括服装、广播机械和设备、原油、面粉、贸易（批发、零售）、鞋类、加工鱼产品、电子设备、半成品金属制品和家具。它们可以划分出四大产业价值链：加工鱼产品链、纺织链（包括服装、纺织和鞋业产业链）、机械链（金属和机械产业链）以及面粉链（面粉加工产业链）。这四条产业链的就业岗位格局在空间上呈现出明显的集中趋势，具有一定的地域特点和差异。①加工鱼产品链：在湄公河平原地区和沿海地区占据主导地位。这些地区具有丰富的水资源，适宜渔业和水产品加工。②纺织链：在两个主要大都市地区（河内市与胡志明市）发展较为强劲。河内市及红河平原地区主要集中于服装行业，而胡志明市和南部东区更侧重于鞋类、纤维、皮革、服装和纺织品等产业集群。岘港地区也有一些纺织类产业的分布。③机械链：集中在两个主要大都市地区（河内市与胡志明市）以及岘港。虽然河内市及红河平原地区也发展了与电子设备、广播机械和设备相关的产业，但胡志明市在这方面的规模更大。④面粉链：集中在胡志明市和湄公河平原地区。南部东区西北部也有一些面粉生产产业分布。河内市及红河平原地区虽然也有一些这方面的产业，但更多地集中在农业服务产业上。

这些地区间的差异反映了越南各地的资源和产业优势以及各地在不同产业链上的专业化发展。这些产业链的空间分布对越南的工业化进程和经济发展产生了重要影响。

在四个工业价值链中，主导公司的性质如下：①机械链（广播和电子设备）：外资公司主导，外资企业在该领域拥有较大的市场份额和技术优势。②纺织链：外资企业和国内企业之间有紧密的联系，外资企业在服装和制鞋业方面占有较大份额，而国内企业更多地参与与纤维、纺织和橡胶制品相关的产业。③面粉链：由国内企业主导，对FDI的依赖程度相对较低。这与食品加工链的特点有关，需要对本地资源和市场比较了解。④加工鱼产品链：同样是由国内企业主导，对FDI的依赖相对较低。这与加工鱼产品需要本地渔业资源和生产基础的特点有关。

外资和国内企业在不同产业链中的参与及角色分工，反映了越南工业化发展的复杂性和多样性。外资企业通常带来资金、技术和市场，而国内企业则在本地资源和市场了解方面具有优势。

随着经济稳步增长，越南也正经历着深刻的结构性转变。这一趋势的核心是工业部门的迅速崛起，同时也逐步实现了经济结构的现代化。这种演变伴随着产业内部的重要变革以及不同领域的多元化发展趋势。在此过程中，一批发展势头迅猛、市场竞争力强、出口表现优异、独具特色的重要产业和领军企业逐渐崭露头角。这种经济结构的重塑不仅是经济增长的结果，也在促进整体经济的不断发展。通过将资源从传统、生产效率较低的领域（如农业种植和非正规贸易）重新配置到效益更好、生产效率更高的领域（如现代制造业和服务业），越南成功实现了产业结构的转型。

四、工业生产指数

工业生产指数（IIP）是当期工业产值占基准期工业产值的百分比，是反映工业生产水平的一个重要指标，决定了工业生产在一定时期内的增长速度。根据研究目的，工业生产指数可以用许多不同的基期来计算。在越南，经常选择上年同期指数作为比较的基准期，偶尔用某一年的固定月份作为比较基数。工业生产指数的计算从计算产品的生产指数开始，也称为单项指数。具体公式为：

$$I_X = \frac{\sum_{n=1}^{k} i_{xn} \times W_{Xn}}{\sum W_{Xn}}$$

其中：I_X 为一般生产指数；i_{xn} 为第 n 个产品（或行业）的生产指数；W_{Xn} 为第 n 个产品（或行业）的生产权重。此处的权重为产品在一个行业中的份额或一个具体行业在更高级别行业中的份额。

根据表 6-4，越南工业蓬勃增长的地区主要集中在河内市与胡志明市及其周边地区。这些地区在就业机会、企业数量、收入水平和利润增长方面势头强劲。华泰证券研究所相关数据显示，2012 年和 2013 年，越南的采矿业工业生产指数增长率较低，甚至出现下降（2012 年增长 5%，2013 年下降 0.6%）；2014 年和 2015 年，虽然增长率再次上升，但仍保持在较低水平，分别为 2.4% 和 7.1%；2012—2020 年，采矿业的工业生产指数年均增长率为 7.8%。这说明越南经济逐渐减少对资源的依赖，工业结构发生调整，采矿业的增长逐步放缓。

表 6-4　2015—2022 年越南各地区工业生产指数　　　　　单位:%

		2015 年	2016 年	2017 年	2018 年	2019 年	2020 年	2021 年	2022 年
	全国	109.8	107.4	111.3	110.1	109.1	103.3	104.7	107.4
北部边境和山区	河江省	101.2	109.4	121.1	112.8	107.4	90.9	109.8	118.8
	高平省	43.3	122.7	138.9	126.3	108.5	105.7	92.3	111.7
	北㴨省	100.8	100.1	100.8	113.8	118.0	104.8	107.1	108.8
	宣光省	99.9	83.8	109.4	108.2	107.0	110.0	111.9	109.2
	老街省	112.1	123.3	117.1	114.4	118.8	113.0	101.0	104.6
	安沛省	103.7	105.3	106.9	104.3	110.9	108.1	108.1	109.0
	太原省	176.0	123.7	118.3	112.1	111.1	104.2	107.7	110.8
	谅山省	111.6	107.7	105.1	106.5	109.5	101.7	105.3	107.1
	北江省	116.8	120.3	129.3	129.7	130.1	119.8	112.2	132.9
	富寿省	116.6	109.5	108.1	108.3	112.0	102.7	109.3	111.4
	奠边省	108.1	109.0	114.5	110.6	98.4	103.2	107.8	122.1
	莱州省	100.2	278.2	129.8	107.1	89.8	129.0	101.6	121.1
	山萝省	102.7	102.2	121.8	103.0	73.1	113.6	93.6	121.2
	和平省	103.3	104.8	113.8	103.6	86.6	100.7	94.3	114.8
红河平原地区	河内市	108.3	107.3	107.0	106.9	108.5	104.7	104.8	108.8
	永福省	101.6	105.8	107.5	114.5	111.1	99.4	111.4	115.5
	北宁省	112.0	105.1	135.5	107.4	88.6	103.9	109.3	104.3
	广宁省	105.2	100.1	103.1	108.7	113.5	108.9	113.5	106.0
	海阳省	110.6	108.8	109.6	110.0	110.2	102.4	112.6	111.3
	海防市	116.6	116.9	120.0	125.3	124.3	114.6	118.7	114.4
	兴安省	108.7	108.5	109.4	110.7	111.6	107.2	108.7	110.4
	太平省	108.3	112.3	116.5	115.1	115.9	96.0	114.0	114.8
	河南省	124.8	111.1	112.8	113.0	112.8	105.5	112.6	114.1
	南定省	110.3	108.8	109.0	111.0	113.8	106.6	118.7	114.3
	宁平省	112.3	101.9	118.6	131.1	126.5	105.6	105.6	104.1

续表

		2015年	2016年	2017年	2018年	2019年	2020年	2021年	2022年
中北部和中部沿海地区	清化省	109.8	109.2	109.2	134.2	115.8	112.8	118.1	115.6
	义安省	109.0	109.4	117.1	116.6	113.2	108.7	116.9	110.1
	河静省	120.3	120.9	171.0	188.5	125.5	95.5	112.7	83.6
	广平省	109.3	109.2	107.0	107.2	107.4	104.6	104.1	114.1
	广治省	113.6	112.3	115.0	109.2	109.8	104.7	108.7	118.3
	承天-顺化省	109.4	110.3	113.4	108.0	108.5	103.0	106.1	107.0
	岘港市	113.1	113.2	109.5	106.6	104.3	89.6	97.7	106.8
	广南省	135.0	128.2	95.2	102.5	104.1	92.1	102.3	119.0
	广义省	108.6	100.4	100.6	108.5	113.3	100.4	108.2	109.1
	平定省	108.5	107.3	108.8	108.7	108.4	105.3	105.8	107.0
	富安省	109.3	106.5	107.8	109.0	111.6	106.6	105.3	113.2
	庆和省	106.8	106.8	107.0	107.0	107.2	100.2	95.6	122.0
	宁顺省	109.1	102.1	106.1	109.7	143.6	139.4	124.7	109.3
	平顺省	113.3	107.3	106.4	120.5	133.0	112.6	99.8	100.6
西原地区	昆嵩省	105.2	106.3	119.6	114.2	116.4	111.3	113.1	122.4
	嘉莱省	99.1	92.3	121.4	113.1	92.5	98.2	119.2	112.8
	多乐省	98.7	107.1	119.3	101.0	102.6	105.4	126.7	117.4
	达农省	107.0	103.6	158.2	109.0	104.3	107.3	110.7	103.8
	林同省	105.5	106.2	110.4	107.2	104.9	100.2	110.6	109.5
南部东区	平福省	106.8	106.0	108.8	112.3	111.9	111.7	117.2	120.7
	西宁省	114.1	111.8	115.5	115.8	116.0	107.3	101.5	115.5
	平阳省	109.3	108.1	110.4	108.4	109.0	106.1	103.0	108.5
	同奈省	107.7	107.5	108.6	108.7	108.3	103.6	103.6	108.1
	巴地-头顿省	100.9	96.1	96.2	99.4	102.1	93.3	95.5	105.7
	胡志明市	107.2	107.3	107.9	108.0	107.3	95.4	85.7	112.6

续表

		2015年	2016年	2017年	2018年	2019年	2020年	2021年	2022年
湄公河平原地区	隆安省	112.8	113.5	116.2	116.5	115.1	108.0	96.8	109.0
	前江省	115.2	114.8	115.0	112.1	111.1	101.6	97.2	113.7
	芹苴市	108.5	106.6	108.0	113.8	109.6	104.0	94.8	115.9
	槟知省	112.6	117.3	143.0	114.3	127.7	111.5	88.1	75.9
	永隆省	111.6	111.3	109.1	109.6	115.0	97.5	93.3	125.0
	同塔省	109.8	104.7	107.0	107.2	108.3	101.8	91.5	113.6
	安江省	105.0	105.7	106.9	108.9	109.9	103.3	103.1	111.1
	建江省	108.6	106.3	108.5	108.0	111.4	104.0	101.1	117.9
	茶荣省	107.3	108.8	107.2	107.8	107.7	96.5	94.7	129.2
	后江省	106.2	107.3	109.6	111.2	110.2	108.1	104.8	116.9
	朔庄省	103.5	111.5	110.8	106.8	107.9	116.3	99.0	105.1
	薄寮省	114.1	103.4	109.0	112.3	112.4	104.1	109.3	114.7
	金瓯省	100.8	98.2	103.4	108.2	106.1	104.3	100.0	105.5

资料来源：根据《2022年越南统计年鉴》整理。

第二节 崛起的加工制造业

加工制造业一直是越南经济增长的强大推动力。近年来，加工制造业增加值在越南GDP中所占比重不断攀升，产品逐渐渗透到世界许多市场。

一、加工制造业发展现状

加工制造业在越南被称为CBCT行业。[①] 根据联合国工业发展组织的定义，加工制造业是指将商品、原材料或不同材料转化为新产品的行业。这种转化过程可以是物理的、化学的或机械的，以加工和生产供国内消费与出口的商品。世界上大多数中低收入国家都依赖该行业，因为它是一个创造大量就业机会并

---

① CBCT行业的全称是"Cơ cấu biến đổi cơ cấu"，英文翻译为"restructuring industry"，意为加工和重组产业。

推动经济增长的行业。

(一) CBCT 主要部门

越南根据第 27/2018/QD-TTg 号决议,基于国际经济分类体系 (ISIC Rev 4.0),对经济活动进行分类和明确解释并形成越南的国民经济部门体系 (VISIC 2018)。VSIC 2018 由五个级别组成,使用大写字母和数字进行编码。一级行业包括 21 个行业,按字母顺序从 A 到 U 编码。CBCT 行业为一级行业,以字母 C 编码,包括 24 个二级行业、71 个三级行业、137 个四级行业和 175 个五级行业。

根据 2014 年越南第 879/QD-TTg 号决议,CBCT 行业由 24 个子行业组成:食品生产加工,饮料生产,烟草制品制造,编织,服装制造,皮革及相关产品制造,木材加工和木材、竹制品生产,纸和纸制品制造,打印、复印,焦炭、精炼石油产品生产,化学品和化学产品制造,药品、医药化学品和医药原料制造,橡胶和塑料制品制造,其他非金属矿产品制造,金属生产,预制金属制品制造(机械设备除外),电子产品、计算机和光学产品制造,电气设备制造,其他未分类的机械和设备制造,汽车和拖车制造,其他交通工具制造,床、柜、桌椅制造,其他加工制造行业,机械设备维修、保养和安装。

加工制造企业在正运营且有生产经营成果的企业中的税前利润最高,同时利润增长率也始终保持在高水平。2019 年,加工制造企业的税前利润达到 384.8 万亿盾,占所有有生产经营成果企业总利润的 43.2%,是 2010 年的 3.8 倍(表 6-5)。

表 6-5 正运营且有生产经营成果的加工制造企业指标

指标	2010 年	2015 年	2019 年
加工制造业(个)	45 472	67 490	109 917
占正运营且有生产经营成果企业总数的百分比(%)	16.3	15.3	16.4
劳动力(万人)	444.2	623.5	755.8
占正运营且有生产经营成果企业劳动力总数的百分比(%)	45.6	48.5	49.9

续表

指　　　标	2010 年	2015 年	2019 年
固定资产和金融投资值（万亿盾）	101.0	223.2	388.0
占正运营且有生产经营成果企业总固定资产价值的百分比（%）	22.5	21.3	25.7
税前利润（万亿盾）	101.3	285.9	384.8
占正运营且有生产经营成果企业总税前利润的百分比（%）	28.4	51.7	43.2

资料来源：越南统计局：《加工制造工业——越南经济增长的动力（2011—2020）》，民族出版社（河内），2021 年，https://www.gso.gov.vn/wp-content/uploads/2021/08/RUOT_CONG-NGHIEP-CHE-BIEN-CHE-TAO_MAU-2.pdf。

（二）下一个"世界工厂"

越南也被誉为继中国之后的下一个"世界工厂"。该国积极融入国际分工，特别是加入 WTO 后，吸引了越来越多的外资企业在其境内投资设厂。抓住这一契机，加工制造业迅速崛起，制成品出口总额不断增加，在全球总出口中所占比重也在逐步上升。[①] 1995 年，越南的制成品出口额仅为 23.80 亿美元，仅占全球制成品出口额的 0.06%；而 2010 年，越南的制成品出口额已经增长至 408.06 亿美元，占全球制成品出口额的比重增加到 0.41%。虽然比重仍然相对较小，但呈现出稳定增长的趋势。低成本要素和高实业投资回报率是越南制造业重要的比较优势。目前，越南的制造业主要以传统制造业为主，机械化水平较低，原材料仍需大量进口，但发展势头迅猛。

20 世纪 90 年代，越南加工制造业的工业竞争力（CIP）指数排名中表现相对较差，随着制造业增加值（Manufacturing Value Added，MVA）的增长，CBCT 行业在竞争力指数排名中取得显著进步，赶上了中等收入国家，并逐渐缩小与印度、印度尼西亚等国之间的差距。2006—2016 年，越南的 CIP 排名上升了 27 位，从 2006 年的全球排名第 69 位跃升至 2016 年的第 42 位，成为东盟地区提升最显著的国家（表 6-6、表 6-7）。2018 年，越南的 CIP 指数在 152 个国家和地区中排名第 38 位，虽然仍低于新加坡（排名第 9）、马来西亚（排名第 23）、泰国（排名第 24），但与 2016 年相比上升了 4 位。

---

① 根据世界银行数据库中各国制造业出口占国内生产总值的比例的相关数据整理。

表 6-6　2018 年部分国家加工制造业 CIP 指数排名

参数	印度	柬埔寨	老挝	印度尼西亚	马来西亚	泰国	新加坡	越南
CBCT 工业竞争力指数	42	85	109	39	23	24	9	38
人均制造业净值	105	117	125	72	40	49	3	100
MVA 与 GDP 的比率	45	34	114	16	8	6	21	37
中高 MVA 技术活动比率指数	28	151	138	44	24	30	1	31
工业化强度指数	30	98	133	21	14	11	4	28
全球 MVA 份额	6	91	114	11	25	20	30	44
人均 CBCT 出口指数	111	76	96	89	26	44	3	53
CBCT 出口份额指数占出口总值	40	14	100	78	46	33	30	41
中高 CBCT 出口指数	77	131	95	86	17	25	13	40
工业出口质量指数	53	69	98	76	19	20	11	32
CBCT 出口占世界 CBCT 出口比重	14	71	97	29	20	18	23	19

资料来源：联合国工业发展组织：《2020 年工业竞争力指数报告》，2021 年。

表 6-7　2015—2022 年越南按行业分类的工业生产指数　　　　单位：%

行业	2015 年	2017 年	2018 年	2019 年	2020 年	2021 年	2022 年
全行业	109.8	111.3	110.1	109.1	103.3	104.7	107.4
采矿业	107.1	95.9	97.8	100.9	92.5	94.3	105.5
加工制造业	110.5	114.7	112.2	110.4	104.8	105.9	107.7
发电和电力分配业	111.4	109.6	110.0	108.5	103.1	104.5	107.0
供水、垃圾处理、污水处理业	106.9	107.1	106.4	106.1	104.2	103.0	106.5

资料来源：根据《2022 年越南统计年鉴》整理。

MVA 是衡量一个国家工业绩效的基本指标。越南的 MVA 增长强劲。2000—2009 年的十年间，以 2000 年不变价计算，越南的 MVA 从 58 亿美元猛增至 154 亿美元，且增长率一直保持在两位数水平，表现出色。这种 MVA 的增长与经济的增长紧密相连，中国、柬埔寨和越南在同一时期的 GDP 增长率分别为 10%、8% 和 7.3%，说明工业化和经济发展之间存在紧密的关联（表 6-8）。

表 6-8　2000—2009 年越南和周边国家制造业增加值（MVA）

国家	MVA（亿美元，2000 年不变价）			年均增长率（%）		
	2000 年	2005 年	2009 年	2000—2005 年	2005—2009 年	2000—2009 年
柬埔寨	6	11	17	14	10	12
中国	3 849	6 458	10 136	11	12	11
印度	658	910	1 188	7	7	7
印度尼西亚	458	584	700	5	5	5
马来西亚	294	362	382	4	1	3
菲律宾	169	209	236	4	3	4
韩国	1 337	1 845	2 214	7	5	6
泰国	412	564	650	7	4	5
越南	58	100	154	12	11	12

资料来源：越南工业贸易部、联合国工业发展组织：《越南工业竞争力报告 2011》，2011 年。

以 2010 年不变价计算，越南的 MVA 从 2006 年的 151.5 亿美元增加到 2016 年的 266.1 亿美元。MVA 在 2011—2016 年的增长几乎是 2006—2011 年的四倍。然而，与其他国家相比，越南绝对 MVA 仍然较低，不到菲律宾的一半，大约是马来西亚的 1/3、泰国的 1/4 以及印度尼西亚的 1/8。为了在未来十年内缩小差距并赶上其他国家，越南必须保持每年超过 7% 的 MVA 平均增长率。

表 6-9　2006—2016 年越南和周边国家制造业增加值（MVA）

国家	MVA（亿美元，2010 年不变价）			年均增长率（%）		
	2006 年	2011 年	2016 年	2006—2011 年	2011—2016 年	2006—2016 年
日本	11 794.8	11 551.4	12 880.7	−0.4	2.2	0.9
印度	1 926.2	2 883.9	4 190.3	8.4	7.8	8.1
韩国	2 392.3	3 241.9	3 707.5	6.3	2.7	4.5
印度尼西亚	1 432.7	1 768.3	2 218.7	4.3	4.6	4.5
泰国	896.5	1 008.7	1 143.4	2.4	2.5	2.5
马来西亚	564.7	630.1	790.0	2.2	4.6	3.4
菲律宾	374.4	448.3	637.8	3.7	7.3	5.5
新加坡	378.1	514.3	529.9	6.3	0.6	3.4
越南	151.5	171.2	266.1	2.5	9.2	5.8

资料来源：联合国工业发展组织：《2019 年越南工业白皮书：制造业及子行业竞争力》，2020 年。

（三）行业与空间分布

CBCT 工业设施一般选择靠近主干道、机场、港口以及人口稠密的地区，以便于优化生产过程、货物流通和人员交流。在考虑生产和消费两个维度下，人口和劳动力资源是影响 CBCT 产业发展与布局的关键因素。地区人口众多且劳动力丰富的地方，更有可能布局和发展劳动密集型产业，例如纺织、制鞋、食品等。而拥有高科技劳动力和大量技术工人的地区通常涉及需要高度专业技术的产业，例如电子、信息技术、计算机、装配机械设备等领域。

CBCT 行业在越南是一个保持长期就业和稳定收入的重要资料来源，为大量工人提供就业机会。随着经济结构的变化，劳动力结构也在发生变化。农林渔业部门的劳动力逐渐减少，而工业部门的劳动力却在增加。2011—2020 年的十年间，农林渔业劳动力平均每年下降 2.9%，而 CBCT 行业在吸纳农林渔业劳动力方面发挥了重要作用。CBCT 行业的劳动力比重从 2011 年的 13.9% 上升到 2020 年的 21.1%，增加了 7.2 个百分点，成为经济领域增幅最大的行业之一。CBCT 行业是主要的就业创造行业，但各个子行业的作用有所不同。其中，服装、鞋类、服装生产和食品加工是主要的就业创造子行业。

电子产品、计算机和光学产品制造业在 CBCT 行业结构中占很大比重，实现了高增长，但年均增长不均。饮料制造业也发展迅速，既满足了国内消费需求，也为出口做出了贡献。纺织服装行业取得了积极进展，一些服装品牌在国内外市场得到肯定。

二、劳动密集型产业为主导

尽管制造业增速显著，但其增加值总量仍位于全球中低水平。这种低增加值的情况也直接反映在越南国内的就业结构上。2017 年，初级工作人员占据了越南最大的就业人群。初级工作人员从事一些简单而日常性的任务和体力劳动。他们在一些劳动密集型行业工作，例如农业、林业、采矿业以及电子产品组装、服装制造、鞋类制作等制造业领域。与此相反，管理和技术型人员在越南的就业结构中占比较低。这些岗位往往集中在技术密集型和资本密集型行业，虽然这些行业的增加值较高，但在就业人数却不到总劳动力的30%（表6-10）。

表6-10 2017年越南就业结构

工作类别	工作人数（万人）	占比（%）	工作类别	工作人数（万人）	占比（%）
总就业人数	21 459	100.00	高级技术人员	1 546	7.21
初级工作	7 973	37.15	中级技术人员	701	3.27
服务和零售业	3 578	16.67	职员	388	1.81
手工业及相关行业	2 805	13.07	领导管理型人员	2 450	1.16
工厂技术人员	2 061	9.61	其他	54	0.25
农业技术人员	2 104	9.80			

资料来源：越南统计局：《2017年第四季度劳动就业调查报告》，河内，2017年，https://www.gso.gov.vn/wp-content/uploads/2019/05/BCLDVL_Q4_2017_Vie_final_7.6.2018.pdf。

越南劳动力主要分布在CBCT行业的不同领域。其中，服装制造企业吸纳了大量劳动力，皮革及相关产品的生产，电子产品、计算机和光学产品制造行业，以及食品加工生产行业也占据了相当的比例。焦炭、精炼石油产品生产，烟草制品生产，药品、医药化学品和医药原料生产，饮料生产以及机械设备维修、保养和安装等领域的企业，其员工在CBCT企业总劳动力中所占比例较小，这表明越南的劳动力主要集中在相对劳动密集型领域，其他领域的劳动力相对较少。

同时，加工制造业在国民生产中的价格相对较低，主要是因为工业企业主要从事低附加值的加工、组装等阶段的产品生产，往往依赖进口原材料，这些行业雇用了大量的劳动力。加工制造业主要集中在出口产品中低技术水平的领域，例如纺织品、鞋类、食品加工等，以及一些中等工业领域，如金属生产。而高科技产业，特别是电子产业，主要集中在以外资为主、国内附加值较低的地区，这也导致该行业在国民生产价格中位于较低水平。

随着经济发展，越南的对外贸易结构逐渐以制成品为主导，其中电子、机械产品和纺织品成为制造业进出口的重要组成部分（表6-11）。越南的进口主要集中在上述产品的"中间产品"，这些产品在制造业的生产过程中充当上游原材料角色，其主要来源地包括中国等东亚经济体。而越南的出口则既有"中间产品"也有"最终产品"，这些产品主要流向以美国为主的下游销售市场。

表 6-11　2018 年越南货物贸易进出口结构（按 LALL 划分）

类别	金额（亿美元）	占比（%）	类别	金额（亿美元）	占比（%）
进口总计	2 461.54	100.0	出口总计	2 465.47	100.0
高技术：电子	634.00	25.7	高技术：电子	791.06	32.1
中技术：机械	373.23	15.2	低技术：纺织	600.86	24.4
初级产品	313.22	12.7	初级产品	361.88	14.7
中技术：加工	278.40	11.3	低技术：其他	212.00	8.6
其他	862.70	35.1	其他	499.67	20.3

注：LALL 分类，即联合国贸易和发展会议根据产品的技术属性，对国际货物贸易进行的分类，可分为资源型制成品（以农业为主）、资源型制成品（其他）、低技术制成品（以纺织服装为主）、低技术制成品（其他）、中等技术制成品（以汽车为主）、中等技术制成品（以加工工业为主）、中等技术制成品（以工程机械为主）、高技术制成品（电子电力）、高技术制成品（其他）。

资料来源：黄郑亮（2019）。

在纺织服装方面，2018 年越南纺织服装出口额超过 360 亿美元，占该国出口总额的 14%。这是越南纺织服装出口规模首次跃居世界第二，仅次于中国，在全球纺织服装生产规模中排名第四。该行业为越南提供了约 120 万个就业岗位，主要雇佣女性劳动力（Nguyen，2022）。丰富的低技能劳动力适合从事劳动密集型生产，尤其擅长"切、制、修剪"等基础生产环节。

在机械制造方面，越南国内对摩托车的强劲需求为大规模生产、高本地化水平和持续增长的出口提供了有力基础，也正逐渐崛起为摩托车及其零部件的重要出口平台。除了大量的线束生产商之外，越南还拥有几家重要的摩托车零部件供应商，涵盖轮胎、点火开关、离合器等多个领域。

在电子产业方面，越南已经成功嵌入信息和通信技术（ICT）全球价值链，成为主要的硬件装配中心。2009 年以来，越南的 ICT 硬件出口迅速增长。2013 年，越南 80% 的 ICT 硬件生产用于出口。越南已经逐渐整合到区域价值链中，从周边国家进口了大部分中间产品，尽管最终产品的出口目的地不像中间产品的进口来源那样集中，但大多数最终产品仍出口到先进市场，如美国、日本和欧洲。

CBCT 行业在促进劳动生产率增长方面发挥着主导作用，但仍然高度集中于低技术（如纺织品、鞋类、食品加工）和中等技术（如金属生产）产品。同时，以外资为主导的高科技产业（如电子）在国内价值创造方面相对较低，主要集中于组装和进口零部件。这也意味着高科技行业在国内的溢出效应相对有限,难以在劳动生产率增长方面实现重大突破。

越南的 CBCT 企业在研发活动方面尚显薄弱,只有少数企业进行研发,其中非国有企业在各类企业中的研发比例最高。越南统计局的调查显示,在受访的企业中,仅 6% 的企业从事研发活动,其中国有企业占 2.8%,非国有企业占 65.2%,FDI 企业占 32.0%。这些企业进行研发活动的主要目的是为企业内部创新(75.5%),以提高生产经营效率和质量。相对较少的企业(24.5%)将研发用于联合创新。[①]

三、全球价值链的"制造端"

冷战结束以后,全球价值链在经济全球化的进一步深化下逐渐形成。全球价值链由世界范围内的企业网络共同构成,国际贸易和生产分工是这个网络的主要表现形式,从而形成全球价值链的基本模型。对于世界各国而言,能够有效嵌入全球价值链,参与国际分工,并从国际贸易中获得收益,是实现经济发展和产业升级的重要条件。越南通过各种自由贸易协定与国内"出口导向型"经济发展战略相结合,推动其制造业在全球价值链中的嵌入,实现了与国际经济的对接,从而获得发展制造业的客观条件。

根据世界银行《2020 年世界发展报告:全球价值链时代的贸易促进发展》的数据,2020 年越南的全球价值链参与程度仍处于"有限加工制造"水平,意味着越南在价值链中的产业环节相对较低,需要进一步提升以提高生产力和增加附加值。与一些其他东盟国家相比,如马来西亚、泰国和菲律宾,越南的全球价值链参与程度还有一定差距,这些国家已经达到了"先进加工和服务"水平,比越南在全球价值链中的位置更高一个级别,而越南在全球价值链中的地位和参与度仍有提升的空间。

越南制造业的发展受到 FDI 的显著影响。自革新开放以来,FDI 已成为推动越南经济发展的主要引擎之一(表 6-12)。在 FDI 的资金来源地方面,韩国和

[①] 越南统计局:"2017 年经济普查结果",2018 年 9 月 28 日,https://www.gso.gov.vn/du-lieu-va-so-lieu-thong-ke/2019/03/ket-qua-tong-dieu-tra-kinh-te-nam-2017/。

日本成为越南主要的投资伙伴，同时新加坡、中国、维尔京群岛等也是越南重要的 FDI 来源地。在投资的行业领域方面，制造业在项目数量和投资总额上都位居 FDI 首位，累计资本占 FDI 总额的 58%。尽管 2017 年曾出现下降，但制造业仍以 44% 的比例稳居各行业之首。此外，亚洲开发银行在《亚洲经济一体化报告 2018》中指出，越南吸引的 FDI 主要集中在信息技术（IT）和纺织这两个行业。IT 行业的投资主要来自美国，纺织业的投资主要来自韩国。这两个行业都属于劳动密集型产业，也是越南制造业参与国际贸易的主要组成部分。

表 6-12　截至 2017 年越南 FDI 行业及来源地分布

FDI 对各行业的总投资累计	项目数量（个）	登记资本（亿美元）	资本占比（%）	FDI 资金来源地累计	项目数量（个）	登记资本（亿美元）	资本占比（%）
总额	24 803	3 196.13	100	总额	24 803	3 196.13	100
制造业	12 460	1 865.14	58	韩国	6 549	578.61	18
房地产	639	532.26	17	日本	3 607	493.07	15
电力、煤气和燃料供应	115	208.20	7	新加坡	1 973	425.40	13
2017 年 FDI 对各行业的总投资	项目数量（个）	登记资本（亿美元）	资本占比（%）	2017 年 FDI 资金来源地	项目数量（个）	登记资本（亿美元）	资本占比（%）
总额（%）	2 741	3.71	100	总额	2 741	3.71	100
制造业	968	1.64	44	日本	397	0.92	25
房地产	74	0.31	8	新加坡	194	0.59	16
电力、煤气和燃料供应	13	0.84	23	韩国	895	0.87	24

资料来源：越南统计局：《2017 年全国人口和住房普查结果》，统计出版社（河内），2018 年，https://www.gso.gov.vn/du-lieu-va-so-lieu-thong-ke/2019/10/nien-giam-thong-ke-2017-2/。

越南在电子工业全球价值链中的参与率呈现一定的波动，从 2000 年的 47% 上升到 2010 年的 67%，2012 年后略有下降。此外，越南对电子工业的进口关税也有所降低，从 2000 年的约 8% 下降到 2015 年的不到 3%。这种变化的背后，FDI 起到了关键作用。其中，韩国三星的大额投资是一个重要因素，三星在越南建立了全球最大的智能手机生产基地，涵盖了智能手机和平板电脑显示器的组装以及相机模块的机电组装业务，还设有三星越南移动研发中心。

如果一个国家在全球价值链中处于比较高端的位置，这个国家会主要向其他国家提供中间产品，在其他国家再进行加工装配等完成最终产品，因此这些国家的间接出口增加值所占比例会比较高。如果一个国家在全球价值链中处于比较低端的位置，主要负责加工装配等工作，那么该国就会主要进口来自其他国家的中间产品，在本国生产出最终产品，因此间接出口增加值的比例会较小。

越南制造业在全球价值链中的参与程度正在逐渐加深，同时，越南制造业在全球价值链中"后向关联度"要高于"前向关联度"，导致越南制造业基本位于全球价值链的下游位置或者制造环节的末端位置。在现实中，处于这个位置的国家主要扮演生产末尾、靠近最终消费的角色，而越南进出口的支柱产业——电子产业和纺织产业——负责拼装、加工、上色等环节，需要从东亚、东南亚等经济体进口大量的"中间产品"以确保生产的投入，而产出则表现为出口到欧美市场的"最终产品"（图6-1）。

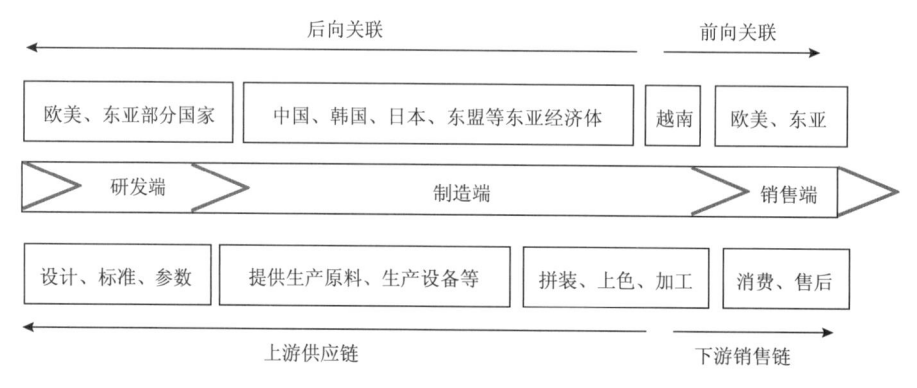

图 6-1　越南制造业在全球价值链中的位置

资料来源：黄郑亮（2019）。

从分割价值链的角度来看，越南制造业与国际产业转移的时间和过程相吻合。在当前全球价值链分工体系中，生产过程的空间分割是一个显著特征。跨国公司主导各个产业，在考虑各国资源、产业基础和市场条件的前提下，将生产过程分散在具有比较优势的国家和地区。

就全球价值链的产业参与而言，劳动密集型产业在越南制造业中占据主导地位，主要以手机、电话、平板电脑等电子电器产品以及服装、鞋类等纺织品为代表，成为越南制造业参与国际贸易的两大主力产品，也是越南制造业嵌入全球价值链、参与国际分工的主要领域。然而，对于越南这样身处价值链下游、生产环节末端的国家来说，这种参与方式仅限于对上述产品的简单拼装、塑型等低增值加工环节。虽然这些活动在国际贸易中发挥重要作用，但并没有构建起完整的国内供应链体系，仍然高度依赖于跨国公司的销售渠道。同时，越南也较少涉足产品的研发端，未能在创新方面取得较大突破。

就全球价值链上下游角度而言，越南制造业在上游供应链方面主要依赖于中国、韩国、日本以及东盟等东亚经济体，从这些国家和地区进口电子零件、机械设备、纺织面料、染料等"中间产品"或"工业原材料"。这种"供应-生产"模式形成了典型的"来料加工型"贸易，越南对进口的原材料进行加工生产，形成最终产品。

与此同时，越南制造业的下游销售渠道主要受到如三星、苹果、耐克等大型跨国企业的控制。相关企业和工厂接受这些跨国公司的生产订单，按照订单规定的参数和要求进行生产，产出"最终产品"。随后，通过跨国公司的销售渠道，将这些产品推向国际市场。这种"生产-出口"模式代表了全球价值链下以跨国公司为主导的"贴牌"生产模式，越南在这一过程中主要扮演生产环节的角色。

2005—2014年，越南制造业吸纳了近250万名工人，其在总就业人数中的份额从12%增加到14%。自由职业者、雇员和雇主的数量均有所增加。[①] 值得注意的是，雇员的数量几乎翻了一番，超过其他就业类型，并且在总就业人数中的比例也增加了11个百分点，从25%增加到36%。这反映出越南产业结构正在发生转型，人们逐渐从自由职业转向雇员工作，特别是在制造业领域。这种转型不仅有助于提高生产效率和经济发展水平，还能够将劳动力从低生产效益的领域引导到更有竞争力的制造业中，从而推动整体产业升级和价值链提升。

由于竞争力的不足，越南企业在区域和全球价值链中的地位较低，中小型和大型企业仅占很小的比例，尚未真正发挥小微企业在区域和全球价值链中的主导作用。未来，越南计划在中央和地方建设与运营支持工业发展的技术中心，以促进配套工业企业和加工制造业的创新、研发、技术转让等的发展。这些技

---

① 《2020年世界发展报告：全球价值链时代的贸易促进发展》，根据越南统计局企业调查的数据整理。

术中心将致力于提升生产力、产品质量和竞争力，为越南深度融入全球价值链创造机会。

第三节　科技发展与创新体系

由于基础相对薄弱、起步较晚及投入不足，越南在科技领域的发展尚不够成熟。自1986年革新开放以来，政府认识到教育和科技发展对实现工业化与现代化的基础及推动力，于是大力推进科技发展，使得科技资源在数量和质量上都有所提升，科技管理体制逐步创新，取得了一定的成果。随着经济社会的发展，越南科技发展的定位逐渐明确，重点领域逐步确定，未来的发展规划也逐渐清晰。

一、科技产业发展概述

（一）政府主导科技发展步伐

自革新开放以来，政府出台了多项重要文件，强调科技发展的重要性，并将其视为首要国策，认为科技发展是推动越南实现现代化和工业化的主要动力。在每五年一次的越南全国共产党代表大会上，政府都会强调科技发展，2016年的会议更是指出"科技是发展现代生产力最重要的驱动力"。多个法律文件也充分体现了对科技的重视，例如越南宪法将科技定位从"为国家发展的关键驱动力"调整为"为国家经济社会发展事业中的关键角色、头等国策"。

为了推动科技发展，越南政府出台了多项与科技发展相关的政策，突显了政府在推动科技发展方面的决心（表6-13）。除了国家层面的重视，中央和地方也非常重视科技的力量，在多个文件中强调科技的重要性。

在越南，科技管理体系采用了从中央到地方的国家科技同步管理系统。科技部在这一体系中扮演着关键角色，其主要职能涵盖科学研究、技术发展与创新、科技潜力开发、知识产权、标准质量计量、原子能、辐射与核安全等方面，同时也根据法律对属于科技部管理的国家公共服务领域进行管理。科技部负责

表 6-13　越南共产党全国代表大会出台的科技相关政策

会议	时间	科技相关政策
越南共产党第六次全国代表大会	1986 年 12 月	教育与科技发展是越南首要国策，是越南实现工业化和现代化国家进程的基础及动力；应发挥科技的动力
越南共产党第七次全国代表大会	1991 年 6 月	20 世纪 90 年代增加对社会科学的投资，要求社会科学在创造性地运用马列主义理论的基础上，集中研究越南在社会主义过渡时期重大理论和实践问题，研究越南的历史、社会和人，研究国际局势的变化，为越南共产党和政府制定方针政策提供科学的理论依据
越南共产党第八次全国代表大会	1996 年 7 月	至 2020 年努力成为工业国；科技是国家工业化-现代化事业的动力
越南共产党第十次全国代表大会	2006 年 4 月	实现机械化、电气化、水利化，推进应用科技进步和生化工艺到生产，提高产量质量及产品竞争力
越南共产党第十一次全国代表大会	2011 年 1 月	以迅速发展科技为促进工业化、现代化过程的重要动力，发展知识经济，从而加快国家经济生产力、质量、经济效益、竞争力
越南共产党第十二次全国代表大会	2016 年 1 月	科技是发展现代生产力最重要的驱动力；建立国家技术发展战略；吸引国外技术及在本国的 FDI 企业的技术转交战略

资料来源：根据越南共产党全国代表大会历年文件整理，https://dangcongsan.vn/。

指导、指引及考核 58 个省份和 5 个中央直辖市科技厅的工作，同时其他部委、科研院所和高校也都设有科学管理处或兼具科技管理职能的部门，负责各自领域的科技管理工作。这些部门协同合作，构成越南科技管理体系的重要组成部分。

2011—2020 年，越南采取了两项重要的政策，以促进科技创新和发展：第一项政策是 2012 年共产党中央委员会发布的第 20-NQ/TW 号决议，提出了 2020 年前越南科技创新发展的方向和 2030 年前的愿景。该决议旨在将越南的科技系统打造成为经济增长的驱动力，以提高生产力、质量、效率和竞争力，并强调环境保护、国防和安全。另一项政策是《2011—2020 年科技发展战略》，该战略进一步概述了科技方面的具体目标，强调促进经济增长和增强科技能力的重要性。这一战略的实施旨在推动科技创新、研发和应用。

这些政策的实施意味着政府对科技发展的高度重视，将科技创新视为实现现代化和工业化的关键驱动力。

(二) 研发投入较少，基础薄弱

20世纪末21世纪初，尽管政府出台了许多促进科技发展的文件和政策，但在实际执行中并未给予足够的重视，这与当时的发展阶段和生产力水平有关。长期以来，越南在研发方面的投入相对较少，GDP中用于研发的支出不到1%，相比之下，澳大利亚该比率约为2.2%，中国为2.1%，马来西亚为1.3%。由于资金短缺，越南的创新活动缺乏动力（表6-14）。

表6-14　2002—2019年越南的研发投入

指标	2002年	2011年	2013年	2015年	2017年	2019年
研发技术人员（每百万人）	—	—	70.99	65.57	71.49	71.49
研发研究人员（每百万人）	114.41	—	679.46	678.56	707.74	756.69
研发投入占GDP比例（%）	0.19	0.15	0.30	0.36	0.42	0.42

资料来源：根据世界银行数据库地区发展指标中越南的研发投入数据整理，https://datatopics.worldbank.org/world-development-indicators。

21世纪初，越南的研发投入相对较低，每百万人中从事研发研究的人员仅114.41人，这一数字直到2013年才增加到2002年的6倍。尽管越南在经济增长方面取得了显著成就，但研发领域的投入并没有相应提升。2017年，每百万人中从事研发研究的人员仅707.74人。研发技术人员更为稀缺，2013年每百万人中仅70.99人从事研发技术工作，2015年下降到65.57人，直到2017年回升至71.49人。在研发投入占GDP比例方面，2002年越南的研发投入仅占GDP的0.19%，直到2017年这一比例仍然维持在相对较低的水平，为0.42%。研发投入的不足限制了越南科技领域的发展。

2000年以前，越南的科技论文发文量相对较低。从2007年开始，该指标持续增长，特别是到了2020年，与2007年相比，发文数量增长了16倍之多。这一趋势表明，越南的科研水平得到了一定的提高和发展（图6-2）。

1990年，越南仅申请了3 191件商标和75件专利，科技研发产出十分有限；1993年，商标和专利申请数量都翻了两番，显示出科技初步发展的迹象；1997年，专利申请数量超过千件，之后商标和专利申请数量在波动中持续上升；2002年，商标申请数量突破万件。从2004年开始，专利申请数量虽然增长速度较慢，但整体呈上升趋势。与此同时，商标申请数量呈指数级增长，尤

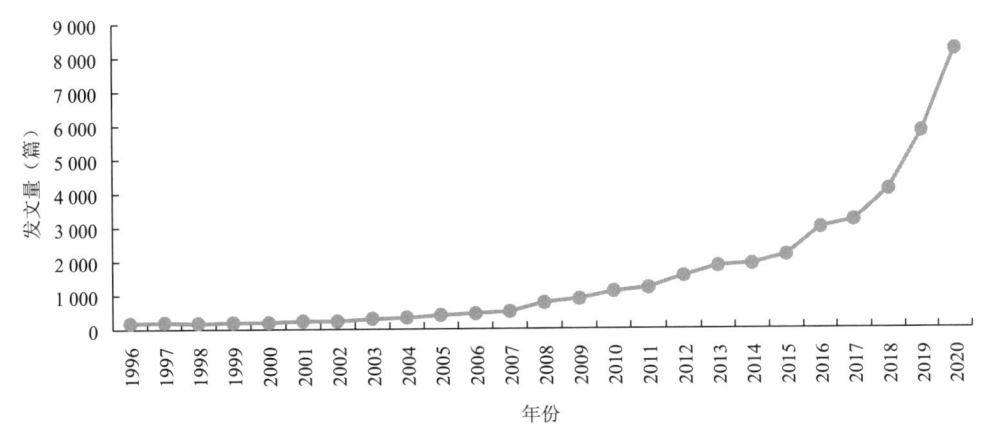

图 6-2　1996—2020 年越南科技期刊论文发文量

注：此处的科技期刊学科领域为物理学、生物学、化学、数学、临床医学、生物医学研究、工程与技术、地球与空间科学。

资料来源：根据世界银行数据库地区发展指标中越南的期刊论文发文数据整理，https://datatopics.worldbank.org/world-development-indicators。

其 2000—2008 年增长迅速，虽然因全球金融危机曾有几年停滞，但随后又重新快速增长。2021 年，商标申请数量达到 113 052 件，相较于 2000 年的数量增长了 13.96 倍。越南在商标申请方面取得了显著进展，越来越多的企业和创新者开始重视知识产权的保护与申请，有助于提升越南的科技水平和国际竞争力（表 6-15）。

表 6-15　1990—2021 年越南专利、商标申请数量　　　　单位：件

指标	专利申请数量			商标申请数量		
	总数	居民	非居民	总数	居民	非居民
1990	75	58	17	3 191	—	—
1991	62	37	25	4 074	—	—
1992	83	34	49	6 335	—	—
1993	225	32	193	8 113	—	—
1994	292	22	270	6 276	—	—
1995	682	23	659	8 115	—	—
1996	966	37	929	7 906	—	—
1997	1 264	30	1 234	7 397	—	—

续表

指标	专利申请数量			商标申请数量		
	总数	居民	非居民	总数	居民	非居民
1998	1 105	25	1 080	6 124	—	—
1999	1 142	35	1 107	6 261	—	—
2000	1 239	34	1 205	8 098	—	—
2001	1 286	52	1 234	8 412	—	—
2002	1 211	69	1 142	10 641	—	—
2003	1 150	78	1 072	14 021	—	—
2004	1 431	103	1 328	17 140	—	—
2005	1 947	180	1 767	20 131	—	—
2006	2 166	196	1 970	25 801	—	—
2007	2 860	219	2 641	30 993	—	—
2008	3 199	204	2 995	31 737	—	—
2009	2 890	258	2 632	32 151	—	—
2010	3 582	306	3 276	31 814	32 204	18 998
2011	3 560	300	3 260	32 001	34 718	19 116
2012	3 805	382	3 423	33 763	35 106	20 508
2013	3 995	443	3 552	35 628	36 236	21 482
2014	4 447	487	3 960	38 318	38 854	22 312
2015	5 033	582	4 451	42 567	45 230	22 517
2016	5 228	560	4 668	48 931	54 963	26 965
2017	5 382	592	4 790	50 736	55 313	29 467
2018	6 071	646	5 425	54 437	60 731	33 450
2019	7 520	720	6 800	62 102	74 516	37 872
2020	7 695	1 021	6 674	108 640	76 836	31 804
2021	8 534	1 066	7 468	113 052	77 404	35 648

资料来源：根据世界银行数据库地区发展指标中越南的专利、商标数据整理，https://datatopics.worldbank.org/world-development-indicators。

从空间分布来看，近一半的研发机构集中在首都河内市，2019 年占比 48.55%；第二名为胡志明市，2019 年占比 21.01%，两市共计占全国总数的近 70%。越南的研发机构分布严重不均匀，这也在一定程度上影响着各个区域的科技发展（表6-16）。

表6-16 越南研发机构的区域分布

区域	2015年 数量（个）	2015年 占比（%）	2017年 数量（个）	2017年 占比（%）	2019年 数量（个）	2019年 占比（%）
总计	703	100.00	687	100.00	552	100.00
北部边境与山区	40	5.69	38	5.53	20	3.62
红河平原地区（河内市除外）	29	4.13	24	3.49	23	4.17
中北部与中部沿海地区	78	11.09	78	11.35	64	11.60
西原地区	25	3.56	23	3.35	15	2.72
南部东区（胡志明市除外）	29	4.13	28	4.08	27	4.89
湄公河平原地区	37	5.26	36	5.24	19	3.44
河内市	331	47.08	329	47.89	268	48.55
胡志明市	134	19.06	131	19.07	116	21.01

资料来源：科学和技术部：《越南2020年的科学、技术与创新》，科学与技术出版社，2021年。

（三）创新体系发展较快，但还不发达

在工业4.0背景下，全球价值链不断成熟，服务业的重要性日益突显。越南长期以出口为导向的劳动密集型经济增长模式逐渐显现出过时的迹象，过去30年的战略和制度改革似乎已经达到了某种极限。在这种情况下，政府意识到必须转变思维，将重点放在提高经济增长的质量和可持续性上。科技创新成为实现新的增长模式的战略，并被视为突破当前"瓶颈"的关键。

2016年5月，越南总理签署《到2025年支持国家创新创业生态系统决定》，这是越南首份全面支持创新创业活动并具有重要作用的政策文件。越南设立了相关机构，如"844计划"执行委员会、科技企业与市场发展局以及"844计划"办公室，以推动该计划的实施。随后，2017—2019年，国家层面陆续颁布了10多项涉及创新创业的政策和规定，63个省市中已有52个省市制定了支持创新创业的政策和计划。根据越南统计局的数据，2019年，越南的创新创业生态系统涵盖了约2 000家创新创业企业，吸引了61项国内外投资基金，总投资

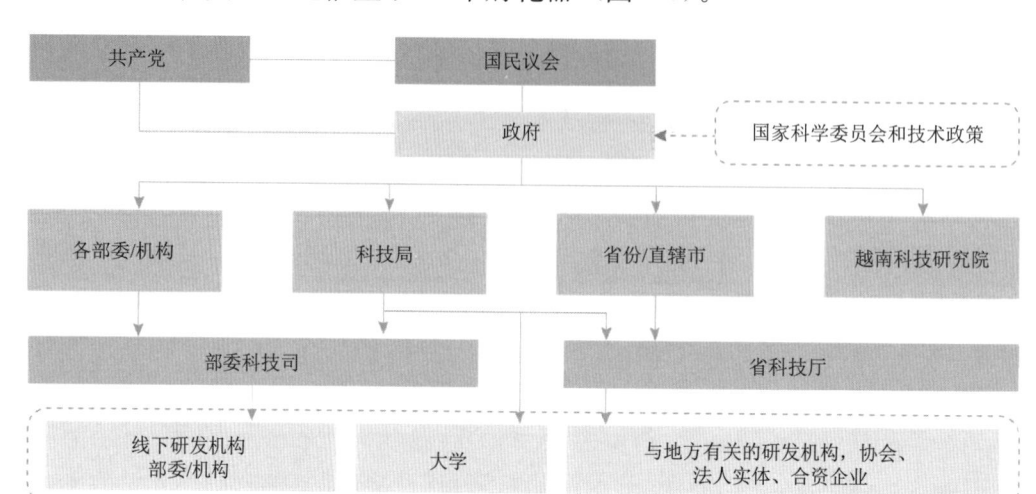

额达到 8.51 亿美元，还催生了 48 个孵化器（图 6-3）。[①]

图 6-3　越南的科技创新制度体系

资料来源：世界银行：《越南：2020 年科学、技术和创新报告》，2021 年。

根据世界知识产权组织（WIPO）发布的报告，在 2019 年全球创新指数中，越南在 129 个国家和经济体中排名第 42 位，这是该国有史以来取得的最好成绩，比 2016 年提升了 17 位，使越南成为 26 个中低收入国家中排名第一的国家。越南逐渐融入亚洲高科技价值链，同时还涉足了信息和通信技术（ICT）离岸外包等领域的活动（表 6-17）。

表 6-17　2016—2020 年越南全球创新指数排名

参数	2016 年	2017 年	2018 年	2019 年	2020 年
一般评级	59	47	45	42	42
输入指标组	79	71	65	63	62↑
1. 机构	93	87	78	81	83↓
2. 人力资源和研究	74	70	66	61	79↓
3. 基础设施	90	77	78	82	73↑
4. 市场发展水平	64	34	33	29	34↓

---

① Báo KH&PT："创业、创新与创新——一年内投资创业企业的资金增加了一倍半"，2020 年 6 月 12 日，https://www.vista.gov.vn/vi/news/chien-luoc-chinh-sach-kh-cn-dmst/khoi-nghiep-doi-moi-sang-tao-so-quy-dau-tu-cho-startup-tang-gap-ruoi-trong-mot-nam-2573.html。

续表

参数	2016年	2017年	2018年	2019年	2020年
5. 业务发展水平	72	73	66	69	39↑
输出指标组	42	38	41	37	38↓
6. 知识和技术产品	39	28	35	27	37↓
7. 创新产品	52	52	46	47	38↑

注：2020年的箭头是指与2019年相比的变化。
资料来源：越南统计局：《越南2016—2020年经济和社会发展的动态与现状》，2021年。

总体来看，越南的创新体系发展较快，但还不发达，并呈现以下特点：

1. 创新已成为经济发展的重要推动力量

创新的要素涵盖了自由思考的空间、知识产权的法律保护、市场竞争结构的适度性、全球知识流动、基础研究的重视以及敢于质疑的科学传统（聂辉华，2016）。近年来，这些要素在越南逐渐形成基础，并且相互联系紧密。尽管在21世纪初，资本密集型产业在越南经济增长中扮演着重要角色，但2001—2019年创新和技术吸收成为推动该国增长的主要动力，企业逐渐将应用和技术创新作为提高运营效率与竞争力的手段。

越南统计局对企业的调查数据显示[①]，2019年加工制造业在与技术相关的活动上的投资比例最高，其次是零售/批发业和建筑业。尽管如此，批发/零售业在技术投资方面的比例也相当高，该行业在经济部门中拥有最多的企业数量和工人。然而，2019年，这两个行业的劳动力技术投资价值相对较低。此外，高科技部门如计算机和相关活动、机械/设备、电子、化工等对技术创新的投资比例远高于平均水平。

胡志明市与河内市正在逐渐崛起为两大创新中心，南部东区与红河平原地区各省在劳动力技术创新方面的实际投资价值也相当高。为了进一步提升国家的创新能力，越南正在努力改善商业环境、资本与投资市场、知识与技术应用等方面的指标。同时，越南也在加大教育投入，以加强研究和创新活动，并将有关知识产权的各项计划与创新需求紧密联系起来，以促进创新生态的全面发展。

[①] 越南统计局：《2001—2009年企业调查报告》，2019年。

2. 企业创新不活跃，私营企业受限

在越南，相较于小型和私营企业，大型或合资企业更有可能进行产品创新，但通常较少涉足新产品创新或流程创新，创新成果相对较弱。这与越南工业活动的性质有关，这些工业活动主要集中在创新程度较低的生产和组装阶段。制造业公司可能更容易进行创新，而服务业则较少。目前，大型公司主要由外国投资组成，跨国公司在越南的创新体系中扮演着重要角色。

国有企业在越南仍然扮演着主要角色，它们在经济中占据重要地位，并继续参与生产活动，但国有企业的生产效率相对较低，从而制约了创新活动的开展。国有企业在经济中的存在，可能导致创新活动受到烦琐流程等因素的制约。

此外，越南企业在改进管理实践方面还有很大的空间。国家层面以及企业层面的生产力差异往往与管理实践的差异有关。优秀的管理人员可以使公司更好地吸收新技术、采用新流程、有效利用资源、获取信息并迅速适应新市场的变化，同时也更愿意投资于劳动力培训，从而提升企业的创新能力和竞争力。在越南，企业的管理能力相对较低，位于中等偏下水平，这可能是制约企业创新的因素之一。

3. 教育系统不发达，缺乏熟练劳动力

2022年，越南约有237所大学、16 500名博士、574名教授和4 113名副教授。每年培训约1 500名博士、36 000名硕士、近150万名大学生，与大学开展各级科学研究项目。[①] 2018年全球竞争力指数报告中，在大学毕业生的行业相关技能组合中，越南在140个国家中排名第127位。

对此，越南也开始对教育系统进行改革。首先，在高等教育上扩大了普及范围。高等教育的覆盖率从2000年的10%大幅提升至2016年的28%，入学人数翻了一番，从90万增加到220万。其次，高等教育毕业生在劳动市场上表现出色。他们享有较高的工资、正式就业的机会和优越的工作条件。最后，政府采取了明确的政策来改进高等教育。《2006—2020年高等教育改革议程》以及《关于教育的基本和全面教育改革的第29号决议》推动高等教育朝向更大的机构自治方向发展。此外，修订的《高等教育法》等使高等教育体系更好地满足

---

① "试点发展技术创业企业模式"，2022年12月1日，https://www.vista.gov.vn/news/chien-luoc-chinh-sach-kh-cn-dmst/de-xuat-co-che-thi-diem-phat-trien-mo-hinh-doanh-nghiep-khoi-nguon-cong-nghe-4595.html。

该国的技能和研究需求。

尽管高等教育有所发展,但其覆盖率相较于中国、马来西亚和泰国等地依然较低,这些国家的高等教育覆盖率接近50%。此外,技术和职业教育培训机构以及大学应该关注35岁、45岁和55岁的成年人,而不仅仅是20岁的年轻人,因为越南超过54%的劳动力的识字能力低于三级。如果不大规模培养高技能水平的劳动力,越南将难以为改善国家创新体系奠定坚实基础。

企业在促进创新方面面临熟练劳动力不足的障碍。虽然现代的年轻一代通常比他们的前辈具备更强的基础技能,但整体劳动力的教育水平仍相对较低,技能差距显著。知识密集型出口、服务业和自动化的增长对劳动力提出了多方面的技能需求,要求劳动者具备广泛的技能,并拥有持续提升技能水平。根据2018年的越南未来就业报告预测,到2050年,具有高等教育学历的劳动力(15岁及以上)比例将略微增加(Cunningham et al.,2018)。

二、越南科技发展展望

随着工资的上涨,越南目前在全球价值链中相对劳动密集型和低价值部分的比较优势正在减弱。人口老龄化和劳动力萎缩的人口转变也对其劳动密集型的增长模式产生了影响。随着人口红利开始消散,柬埔寨和缅甸等邻国正成为越南低技能生产工作的竞争对手。鉴于新出现的宏观经济脆弱性导致公共债务迅速积累,解决基础设施和人力资本方面的发展投资需求的财政空间也很有限。故越南正在为其下一次经济转型做准备,科技发展是其中的关键。

(一)科技发展方向

政府认识到目前越南的科技水平竞争力不足并提出了如下发展方向:

一是以企业为国家创新系统的中心,按市场方向和国际惯例完善创新体系,促进科技的发展。

二是注重发展高水平应用型科技以及其他跨自然科学与其他领域的科技,使科技成为第一生产力;提出信息与通信技术、生物技术、新材料技术、机械制造与自动化等领域为重点优先发展领域。

三是加强科研机构、高校与企业的联系，重点是提高企业接收、主动探求和逐步参与新技术创造的能力。

四是结合建立国家科技数据库，着力发展科技市场。大力发展中介服务机构、技术评估与技术转移行业，开发集技术、专家、新科技产品供需对接于一体的国家科技数据系统。

五是科技人才使用和重用政策改革，主要针对学科带头人、国家重点项目主持人和青年科学家。加强科技国际融入与合作，扩大与战略伙伴和发达国家科技合作与共同研究，吸引海外越南科学家，发展越南人才对接网络。[①]

（二）地区科技布局

北部边境和山区着重于建设与发展本地区的特色农产品，一些突出的成果主要包括农产品的品种创新、渔业的生产模式创新以及一些药物的研发。该地区特色农产品正逐渐成为区域和国际市场上的独特品牌。

红河平原地区凭借河内市的人力资源优势，在农业领域已有相当多的高科技、有机生产应用模式被成功实践，例如稻田模式集约化、稻米生产机械化应用、有机农业生产模式等。在工业、服务业方面，该地区应用科学技术，将先进技术应用于生产，帮助企业提高劳动生产率，创造高价值产品。

中北部和中部沿海地区在连接交通网络、发展经济等方面具有重要的战略意义与优势。虽然与自然资源相比，该地区的企业数量仍然有限，但在海洋、岛屿、丘陵、瀑布、文化和历史遗产、边境口岸等方面都相当丰富并独具特色。该地区计划通过旅游服务、卫生、教育、制造业、有机农业等多个主要产业实现综合经济发展。

西原地区一直在加紧开展科技研究活动，以开发茯苓产品最为典型，另有一些咖啡、橡胶等产品的开发活动。

南部东区的大部分地区属于南部重点经济区，工业、贸易、服务业全面发展，该地区的科技活动始终将企业确定为中心，创业和创新是核心要素。

湄公河平原地区毗邻胡志明市和南部重点经济区，因此在经济发展方面也有很多优势，该地区科技活动有水产养殖、果树生产等活动，相关科技进步活动活跃。

---

① Nguyễn Xuân Phúc：" 庆祝科学和技术部成立60周年"，2019年12月2日，https://www.most.gov.vn/vn/tin-tuc/17138/ky-niem-60-nam-thanh-lap-bo-khoa-hoc-va-cong-nghe.aspx。

第四节 高新技术区分布格局

越南投资建设了各种高新技术区,包括工业区、加工出口区、经济区等,以带动产品加工出口。

根据越南政府 2008 年 3 月 14 日通过的 29 号决议,工业区是指专门从事工业产品生产和为工业生产提供服务的各种业务,具有明确的地理边界,并根据该文件的条件、程序和手续成立(范公职,2013)。这种工业区也被称为传统工业区。截至 2020 年底,越南全国共有 369 个高新技术区(包括 329 个传统工业区、34 个沿海工业区、6 个口岸工业区),自然土地总面积约 11.40 万公顷。其中,工业用地面积约 7.36 万公顷,约占总面积的 59.3%。

根据表 6-18,截至 2020 年底,在 369 个高新技术区中,有 284 个工业区已开始运营,总土地面积约 8.50 万公顷,其中工业用地面积约 5.71 万公顷。另

表 6-18 截至 2020 年底越南高新技术区情况

状态	项目	工业园区以外的工业区	沿海工业区	口岸工业区	总计
已成立	数量(个)	329	34	6	369
	自然用地(万公顷)	9.59	1.66	0.15	11.40
	工业用地(万公顷)	6.34	0.94	0.08	7.36
	租赁工业用地(万公顷)	3.78	0.41	0.03	4.22
	填充率(%)	60	44	37	57
已投入使用	数量(个)	257	22	5	284
	自然用地(万公顷)	7.20	0.19	0.11	8.50
	工业用地(万公顷)	4.91	0.72	0.08	5.71
	租赁工业用地(万公顷)	3.63	0.35	0.03	4.01
	填充率(%)	74	49	37	70

资料来源:越南经济区管理局、规划和投资部:《2020 年高新技术区的建立和发展情况报告》,2020 年 12 月 30 日,https://www.mpi.gov.vn/portal/Pages/2020/Bao-cao-tinh-hinh-thanh-lap-va-phat-trien-KCN-KKT-455508.aspx。

外，还有85个工业区正处于基础建设阶段，总土地面积约2.90万公顷，其中工业用地面积约1.65万公顷。4.22万公顷的工业区土地面积已租赁出去，工业园区的填充率达到57%。已有一些工业园区完成了整理并投入使用，入住率约70%。这些高新技术区为越南创造了约383万个就业岗位，对国家经济的发展做出了重要贡献。

高新技术区分布在越南的61个省市，主要集中在红河平原地区和南部东区，这两个地区共有207个高新技术区（表6-19）。许多高新技术区都位于靠近机场、海港和火车站的国道附近，交通便捷。

表6-19 截至2020年底高新技术区分地区分布情况

区域	数量（个）	占全国比重（%）	面积（万公顷）	占全国比重（%）	工业用地面积（万公顷）	已出租工业用地（万公顷）	填充率（%）
北部边境和山区	30	8.13	0.73	6.36	0.47	0.27	57.04
红河平原地区	90	24.39	2.60	22.81	1.71	0.97	56.99
中北部和中部沿海地区	68	18.43	2.20	19.30	1.20	0.51	42.49
西原地区	9	2.44	0.13	1.18	0.10	0.07	71.30
南部东区	117	31.71	4.45	39.05	3.01	1.92	63.82
湄公河平原地区	55	14.91	1.29	11.30	0.87	0.48	55.00
总计	369	100.00	11.40	100.00	7.36	4.22	57.39

资料来源：越南经济区管理局、规划和投资部：《2020年高新技术区的建立和发展情况报告》，2020年12月30日，https://www.mpi.gov.vn/portal/Pages/2020/Bao-cao-tinh-hinh-thanh-lap-va-phat-trien-KCN-KKT-455508.aspx。

总的来看，越南的高新技术区呈现"大集聚、小分散"的分布模式，在空间上呈现"一南一北"双中心的分布特征，形成南北两翼凸起、中间凹陷的方向性递减格局。南部以平阳省、胡志明市、隆安省为核心形成工业区发展主核心，北部以北宁省、广宁省、河内市为核心形成工业区发展次核心，中部以岘港市为核心形成发展节点。从产业集聚区来看，南部东区、湄公河平原地区是高新技术区发展主核心，红河平原地区是高新技术区发展次核心（胡雪峰等，2019）。

一、南部高新技术区

南部高新技术区是越南高新技术区集聚度最高的地区，是工业发展的主核心，主要包括南部东区和湄公河平原地区的部分省市，以胡志明市为核心，周边地区包括平福、同奈、前江、巴地-头顿等 10 个省。南部高新技术区排名前五的工业产品依次为纺织服装、机械、电子、化肥、食品，可见其发展以轻工业为主导。

在南部高新技术区，工业发展集中在以下行业：机器与设备、纺织服装、金属制品、橡胶制品、化学药品及制品以及食品加工。平阳省、同奈省、巴地-头顿省的工业区组成了越南面积最大、工业密度和生产能力最高、部门结构最为多样的工业连片地区（表 6-20）。

表 6-20 越南南部主要工业区及产业

省/市	工业区	主要产业
胡志明市	新造工业区	机械、电子、建筑、石化等
	新富中工业区	精密机械、模具、通信、食品、家具、塑料、服饰等
同奈省	第五仁泽工业区	纺织服装、食品、机械、塑胶、玻璃、造纸、木材、医疗器材和药品等
	第二边和工业区	精密机械、电子、纺织服装、食药、建材等
	吞禄工业区	纺织服装制鞋、建材、电子、塑胶、农产品、包装、家具、玩具、运动产品、药品、农药、建材等
平阳省	第二越南-新加坡工业区	汽车配件、药品、食品、建材、物流、电子等
	第五美富工业区	电子、机械、食品、家具、纺织服装等
隆安省	顺道工业区	食品、畜牧、电子、纺织、造纸、建材、文具、染色等
巴地-头顿省	美春 A2 工业区	精密机械、电子、建材、皮革、木材等

资料来源：高燕等（2020）。

二、北部高新技术区

北部高新技术区是越南高新技术区集聚的次核心，主要在红河平原地区，以河内市为核心，周边地区主要包括北宁、海阳、兴安等 10 个省市。北部高新技术区主导产业为机械制造、汽车零部件制造、摩托车生产、纺织服装生产、食品加工。北部高新技术区以重工业为主导，且主要为加工型重工业，特别是汽车制造业，在河内及其邻近地区已形成汽车制造业产业集群。

在北部边境和山区，高新技术区发展集中在水电，农林产品加工（纸张、茶叶、木材、食品、饮料），矿物挖掘和加工（铁矿石、铜、铅锌、锡等），化学品、肥料、建筑材料生产。1A 号、2 号和 3 号国道沿线的工业发展可以连接北部重点经济区 18 号公路的重工业走廊的发展。在老街省、富寿省沿老街—河内走廊，有铁路、公路等有利条件，政府布局了一些工业园区，旨在为扩大与中国的开发合作创造条件。北江省和谅山省也建立了高新技术区，以利用 1 号国道与中国展开合作。

在红河平原地区，优先发展的工业集中在电脑、电子和光学产品，机器与设备，化学药品及制品，装配金属件及产品，塑料制品及其他行业（表 6-21）。

表 6-21　越南北部主要工业区及产业

省/市	工业区	主要产业
北宁省	桂武工业区	机械、电子等
河内市	石室工业区	电子、机械、汽车、消费品等
北江省	光州工业区	农产品、汽车、电子、精密机械等

资料来源：高燕等（2020）。

北部高新技术区的优势是靠近中国，特别适合那些希望将制造业务迁往越南，但仍在中国保持经营的企业，也就是"中国＋1"战略的一部分。

中国在越南北部建设的中国·越南（海防-深圳）经贸合作区是经中国商务部批准建立的境外经贸合作区，于 2016 年 12 月 9 日开工建设，位于海防市，距河内市东北部 102 千米。产业定位为轻工制造，重点引进有品牌知名度、有国际竞争力的绿色科技企业。

三、中部高新技术区

越南中部的高新技术区分布呈现小集聚的节点状，相比南北两翼，中部高新技术区的数量明显较少。中部主要以岘港市为核心，周边包括广平、广治、承天-顺化等7个省市。主导产业是机械制造、汽车零部件制造、石化、船舶、炼油，主要发展重工业，特别是采掘工业和原材料工业。

中北部和北部沿海地区高新技术区主要发展食品、金属制品、塑料制品、纸制品等产品。这里将不断形成沿海新高新技术区，与海港系统的发展相联系，形成一些与胡志明路轴线相连的高新技术区。

西原地区高新技术区优先发展方向集中在农林产品加工业（如咖啡、橡胶、纸浆、甘蔗等）、水电站、矿产开采和加工业。

岘港市的北部和西部分布许多大型工业区，如和庆工业区、莲沼工业区、安屯出口加工区等，新建的工业区包括和琴工业区、和仁工业区、和宁工业区、和山工业区。

广南省有奠南-奠玉工业区，位置便利，离岘港国际机场和仙沙深水港很近。

参 考 文 献

[1] 陈飞、娄婷："2020年越南水泥工业发展分析报告"，《中国水泥》，2020年第11期。
[2] 范公职："越南河内工业区吸引投资研究"（硕士论文），广西大学，2013年。
[3] 高燕等：《企业对外投资国别（地区）营商环境指南（越南）》，中国国际贸易促进委员会，2020年。
[4] 胡雪峰、王兴平、赵四东："越南工业区空间格局及产业发展特征"，《热带地理》，2019年第6期。
[5] 黄伟生："近年来越南主要科技产业发展概述"，《东南亚纵横》，2008年第10期。
[6] 黄郑亮："越南制造业在全球价值链的位置研究"，《东南亚研究》，2019年第5期。
[7] 吕铭、杨乙丹："越南农业科技推广与稻米产业发展"，《乡村振兴》，2020年第5期。
[8] 聂辉华："创新需要具备的六大要素"，《中国房地产》，2016年第32期。
[9] 裘伯俸："在农业中的改革管理活动与工艺科学"，《科学活动杂志》，2004年第2期。
[10] 商务部、国家统计局、国家外汇管理局：《中国对外直接投资统计公报》，2018年。
[11] 石宝明、张镍、徐庆："越南石油工业发展近况及对周边国家的影响"，《国际石油经济》，2013年第3期。

[12] 王颖、裴氏秋水:"完善越南科技发展的路径选择——运用 SWOT 分析方法",《科技管理研究》,2017 年第 18 期。
[13] 王越、吴裕根:"发展中的越南石油工业",《中国矿业》,2010 年第 4 期。
[14] 武明兴:"越南纺织服装业发展的机遇与挑战",《经济师》,2019 年第 4 期。
[15] 吴文福:《建设新农村理论与实践的问题》,国家政治出版社(河内),2012 年。
[16] 张奥博:"越南工业化发展研究"(硕士论文),厦门大学,2014 年。
[17] 赵永霞:"世界纺织版图与产业发展新格局(五)——越南篇",《纺织导报》,2020 年第 2 期。
[18] Cameron, A., T. Pham, J. Atherton, *et al.*, 2019. *Vietnam's Future Digital Economy—Towards 2030 and 2045*. CSIRO, Brisbane.
[19] Cunningham, W., O. Pimhidzai, C. Hollweg, *et al.*, 2018. *Vietnam's Future Jobs Leveraging Mega Trends for Greater Prosperity*. The World Bank.
[20] Hien, T., D. Hoang, H. Giang, *et al.*, 2021. *Technological Change in Vietnam: The Contribution of Technology to Economic Growth Technological Change in Vietnam*. CSIRO, Brisbane.
[21] Nguyen, T., M. Luu, D. Trinh, 2014. The Evolution of Vietnamese Industry. WIDER Working Paper, 076.
[22] Nguyen, V., 2022. The Current Situation of Vietnam's Textile and Garment Industry and Challenges Brought by the Industry 4.0. Tạp chí Công Thương, Số 6.
[23] Phạm, T. H., Đ. H. Nguyễn, H. G. Nguyễn, *et al.*, 2021. Đổi mới công nghệ ở Việt Nam—Đóng góp của công nghệ vào tăng trưởng kinh tế. CSIRO, Brisbane.
[24] Vụ Quản lý các khu kinh tế, Bộ Kế hoạch và Đầu tư, 2017. Báo cáo tổng kết hoạt động các mô hình khu công nghiệp, khu kinh tế.

第七章　国土空间结构

越南南北两极的经济空间结构，分别以河内市与胡志明市为中心，展现了其自然环境、地理结构、经济特点和国情历史等多重因素的交互影响。在这两个核心地区，经济集中度显著。

这一空间结构的形成根植于越南的地理特点。南部地区地势平坦，气候适宜，丰富的农业和水资源为经济发展提供了有利条件。胡志明市作为南部的经济中心，依托其优越的地理位置和先进的港口设施，成为国际贸易和投资的重要门户。河内市作为北部地区的核心城市，不仅是政治文化中心，还在一定程度上发挥着经济引擎的作用。但北部山区地理环境相对恶劣，交通受限，制约了该地区的经济增长。这种地理分异影响了南北两极的经济格局，使得南部更加依赖制造业、出口和旅游业等产业，而北部更偏向农业和一些传统工业。

历史和国情也在这一格局的形成中发挥了重要作用。南部地区虽然在战争期间遭受严重破坏，但革新开放之后，其相对较早的对外开放政策吸引了大量外国投资。与之相反，北部地区在战争中较少受到影响，但经济改革起步较晚，从而导致南北发展的差异和两极的经济结构。

越南根据各地区规划以及经济统计的需要，将全国划分为六大经济社会地理区：①北部边境和山区；②红河平原地区；③中北部和中部沿海地区；④西原地区；⑤南部东区；⑥湄公河平原地区。为了促进全国经济发展，越南政府还建立了四大重点经济区，因地制宜地发展各个经济区的重点产业。

第一节 两极经济空间结构

近几十年来，外资的涌入为推动越南的经济增长发挥了关键作用。这些资金流入呈现出空间上的集中，聚焦于两大核心城市——河内市与胡志明市，以及这两个城市的周边地区。此外，还有一部分外资流向了规模较小的次要地区，如沿海的岘港等地。

河内市与胡志明市及其周边地区成为外资投资的主要热点，吸引了主要的外资公司。这种集中现象在一定程度上推动了红河平原地区和南部东区的经济增长。这些地区在外资的促进下，发展出了多样化的产业和服务业，推动了当地就业机会的增加、基础设施的改善以及人口流动的增加，并进一步塑造了越南显著的两极区域经济和产业结构。第一梯队包括河内市、胡志明市及其周边的经济区域，即河内市周围的红河平原地区与胡志明市周围的南部东区。这些地区合计约占越南工业和服务业就业、生产及利润的80%。与之相对，第二梯队由其余四个经济社会地理区（北部边境和山区、中北部和中部沿海地区、西原地区和湄公河平原地区）组成，这四个地区的城市人口和非农就业岗位的集中度相对较低。

河内市在其邻近地区，特别是东部地区，表现出强劲的就业增长和人口增长。胡志明市在其东部周边地区也呈现出集中的就业增长和人口增长现象，其西部周边地区也存在类似的趋势（范璐璐，2013）。

2020年，河内市人口达到825万，占全国总人口的8.45%；胡志明市人口922万，占全国总人口的9.45%，是越南最大的两个人口聚集区。河内市生产总值占全国GDP的16.21%；胡志明市生产总值占全国GDP的21.8%。两个城市生产总值增长率、工业生产指数基本高于全国平均水平，其余指标如投资支出、商品和服务零售额、出口总额等，河内市与和胡志明市也都占有一定的比重，显示出两极区域对全国经济的重要支撑以及显著的两极区域经济空间结构（表7-1）。

表 7-1　2020 年越南主要城市各类指标

指标	单位	全国	河内市	河内市占全国比重（%）	胡志明市	胡志明市占全国比重（%）
人口	万人	9 758.27	824.65	8.45	922.48	9.45
GDP（现价）	十亿盾	6 293 145	1 020 000	16.21	1 371 716	21.80
GDP（2010 不变价）	十亿盾	3 847 182	689 050	17.91	992 230	25.79
GDP 增长率	%	2.91	4.18	143.64	1.36	46.74
工业生产指数	—	103.30	104.70	101.36	95.40	92.35
投资支出（现价）	十亿盾	2 164 457	413 508	19.10	442 280	20.43
商品和服务零售额（按现行价格计算）	十亿盾	4 976 454	584 526	11.75	1 136 008	22.83
出口总额	亿美元	2 826.29	151.59	5.36	402.51	14.24
粮食作物的生产	万吨	4 732.10	104.47	2.21	9.00	0.19
各年级学生平均数	万人	1 756.80	155.70	8.86	134.90	7.68

资料来源：河内市统计局：《河内市 2020 年统计年鉴》，2021 年。

然而，这种两级空间经济结构也带来了一些挑战和问题。首先，过度的集中可能导致其他地区的发展受限，造成地区间的不平衡；其次，高度的两极化加大了整体经济系统对外部冲击的敏感性，使整体经济更加脆弱；最后，这种集中模式导致某些地区的产业结构过于单一，限制了全面发展的可能性。

一、国家脉搏：胡志明市

胡志明市，古名"西贡"，1975 年为了纪念越南领导人胡志明而改名，是越南的经济文化中心。胡志明市位于越南南部，市中心距南海海岸线约 50 千米（Pham，2018）。

胡志明市位于东南亚地区的中心，在公路、水路、航空等领域扮演着重要的交通枢纽角色，是连接区域内各省份的关键门户，同时也作为国际门户发挥作用。胡志明市总面积 2 095.6 平方千米，2019 年人口 899.31 万人。[①] 预计到

[①] 胡志明市统计局："胡志明市 2019 年社会经济概览"，2020 年，http://www.pso.hochiminhcity.gov.vn/web/guest/niengiamthongke2019。

2035年，全球将有15个城市的人口超过1 000万人，胡志明市成为其中之一。

胡志明市位于南部东区和湄公河平原地区之间的过渡地带，地势自北向南、自西向东逐渐下降。高地主要分布在东北部和西北部，海拔10—25米。低地则位于城市西南部，平均海拔维持在1米范围内，最低处0.5米。该市拥有热带季风气候，气候温和。年均气温27℃，各月之间温差不超过5℃。全年日照时数2 500—2 700小时，年降水量约2 000毫米，平均湿度75%—78%。

胡志明市的城市建设逐渐形成了东西、南北两个主要轴线。从市中心到海边的直线距离约50千米，市区拥有约15千米的海岸线。但正因如此，该市特别容易受到洪水的威胁，在全球面临气候变化威胁最严重的沿海城市中，胡志明市排名第四位（Nicholls et al., 2008）。随着人口不断增加，未来洪水给社会、经济和环境带来的风险也在逐渐上升。[1]

（一）金融、经济中心，贸易枢纽

世界经济论坛的评估表明，胡志明市2019年的全球竞争力指数排名大幅上升了10位，成为亚洲新兴经济体中最具吸引力的目的地之一。

1991年以来，越南GDP年均增速6.9%。作为越南最发达的城市，胡志明市2010—2018年生产总值年均增速达到9.42%。持续的经济增长带来收入水平的不断提升。

2019年，尽管占全国人口的比例仅为9.35%、面积仅占0.63%，胡志明市却贡献了全国GDP的23%。此外，该市还吸引了全国33%以上的FDI项目，承载了大部分并购、风险投资基金和侨汇等间接投资。作为越南股市的发源地，胡志明市的金融基础设施对商业银行、中介金融机构、投资基金、金融公司和证券公司等具有巨大的吸引力。

胡志明市的金融机构集中度高于全国其他地区。仅仅在银行系统和非银行信贷机构方面就有2 138家，其中包括银行办事处、证券交易所、50家全额外资银行分行、31家股份制商业银行以及4家国有银行。2019年，胡志明市的存款总余额占到全国的24.09%，贷款总余额占到全国的28.05%。

---

[1] 亚洲开发银行："胡志明市应对气候变化的适应性"，马尼拉，菲律宾，2010年。

根据《全球城市竞争力报告（2019—2020）》的评估，胡志明市被评为 D+等级城市，即被认定为区域枢纽城市。2018 年越南统计局的数据显示，胡志明市的人口密度为 4 290.4 人/平方千米，是所在地区南部东区人口密度的 6.2 倍，是全国人口密度的 14.9 倍。高人口密度反映了该城市的繁荣和吸引力及其在经济、文化、社会发展方面的活力。

胡志明市的经济表现卓越。首先，在经济规模方面，全市生产总值占越南 GDP 的 23.4%，人均生产总值达到 5 945 美元（2017 年）；其次，在财政收入方面，胡志明市地方国家财政收入占国家财政总收入的 30%以上；再次，服务业在胡志明市经济中的占比持续增加，占 GDP 的比例保持在 59%—60%；最后，在工业领域，胡志明市引入了现代化、高科技的机械设备，特别是在电子产品制造业方面。

胡志明市的重点工业部门包括食品加工业、橡胶塑料业、电子制造业和机械制造业；重点服务业部门包括商业、仓储运输、住宿餐饮、媒体业、银行金融业、房地产业、科技业、教育培训业等。

胡志明市与平阳、西宁、东北、巴地-头顿等省接壤，地理位置优越，南临南海，拥有长达 15 千米的海岸线，在海洋经济方面具备良好的发展条件。在国际贸易领域，胡志明市位于太平洋的空中和海上交通轴心，成为亚太地区重要的空中交通中心。

胡志明市每年新建企业数量持续增加。如表 7-2 所示，2016 年，新建企业数量为 36 442 个，随后逐年增长，2019 年达到 44 769 个。受新冠疫情影响，2020 年新建企业数量下降为 41 423 个。与全国范围相比，胡志明市的新建企业数量一直占据 30%—33%的比例，比河内市约多一半。在商品和服务零售额方面，胡志明市每年占全国份额的 22%左右，这一比例略有下降的趋势，2020 年占比为 20.88%（表 7-3）。

这些数据反映了胡志明市作为越南经济中心的活力和吸引力。持续增加的新建企业数量表明该城市良好的创业环境和商业机遇以及在经济发展中的引领作用。胡志明市在新兴产业、创新和投资方面的发展，使其成为越南企业家和投资者的理想选择地。

表 7-2　2016—2020 年越南全国及河内市、胡志明市新建企业数量

年份	全国（个）	河内市（个）	河内市占比（%）	胡志明市（个）	胡志明市占比（%）
2016	110 100	22 663	20.58	36 442	33.10
2017	126 859	24 545	19.35	41 686	32.86
2018	131 275	25 231	19.22	43 230	32.93
2019	138 139	27 711	20.06	44 769	32.41
2020	134 940	26 135	19.37	41 423	30.70

资料来源：越南统计局：《2021 年越南统计年鉴》，统计出版社（河内），2021 年。

表 7-3　2015—2020 年越南全国及河内市、胡志明市商品和服务零售额

年份	全国（十亿盾）	河内市（十亿盾）	河内市占比（%）	胡志明市（十亿盾）	胡志明市占比（%）
2015	3 223 202.6	375 516.3	11.65	711 206.7	22.07
2016	3 546 268.6	413 035.7	11.65	779 293.6	21.98
2017	3 956 599.1	430 145.0	10.87	871 796.3	22.03
2018	4 393 525.5	458 898.3	10.44	967 210.8	22.01
2019	4 892 114.4	511 407.2	10.45	1 057 218.0	21.61
2020	4 976 454.3	524 960.1	10.55	1 039 308.0	20.88

资料来源：越南统计局：《2021 年越南统计年鉴》，统计出版社（河内），2021 年。

（二）创新性强，吸引 FDI 领先地区

城市竞争力指数（PCI）是由越南工商业联合会（VCCI）在美国国际开发署（USAID）的支持下进行评估的。2011—2014 年，胡志明市的 PCI 排名逐年提升，从第 20 位上升至第 4 位；之后开始下降，受新冠疫情影响，2022 年 PCI 排名下降至第 27 位（表 7-4）。

表 7-4　2011—2022 年胡志明市 PCI 及排名

年份	PCI	排名
2011	62.00	20
2012	61.19	13
2013	61.19	10
2014	62.73	4

续表

年份	PCI	排名
2015	61.36	6
2016	61.72	8
2017	65.19	8
2018	65.34	10
2019	67.16	14
2020	65.70	14
2021	67.50	14
2022	65.86	27

资料来源：越南工商业联合会："城市竞争力指数（PCI）调查结果"，河内，2018年6月。

作为越南的经济和科技中心，胡志明市扮演着连接该国业务的重要枢纽角色，同时拥有丰富的高质量人力资源。胡志明市一直以来都在吸引外资方面表现出色。截至2016年底，胡志明市累计吸引6 659个FDI项目，注册资本总额达到376.70亿美元，占全国注册资本总额的12.8%，这一数字在南部东区占比28.9%，相当于河内市的146.3%（表7-5），远超平阳、同奈和巴地-头顿等省。2019年胡志明市新增外商投资许可项目数1 365个，注册资本达到18.91亿美元，较2018年增长28.8%；调整增资项目共313个，增资金额8.61亿美元；此外，2019年境外投资者出资、参股项目6 075个，总出资额55.86亿美元；新注册资本、调整后增资以及购股出资的总额达到83.38亿美元，较2018年增长33.7%。

表7-5 截至2016年底胡志明市与全国和地区FDI比较

地区	项目数（个）	注册资本总额（亿美元）	胡志明市注册资本占地区的比例（%）
全国	22 594	2 937.00	12.8
南部东区	11 961	1 305.00	28.9
胡志明市	6 659	376.70	—
河内市	3 960	257.49	146.3
平阳省	3 050	266.00	141.6
同奈省	1 368	258.71	145.6
巴地-头顿省	345	270.89	139.1

资料来源：越南统计局、胡志明市统计局："2011—2016年在胡志明市内的外资企业投资活动实况"，2018年12月。

与其他地区相比,南部东区被普遍认为是越南吸引外国投资最多的地区,占全国外资总额的44.43%。这种吸引力源于该地区优越的基础设施、发达的信贷服务和金融机构以及健全的银行、卫生和教育系统。此外,该地区人口密度较高,人均收入水平相对较高,因此消费需求旺盛,同时也有充足的劳动力资源。这些因素共同构成南部东区对外国投资者的吸引力。胡志明市在其中发挥着主导作用。

(三)人口最密集,高技术人才聚集

根据2019年统计年鉴数据,胡志明市人口数量为899万人,2005—2017年人口年均增长率3.16%。这一人口增长趋势主要受到胡志明市内城区扩张的影响以及集中工业区对劳动力需求的驱动。这些因素共同促使人口向胡志明市迁移,进一步加速了城市的扩张和人口增长。

考虑到暂住人口,胡志明市及其周边的实际人口总量可能达到1 300万—1 600万人。伴随人口的快速增长,城市开发也进行得如火如荼。2015年,城市建成区面积已经达到494平方千米,是1985年城市面积的4.5倍,城市面积增长率高于人口增长率(Nguyen et al.,2017)。

来自各个省份的移民涌入城市,为该市的经济发展做出了重要贡献,也形成了多样化的美食和消费文化。根据生活水平调查结果,2016年全市居民的人均月收入是全国平均水平的1.79倍(表7-6)。

表7-6 胡志明市与全国人口及收入比较

		2011年	2016年
人口	全国(万人)	8 786.03	9 269.51
	胡志明市(万人)	759.01	844.19
	胡志明市占全国比例(%)	8.6	9.1
人均月收入	全国(万盾)	200.00	304.90
	胡志明市(万盾)	3 652.77	548.10
	胡志明市占全国比例(%)	182.6	179.8

续表

		2011年	2016年
商品零售总额	全国（十亿盾）	1 535.60	2 668 413.00
	胡志明市（十亿盾）	319 823.00	470 124.00
	胡志明市占全国比例（%）	20.8	17.6

资料来源：2017年胡志明市经济总体调查指挥部："2017年经济总体调查——2012—2017年胡志明市重要的4个工业和9个服务业的经济发展状况"，2018年。

根据《2019年劳动与就业调查报告》的规定，人力资源指的是年龄在15岁及以上的人口，包括从事经济活动的人口（劳动力）和未从事经济活动的人口。2016年，胡志明市15岁及以上人口440万，占全市总人口的52.4%，占全国劳动力总数的8.1%。同年，胡志明市在职职工人数430万，占该市劳动力总数的97.4%。劳动力的增加只是经济发展的必要条件，满足扩大商品消费和分销市场的需求，而劳动力资源的质量才是社会经济发展的核心条件。

2011年，全国中级及以上专业技术资格劳动者的比例只有11.5%，但胡志明市的这一比例达到了22.7%。2016年，全国比例提高到14.9%，胡志明市则达到27.7%。在大城市工作，特别是要求高质量客户服务的行业，对员工的技能要求更高，所以需要更为熟练和专业的劳动力（表7-7）。

表7-7　胡志明市与全国劳动力比较

		2011年	2016年	2016/2011年
15岁及以上劳动力	全国（万人）	5 139.8	5 444.5	105.9
	胡志明市（万人）	400.1	443.4	110.8
	胡志明市占全国比例（%）	7.8	8.1	—
15岁及以上劳动力在工作	全国（万人）	5 035.2	5 330.3	105.9
	胡志明市（万人）	386.5	432.0	111.8
	胡志明市占全国比例（%）	7.7	8.1	—
专业技术合格劳动力的比例（中级以上）	全国（%）	11.5	14.9	—
	胡志明市（%）	22.7	27.7	—
	胡志明市/全国（倍）	2.0	1.9	—

资料来源：2017年胡志明市经济总体调查指挥部："2017年经济总体调查——2012—2017年胡志明市重要的4个工业和9个服务业的经济发展状况"，2018年。

（四）区域交通枢纽，国家旅游中心

胡志明市因其得天独厚的自然条件而成为越南和东南亚地区的重要交通枢纽。与河内市不同，水运在胡志明市交通中占据重要地位。在货运方面，通过该市枢纽的海运量约占总运量的29%，而内河运输量则约占总运量的20%。公路运输在货运中占比为44%，但在客运方面占比达到85.6%。在空中交通方面，胡志明市拥有新山一国际机场，该机场面积和航站楼容量在越南都是最大的。

胡志明市拥有发达的公路、铁路、水路和航空网络，使其与中部和北部省份连接更加便捷。市区通过1A号国道、通一铁路和新山一机场与其他省份相连，增强了其作为经济中心的地位。

胡志明市拥有丰富多样的自然旅游资源和人文旅游资源，包括许多历史文化遗迹。古芝地道、本多寺、统一厅、市人委会大楼、市邮政局、胡志明主席纪念区等是该市的重要历史文化标志，此外还有一些古庙，如嘉林宝塔、嘉维恩宝塔、永义宝塔等。

胡志明市拥有13个公共博物馆，是越南博物馆数量最多的城市。此外，该市还有许多由私营部门创建的其他博物馆，展示了丰富的历史、文化和艺术遗产，为游客和当地居民提供了丰富多彩的文化体验。

截至2017年，胡志明市共有2 128家旅游住宿场所，总计提供50 261间客房。其中，1—5星级住宿场所1 941家，提供48 729间客房；旅游宾馆185家，提供1 166间客房。自2015年以来，胡志明市旅游营业额一直占据越南全国旅游营业总额的60%左右。2020年由于新冠疫情的影响，预估值下降至49.17%。这些数据充分表明胡志明市在该国旅游业中扮演着重要的角色（表7-8）。

表7-8　2015—2020年越南全国及河内市、胡志明市旅游营业额

年份	全国（十亿盾）	河内市（十亿盾）	河内市占比（%）	胡志明市（十亿盾）	胡志明市占比（%）
2015	30 444.1	7 831.9	25.73	18 456.3	60.62
2016	32 530.3	8 065.3	24.79	19 097.0	58.70
2017	36 111.8	8 465.8	23.44	21 580.5	59.76

续表

年份	全国（十亿盾）	河内市（十亿盾）	河内市占比（%）	胡志明市（十亿盾）	胡志明市占比（%）
2018	40 371.2	9 273.7	22.97	24 218.9	59.99
2019	44 669.9	10 145.5	22.71	26 834.5	60.07
2020	16 263.4	5 082.9	31.25	7 996.7	49.17

资料来源：越南统计局：《2020年全国人口与住房普查结果》，统计出版社（河内），2021年。

二、国家心脏：河内市

河内市是越南的首都，位于红河平原西北部，是越南的政治中心，也是越南第二大城市，人口805万（2019年）。据越南财政部第15 NQ/TW号决议："河内是全国的心脏，国家的政治行政首脑，文化、科学、教育、经济和国际交易的主要中心"。

河内市有着上千年的历史，自11世纪初建都以来，曾是李朝、陈朝、黎朝三个封建王朝的京都。古代被称为大罗、升龙。在历史上，河内是一个人口密集的湿稻农业区。

河内是越南北部的大城市，地理位置优越，四季分明但气候偏热，地处副热带季风气候地带，春季温润多细雨，夏季高温多雨，夏秋季有台风、洪涝，冬季盛行较温凉的东北季风。气温常在14—18℃，若有寒潮来袭，有时在10℃以下。河内年均降水量1 678毫米，7月平均温度27.0℃，1月平均温度15.0℃。最低温度是0.0℃，最高温度是40.9℃（Labbé，2021）。

河内地形多样，包括高山、低丘和低洼平原。它坐落于水系丰富、土壤肥沃的红河平原，水在整个城市的形成发展中起到举足轻重的作用，影响着河内的城市格局、建筑、景观以及市政建设。经历了数次政权更替、殖民统治和战乱，这座千年古都一直处在不断的转变之中，20世纪80年代的经济改革促使河内从一个以农耕文化为主导的城市迅速转变为现代化都市。经济蜕变以及全球化和快速城镇化的冲击使河内在城市规划、管理、市政发展、环境和历史保护等多方面面临前所未有的挑战（Ta、纪雁，2013）。

在过去几十年中，河内经历了多次扩建和行政区划的调整，导致城市面积和人口的显著增加。1960年第一次扩建，河内市总面积增加到586.1平方千米，总人口91.3万人；1978年第二次扩建，总面积增至2 130.5平方千米，总人口245.1万人；1991年进行缩小调整，剥离了一些地区，使得总面积减少到922.8平方千米，总人口212.8万人；2008年第四次调整行政区划，使得总面积增加到3 344.6平方千米，总人口增加到645.0万人；2013年，河内的面积基本不变，人口增加到721.2万人（表7-9）。

表7-9　1955—2013年河内面积与人口变化

	1955年	1960年[①]	1978年[②]	1991年[③]	2008年[④]	2013年
面积（平方千米）	152.2	586.1	2 130.5	922.8	3 344.6	3 324.5
内城	12.2	37.4	40.0	40.0	228.3	228.3
郊区	140.0	548.7	2 090.5	882.8	3 116.3	3 096.2
人口（万人）	53.0	91.3	245.1	212.8	645.0	721.2
内城	37.0	46.4	74.3	98.2	242.3	270.7
郊区	16.0	45.0	170.8	114.7	402.7	450.6
人口密度（人/平方千米）	3 482	1 558	1 150	2 306	1 926	2 169
内城	30 328	12 401	18 573	24 558	10 636	11 855
郊区	1 143	819	817	1 298	1 290	1 455

注：①1960年河内首次扩张；②1978年河内第二次扩张；③1991年河内6区1镇迁至河西、永福；④2008年河内第四次调整后2009年的数据。

资料来源：河内市统计局："河内首都60年建设与发展的经济-社会状况"，2014年10月8日，http://thongkehanoi.gov.vn/a/thu-do-ha-noi-60-nam-xay-dung-va-phat-trien-1412734991/。

在1986年越南开始革新开放的背景下，河内市也经历了重大的发展变革。这一时期，经济的持续增长和外资的涌入对城市的发展产生了深远影响。为吸引外资，兴建新工业区成为该市发展的重要手段。河内市总体规划明确了城市向南和向西北延伸，同时发展周边卫星城市。传统城区和法国区被定位为商务办公区，尤其是法国区，由于其完善的基础设施和充满欧洲风情的建筑而成为商业投资的热点。西湖沿线的皇城北部则建立了以高层建筑为主的现代宾馆服务区。此外，巴亭区也进一步完善了行政办公职能。

《2030年河内总体规划——展望2050年》预测，到2030年，河内的城镇化率将达到70%，同时在经济增长、城市竞争力、自然资源保护和历史建成环境之间取得平衡。该规划以可持续发展为原则,计划发展一个中心城市和五个卫星城,以形成一个城市群。

(一)政治、科技中心,国家贸易和服务中心

河内市不仅是政治、党派、国会、政府等最高机构的聚集地,还是外交机构和国际组织的驻地。尽管河内的领土面积仅占全国的1%,人口占7.7%,但每年对全国GDP的贡献都超过10%,并贡献了国家财政总收入的16%以上,突显了河内在国家经济中的重要角色。

2004—2018年,河内市生产总值增长了近四倍。尽管如此,河内在这段时间内对全国GDP的贡献仍然不到胡志明市的一半。主要原因是河内的工业化水平较低,这也是一般国家首都城市的特点,政府部门的人口比例相对较高。为了促进河内建设成一个多中心城市区域,形成自治卫星城,越南政府于20世纪90年代后期决定在河内以西30千米处建设一个大型高科技园区,以发展以知识为基础的城市经济。

根据普华永道的报告,2008—2025年,河内将成为世界上增长最快的城市。平均而言,2016—2019年,河内的地区生产总值增长了7.38%。在2008—2017年的10年间,河内经济的年均增长率为7.41%。2017年,河内的地区生产总值达到324亿美元,是2008年的1.9倍;人均地区生产总值相应增加,2017年达到3 910美元/人,是2008年1 697美元/人的2.3倍。特别是农民收入,从2008年的511美元/人/年增加到2017年的1 494美元/人/年。

根据2021年经济普查和行政调查结果,河内市共有企业144 741家,较2017年经济普查增长了31.4%;合作社1 332家;个体工商户352 329家。[1] 在越南,河内是信息和通信技术收入领先地区,拥有16 000家相关企业。全国5个集中的信息技术工业区中,河内有2个,其中大量的高科技产品和智能设备在河内生产。河内的城市竞争力指数(PCI)在波动中增长。根据越南工商业联合会的公告,2019年河内城市竞争力指数为68.8,比2018年上升3.4,在63个省市中排名第9位,与2018年相比排名保持不变(表7-10),与2015年相比

---

[1] Trâm Anh:"2021年河内地区经济普查:企业数量增加",2022年,https://kinhtedothi.vn/tong-dieu-tra-kinh-te-tren-dia-ban-ha-noi-2021-so-doanh-nghiep-tang-31-4.html。

上升了 15 位，与 2012 年相比上升了 42 位。

表 7-10　2017—2021 年河内市 PCI 及排名

年份	PCI	排名
2017	64.7	13
2018	65.4	9
2019	68.8	9
2020	66.9	9
2021	68.6	10

资料来源：越南工商业联合会："城市竞争力指数（PCI）"，https://pcivietnam.vn/ho-so-tinh/ha-noi。

在商品和服务零售额方面，河内每年约占全国份额的 10%。尽管这一比例略有下降的趋势，但 2020 年仍达到 10.55%（表 7-3）。

（二）领先的 FDI 目的地，北部区域中心

河内是越南吸引 FDI 的领先地之一，其商业环境、基础设施较好，训练有素的就业工人比例较高，使其具备强大的竞争力。截至 2020 年底，河内共吸引 6 482 个 FDI 项目，占全国总数的 19.30%；吸引的 FDI 总额达到 362.37 亿美元，占全国的 9.38%。尽管吸引的 FDI 项目数量和总额不及胡志明市，但河内的营商环境得到显著改善。2018 年，河内在 FDI 方面位居全国首位，在 2019 年更是吸引了 87 亿美元的 FDI，创下历史新高，连续第二年领先全国（表 7-11）。

表 7-11　截至 2020 年底越南全国及河内市、胡志明市 FDI 比较

地区	项目数量（个）	占全国比重（%）	项目总额（亿美元）	占全国比重（%）
全国	33 062	100.00	3 862.34	100.00
河内市	6 382	19.30	362.37	9.38
胡志明市	9 942	30.07	482.23	12.49

资料来源：越南统计局：《2020 年全国人口与住房普查结果》，统计出版社（河内），2021 年。

河内市的制造业一直是吸引 FDI 的重点领域之一。许多国际企业选择在河内设立制造基地，生产汽车、电子产品、纺织品以及制药。河内市的服务业也吸引了大量的 FDI，包括金融、零售、餐饮、旅游等领域。作为越南的政治和

商业中心，河内吸引了许多国际机构和企业设立办事处。在基础设施建设方面也吸引了一些大型投资项目，如交通、能源等领域的投资。

总体来看，河内市继续保持着在吸引 FDI 方面的活跃状态，各个领域都有投资涌入，促进了经济的发展和多样化。这些投资不仅对河内市的经济增长产生了积极影响，也为当地创造了就业机会，进一步巩固了河内市作为越南及国际重要的商业和投资中心。

作为越南的政治中心，河内承载着国家决策、管理和领导的职责，对整个北部地区的政治稳定和发展起到了关键作用。河内拥有众多大学、研究机构、博物馆、图书馆等文化和教育资源，为北部地区的文化传承和人才培养提供了重要基础。河内的文化活动和学术研究也对整个地区产生影响。河内作为北部地区的交通枢纽，连接着周边各省市以及国际交通网络。市内的道路、铁路、水路和航空设施促进了北部地区的物流及人员流动，推动了区域经济一体化。作为北部地区的中心城市，河内与周边省市展开密切的地区合作和发展。河内参与了许多地区性合作项目和倡议，促进了北部地区的协同发展和繁荣。

(三) 大学聚集地，教育培训行业发达

河内拥有丰富的教育资源，集中了许多大学和学院，在各个领域设立了各种课程和专业，为人才的培养和发展提供了重要支持。河内的大学、学院和研究机构涵盖文学、科学、技术、经济、医学、艺术等领域，使得学生可以在本地就读丰富多样的课程，满足了不同的学术和职业需求。众多大学和学院培养了大量的高素质人才，为社会、企业和政府部门提供了高水平的人力资源。许多优秀的毕业生在各个领域发挥着重要作用，推动着城市的发展和创新。河内不仅为当地居民提供教育，还成为培训的摇篮。许多来自其他省市的学生和职业人士前来河内接受高水平的培训与教育，以提升自己的技能和知识。

河内的大学和学院积极参与国际交流与合作，与外国的教育机构开展合作项目、交换计划等，为学生提供了更广阔的学术和文化交流平台。教育机构也在科研和创新方面发挥重要作用，推动着科学技术的发展和创新成果的产出。

截至 2020 年，河内有 97 所大学和学院以及 33 所高职院校，分别占据全国高等学校总数的1/3以及学生总数的40%。河内市的教育体系庞大而多样，涵盖了各个层次和领域的教育机构，为学生提供了丰富的学习机会和发展空间。

河内市在识字率方面表现出色，显示了该市对教育的高度重视和努力。河内市15岁及以上人口识字率达到99.2%，这在越南是一个非常高的比例，意味着几乎所有年龄在15岁以上的居民都具备了基本的识字和读写能力。

（四）主要文化和旅游中心，历史景观丰富

河内位于交通便利的位置。从河内到北部各省市以及全国的公路、铁路、水路和航空都很易达。河内在越中两条经济走廊——昆明-老街-河内-海防走廊和南宁-谅山-河内-海防走廊——占有重要地位。

河内拥有近6 000处文物古迹和约1 350个工艺村，为旅游提供了巨大的发展潜力。此外，河内的城郊和郊区自然资源丰富，适宜发展娱乐旅游、体育旅游、生态旅游、农业旅游等多种旅游形式。河内从越南历史初期起就是政治和宗教中心，也是首都的文化汇聚地。自1902年起，这个地方就以"东方小巴黎"的称号闻名。丰富的文化和自然资源，吸引着来自世界各地的游客。

河内汇集了该国最大、最重要的博物馆，包括历史博物馆、革命博物馆、美术博物馆、胡志明博物馆、军事博物馆、妇女博物馆、地质博物馆、民族博物馆等。拥有千年历史的河内，还拥有众多著名的旅游景点，如还剑湖、文庙、升龙皇城、古螺、大师寺、香寺、上庙、国王池塘、龙潭、西湖府等。此外，河内还举办许多传统节日，如香寺节、古螺安阳王节、风会、双婆庙会、堆多庙会等，许多节日与纪念碑、纪念堂紧密相连，形成独特的旅游产品。所有这些元素是河内成为全国主要旅游中心的重要因素。游客在这里可以领略丰富多彩的文化遗产，感受历史与现代的交融，享受独特的旅游体验。

河内市的国际游客数量由2008年的130万人次迅速增长至2017年的495万人次。国际游客在该市的市场份额约占全国游客总数的40%。河内不仅是越南北部地区旅游的主要集散地，还扮演着连接东盟和该地区其他国家游客的桥梁角色。根据越南统计局的数据，2015年以来，河内市旅游收入基本上占越南全国旅游收入总额的20%以上。

河内不仅是一个拥有丰富文化遗产的城市，还是一个蓬勃发展的创新孵化器。为了充分发挥和利用创意设计领域的潜力与优势，河内一直在加速推动各种创新和创意项目的实施。河内在创新空间数量方面处于领先地位，如还剑湖步行空间、郑公山步行街、冯兴壁画空间、碎艺术合作社、越南手工艺村精华项目、河内博物馆文化建筑空间等。此外，河内还在积极推进创意中心、智慧城市、文化基金等建设，旨在开发和转化文化资源。2019年，河内正式成为联合国教科文组织创意城市网络的成员，进一步彰显了其在创意和文化领域的重要地位。

第二节　六大经济社会地理区

根据地理环境、经济发展水平及文化特征，越南将全国划为六大经济社会地理区：①北部边境和山区；②红河平原地区；③中北部和中部沿海地区；④西原地区；⑤南部东区；⑤湄公河平原地区。六大经济社会地理区在资源基础上存在显著差异，因此在比较和竞争优势方面也存在显著差异（表7-12、表7-13）。河内市与胡志明市拥有市场优势和广泛的技能基础，它们所在的地区天然具备产生高附加值商业活动的潜力；湄公河平原地区在农业和海产品加工方面具有比较优势，中北部和中部沿海地区在农业方面具有优势，西原地区适合种植经济作物，北部边境和山区有一定的制造业优势。

一、北部边境和山区

（一）地理基础与资源特征

北部边境和山区北接中国广东、广西和云南三省，西接老挝，南接红河平原和中北部沿海地区。

在行政上，北部边境和山区包括河江省、高平省、北泮省、谅山省、宣光省、老街省、安沛省、太原省、富寿省、北江省、莱州省、奠边省、山萝省、和平省14个省，区域中心是太原市。面积100 965平方千米，占越南总面积的28.6%，是六个经济社会地理区中面积最大的一个。

表 7-12　越南各个地区的优势产业领域

地区	优势产业领域	LQ	地区	优势产业领域	LQ
北部边境和山区	农作物：玉米其他谷物	105.59	红河平原地区	摩托车生产	2.83
	农作物：茶叶	58.06		汽车零部件制作	1.93
	体育设备生产	9.45		通信设备生产	1.79
	乳制品生产	9.34		其他专业化建设活动	1.69
	光学仪器设备制造	7.39		电子设备制造	1.63
	硬煤采矿	12.65	中北部和中部沿海地区	石制品切割制作	7.82
	矿物开采	12.61		农田支持类生产	4.87
	通信设备制造	5.16		糖类生产	3.56
	计算机设备制造	4.38		麦芽（酒）生产	3.27
	贵金属与其他金属制造	3.99		淀粉及相关产品生产	3.04
湄公河平原地区	海洋渔业	11.15		运输设备维修（不包含摩托车）	7.21
	箱包生产	4.76		石制品切割制作	4.13
	纺织品制造	4.74		玩具生产	3.57
	汽车燃料零售	3.40		场地准备	3.50
	大米批发	3.31		乳制品生产	3.34
西原地区	咖啡种植	52.30	南部东区	其他未列明的制造业	1.72
	林业	47.76		其他橡胶制品制造	1.69
	多年生植物种植	45.47		管理咨询	1.68
	植物育种	28.77		鞋类生产	1.58
	橡胶树种植	16.07		片材产品制造	1.58

注：LQ（Location Quotient）是区位商数，它是衡量一个地区在给定行业的专业化程度的指标。LQ 计算为一个行业占一个地区总就业人数的份额除以该行业占全国总就业人数的份额。LQ 值大于（小于）1 表示一个地区在某一行业的专业化程度高于（低于）全国平均水平。

资料来源：世界银行研究团队对越南统计局关于 2016 年企业普查数据的分析而得。世界银行："站在十字路口：越南的城镇化概览"，2020 年，https://documents1.worldbank.org/curated/en/633971604688667905/pdf/Overview.pdf。

表 7-13　2020 年越南各地区人口概况

地区	面积（平方千米）	人口（万人）	人口密度（人/平方千米）
全国	331 236.0	9 758.27	295
北部边境和山区	95 221.9	1 272.58	134
红河平原地区	21 260.8	2 292.02	1 078

续表

地区	面积（平方千米）	人口（万人）	人口密度（人/平方千米）
中北部和中部沿海地区	95 875.8	2 034.32	212
西原地区	54 508.3	593.21	109
南部东区	23 552.8	1 834.29	779
湄公河平原地区	40 816.4	1 731.86	424

资料来源：越南统计局：《2020年全国人口与住房普查结果》，统计出版社（河内），2021年。

该地区自然资源丰富，经济结构多元化，在采矿和矿物加工业、水电以及热带农业、亚热带和温带林业产品、海洋经济和旅游业的综合发展方面具有优势。

该地区地形多样，包括高山、低山和平原。西北地区以中高山为主，这里是越南海拔最高、地形最分散也最危险的地区。常见的地形有高山、深谷或峡谷以及中等海拔的石灰岩高原。最高和最大的山脉是黄连山山脉，有许多超过2 500米的山峰，最高峰番西邦（3 143米）也分布在这里。东北山区以中低山为主。柴河上游地块有许多2 000米左右的山峰，是东北山区最高的山峰。从这里过渡到东部大海的是海拔逐渐降低的弧形山脉。从东北山区过渡到红河平原，从永福省到广宁省是山顶圆润、坡度平缓的丘陵。

北部边境和山区是热带气候，也受到季风影响。西南向的季风使得夏季炎热干燥、多雨，东北向的季风使得冬季寒冷干燥、少雨，偶有一些恶劣天气出现，如干热、干旱等。

北部地区的中部和山区是越南矿产资源最丰富的地区。主要矿产有煤、铁、锡、铅锌、铜、磷灰石、黄铁矿、石灰石和黏土，用于制造水泥、砖等，但大多数矿山的开采需要现代化的设施和大量的成本投入。

该地的广宁煤区是东南亚最大的煤炭储备地之一，储备丰富且品质优良。年产煤量超过3 000万吨，主要用于火力发电厂的能源供应以及燃料出口。该地区拥有一些重要的火力发电厂，如Uong Bi（广宁省）火力发电厂（450兆瓦）、Cao Ngan（太原省）火力发电厂（116兆瓦）、Na Duong（谅山省）火力发电厂（110兆瓦）。

西北地区有铜镍矿、稀土等大型矿山。东北地区有许多金属矿，包括铁矿、锡和铝土矿、锌-铅矿、铜-金矿、锡矿。

北部边境和山区的河流水电容量较大。红河流域系统（1 100 万千瓦）占越南水电储量的 1/3 以上，仅沱江就占近 600 万千瓦，这些大型水能资源已经或正在被开发利用。目前，沱江上正在建设山萝水电站（2 400 兆瓦）。许多小型水力发电厂也建造在河流的支流上。水电的发展是该地区发展的新动力之一。

该地区大部分山脉由页岩、石灰岩组成，中部地区有古老的冲积土，沿河谷和山区的田野也有冲积土分布。

北部边境和山区有多条国道和公路，连接着河内及其周边地区与北部山区、工业城市、矿产区、林产品区以及大型养殖区。该地区包括 2 号、3 号、4 号、6 号国道以及 37 号公路，这些道路的建设和发展促进了区域经济的发展与交流。它们不仅在经济上有重要意义，也对国防、文化和社会发展产生积极影响。在铁路方面，河内-Đồng Đăng 线长 123 千米，与中国相连。这是一条重要的铁路，沿途经过许多关键的经济和国防地区。

北部边境和山区具有诸多天然优势，为农业发展创造了有利条件，例如：边境线长，国际口岸多，交通便利；自然资源本底有助于农业发展，农产品结构多样，包括热带和温带的多种作物与牲畜；土地面积大，适宜发展多种多年生作物，经济效益高。该地区农村发展主要有三种模式：与农林经济活动、森林保护有关，以森林为生的高地村模式；与经济活动相关的公社和村庄集群模型；定居社区集群模式。[①]

（二）产业经济发展格局

北部边境和山区各省之间的发展水平不均，相互联系仍然有限。该地区从温带、亚热带到热带的多样化果树种植具有一定的优势，多年生作物的生产使农业向高质量商品生产方向发展，有助于消除贫困并发展经济。2020 年，北部边境和山区的果树种植面积达到 25.42 万公顷，仅次于湄公河平原，居全国第二位。2015—2020 年，全区果树种植面积从 16.45 万公顷增加到 25.42 万公顷，年均增加 1.6 万公顷。

---

① 总理签署令：《2021—2030 年农业和农村可持续发展战略，到 2050 年的愿景》，2022 年 1 月 28 日，https://chinhphu.vn/?pageid=27160&docid=205277。

2020年，该地区产品总规模达到68.92亿盾。部分地区生产总值规模较高，如太原省（12.56亿盾，占该地区总量的18.2%）和北江省（121.1亿盾，占17.6%）。北泮省、高平省、莱州省、山萝省、安沛省是地区生产总值规模较小的地区，仅占全区的1.9%—4.8%。截至2020年底，全区有生产经营成果的经营企业26 470家；其中，企业较多的省份有北江省、富寿省和太原省。全区15岁及以上从业人员780万人，2020年失业率为0.95%，远低于全国总失业率的2.48%。[①]

东北地区是越南少数民族聚居区，水电资源和矿产资源丰富。该地区主要经济作物包括特等茶叶、肉桂、茴香等，药物草木有三七、草果、杜仲等。西北地区经济发展相对落后，优势产业为矿产和林业。

二、红河平原地区

（一）地理基础与资源特征

红河平原地区在越南北部，面积约20 973平方千米，约占全国总面积的7%。该地区由11个省市组成，包括2个中央直辖市——河内市和海防市，以及9个省——北宁省、河南省、海阳省、兴安省、南定省、太平省、永福省、宁平省和广宁省。

红河平原地区有着悠久的土地开发历史，拥有一千多年的文明。这里地势相对平坦，河流系统比较密集，为陆路交通系统和基础设施的发展创造了有利条件。在雨季，河流流量过大，容易引发洪水，特别是河口地区洪水汇合时，会造成河道滞水。在旱季（10月—次年4月），河水流量仅为当年水量的20%—30%，造成水资源短缺。因此，为稳定生产，特别是农业生产，红河平原地区需要建设灌溉系统和堤防系统，防洪防旱。

该地区黏土资源丰富，尤其是海阳的白黏土，可用于陶器产品的开发生产。从太原-海防到金门-海阳、从河西到宁平的石灰石带占越南石灰石储量的5.4%，主要用于建筑材料工业。褐煤资源储量达百亿吨，居该国首位。总的来

---

① 越南+网站："连接中部平原与北部山区的投资发展"，2021年4月20日，https://www.vietnamplus.vn/ket-noi-dau-tu-phat-trien-vung-trung-du-va-mien-nui-phia-bac/706984.vnp.

说,矿产种类不多,储量中等,工业发展严重依赖外来原料。

红河平原地区海域面积广阔,海岸有宽阔的滩涂和厚厚的冲积层,是水产、海藻和沿海养殖的基础。

该地区的农业用地由红河与太平江的冲积层堆积而成,适合集约种植湿稻、农作物和短期经济作物。粮食作物生产面积全国第二,达 124.29 万公顷。该地区仍可扩展 13.7 万公顷农用地。

该地区长期以来一直是人口稠密的湿稻种植区。早在 19 世纪后期,就有 600 万—700 万人口,人口密度 430 人/平方千米,是当时亚洲农村人口密度最高的地区,等于或超过爪哇或孟加拉国恒河平原。之后,该地区经历了显著的人口和经济增长,并在革新开放后迅速加速。20 世纪 90 年代,越南的平原和沿海地区开始形成城市地区,在城市范围、人口规模和密度方面都达到了前所未有的规模。红河平原地区就是这些新的大城市地区之一,到 90 年代后期,该地区被确立为越南从极度贫困的农业社会向城市工业社会转变的关键地点(Labbé,2019)。

该地区发挥着北部地区门户的作用,现有的交通系统如公路、河道、海路、航空、铁路、海港、机场等是连接红河平原地区和其他经济区域的纽带。该地区也拥有丰富的旅游资源。因东临北部湾,海岸线总长 620 千米,拥有得天独厚的海洋旅游资源、众多美丽的海滩和著名景观。其中,下龙湾、白土龙被联合国教科文组织认定为世界自然遗产。该地区有被称为"第一天然洞穴"的香积洞穴(Huong Tich),还有一些其他洞穴,有 1 700 多个名胜古迹,其中文化类古迹占全国古迹的 70%。

(二)产业经济发展格局

目前,红河平原地区的经济结构正在转变:第一产业部门(农业、林业、渔业)的比重减少,第二产业部门(工业、建筑业)和第三产业部门(服务业)的比重增加。具体来说,该地区减少种植业的比重,增加畜牧业和水产养殖业的比重;在工业方面形成重点产业,如食品加工业、纺织服装和鞋类工业、建筑材料生产、机械工程-电气工程-电子工业等;在第三产业上,旅游业具有一定的潜力,金融、银行、教育培训等其他服务业也在蓬勃发展。

红河平原地区人力资源多，知识水平高，高素质劳动力集中。该地区集中了越南约 26% 的大专以上学历人员、72% 的大学学历人员和 23.6% 的技术劳动力。拥有近 100 所高等学校、70 所职业高中、60 所技工学校、40 所职业学校以及数百个专业研究机构，包括许多领先的研究所以及 20 多家医院。

该地区是越南工业和城市发展最早的地区。非农产业和许多手工艺品产业对其他地区有显著的外溢效应。

红河平原地区是越南第二大吸引 FDI 地区（仅次于南部东区）。据计划投资部统计，2021 年，红河平原地区吸引了 11 460 个项目，占全国项目总数的 33.6%，注册资本总额 1 210.5 亿美元，占全国总资本的 30.2%。该地区是本田、丰田、LG、三星、佳能等世界各大企业全球品牌的汇聚地。

在产业发展方面，红河平原地区重点发展具有提升竞争优势、比较优势、本土化价值高、深度参与全球价值链的电子、信息技术、电信、机械工程等产业，修理和建造船舶及海事工具产业，优质钢材和新型建筑材料产业，化学制药、食品加工业以及纺织、皮革鞋业。

该地区的四种主要农村发展模式是：①乡村手工艺村模式；②在农业生产优势地区建立与农场相关的传统乡村模式；③在人口密度高、缺乏副业和农业生产困难的地区，建设与传统村庄相关的小城镇模式；④郊区乡村与旅游娱乐区相结合的模式，营造富有地方文化特色的乡村空间，营造干净优美的休憩和居住生态环境。

三、中北部和中部沿海地区

（一）地理基础与资源特征

中北部和中部沿海地区的北部与红河平原地区接壤，南部与平福省、同奈省和巴地-头顿省接壤，东临南海，西部与老挝和柬埔寨接壤。这里有越南东西方向最窄的区域（约 50 千米），位于广平省。该地区包括中北部 6 个省：清化省、义安省、河静省、广平省、广治省和承天-顺化省，以及中部沿海地区 8 个省市：岘港市、广南省、广义省、平定省、富安省、庆和省、宁顺省和平顺省。自然面积占全国的 28.9%。

中北部地区包括西部山区，与老挝接壤的地方有中低海拔的山峰。清化省西部山区海拔 1 000—1 500 米。义安-河静山区是长山山脉的源头，地势十分崎岖，大部分高山都分布在此。平原总面积约 6 200 平方千米，其中马江、朱江冲积而成的清化平原占近一半面积，是中部地区最广阔的平原。

中部沿海地区毗邻大海。这里的地形由沿海平原和低山组成，东西向宽度比中北部海岸和中部高地更窄。这里的平原面积较小，因为西部山脉向南延伸，逐渐靠近大海，平原面积逐渐缩小。平原主要由河流和海洋冲积而成，通常沿着山麓形成。

在中北部地区的冬季，由于东北方向的季风带来海面的水汽，全区受寒冷天气影响有降雨发生。到了夏季，海上不再有水汽，但吹来的西南季风较多，天气炎热干燥，白天气温超过 40℃，空气湿度非常低。中部沿海地区包括海云关以南的中南部沿海平原地区上，东北季风吹到这里时通常会减弱。因此，在夏季，当西南季风从泰国湾吹来，就会导致整个地区的天气炎热干燥。

该地区拥有 8 个深海港、1 个高新技术产业园区，并与 9 条国道和铁路相连；此外，还拥有 11 个沿海经济区（全国共 17 个）和 9 个机场，其中 5 个为国际机场。

2011 年，在岘港市的领衔下该地区通过了七省之间的区域协议。各省同意在劳工规划、分工、交通互联互通、能力建设、促进贸易和投资等九个领域开展工作，并提高商业环境和区域竞争力、环境保护和气候变化适应能力。为实施该协议，该地区成立了地区协调机构、区域发展顾问委员会以及中央地区研究发展基金。

（二）产业经济发展格局

该地区在政治、经济、社会、国防和安全方面具有重要的战略意义，是与西原地区以及老挝、柬埔寨、泰国东北部、缅甸等地的货物中转站和连接国际社会的东西经济走廊出口，可通过海上航线与世界各国交换货物。

该地区工业占 GDP 的比重由 2010 年的 35.7%提高到 2015 年的 38.6%、2020 年的 41.9%，服务业比重从 2010 年的 37.2%提高到 2015 年的 38.1%、2020 年的 39.9%；相应地，2020 年，农业比重下降，农业劳动力占社会劳动力的比重下降到32%。

该地区正在大力发展海洋经济，具体包括炼油、汽车制造和装配、港口服务和航运、机械、钢铁、渔业、运输、造船和修理船舶。

中北部地区的优势产业为矿业、林业，社会经济发展相对落后，人均收入水平、贫困户占比、城镇化率等主要社会经济指标均低于全国平均水平，基础设施建设相对滞后，特别是西部山区。

中部沿海地区社会经济发展处于中游水平，主要社会经济指标与全国平均水平基本持平。该地区拥有发展海洋经济的条件和潜力，各省都有大型鱼塘，水产养殖业发展迅猛，水产加工业发达并已形成多样化发展态势。此外，该地区拥有多个大型海滩以及岘港、芽庄等港口城市和滨海旅游城市，是发展海洋交通运输业和滨海旅游业的理想场所。

该地区农村发展的两种主要模式是：①沿海岸散落的农村模式。定居者根据农场、水产养殖场和农业生产的基础而分散。②与旅游村相关的高级旅游区模式。在这些地区，把农村与手工艺品生产、旅游农林海产品、大众旅游、文化旅游、高档旅游区、学生和游客的服务联系起来，发展度假村。

四、西原地区

（一）地理基础与资源特征

西原地区面积约54 473.7平方千米，占全国面积的16.8%。位于越南中部西部和西南部（长山山脉以西）。中部高地地形多样复杂，以高原为主，多海拔250—2 500米的高山。

西原地区有海拔500—600米的红色玄武岩土，非常适合种植咖啡、可可、胡椒、桑葚等经济作物，也可以种植腰果和橡胶树。咖啡是该地区第一重要的经济作物，这里还是继南部东区之后的越南第二大橡胶种植区。该地区有大量林区，生物多样，矿产资源丰富且几乎未开发，旅游潜力巨大。然而，这里的森林砍伐、自然资源的破坏和林产品的滥采，可能导致森林贫瘠和生态环境污染。

该地区在热带气候的影响下，年均气温20℃左右，终年昼夜温差5.5℃以上。旱季炎热干燥，缺水严重；雨季炎热潮湿，降水量占全年的85%—90%。地表水总流量丰富，地下水源比较多，但位置较深，井深100多米。

西原地区是越南生物多样性非常高的地区之一。这里森林资源丰富，类型多样，森林面积约300万公顷，占全国森林面积的35.7%，出产人参、葫芦巴等名贵药用植物。

（二）产业经济发展格局

西原地区是越南唯一不拥有海岸线的地区，人口约510万。该地区主要社会经济指标与全国平均水平基本持平。基础设施相对落后，工业及非农产业起步较晚，缺乏高水平劳动力。这里地广人稀，是少数民族聚集地。该地森林资源丰富，可开采木材数量和森林覆盖率均位居越南第一。林业开采与加工潜力巨大，被誉为越南的"绿色金库"。该地区林同省是越南茶叶种植面积最大省份。

西原地区各省的工业生产和服务业并没有真正与其潜力相匹配，区域和国际市场联系仍然受到多种原因的限制，尤其是基础设施薄弱、不同步和缺乏连接。

西原地区是越南咖啡的重要种植地，种植面积约63.9万公顷（占全国的92%），生产力28.5吨/公顷，产量约166.9万吨（占全国的95%）。

该地区农村发展的两种主要模式是：①农村人口依农场分布，中小城市为生产生活提供服务，形成现代农业、加工业、旅游相结合的乡村模式；②具有独特传统、文化和习俗的少数民族社区与生态农业生产、林业和旅游服务相关的传统乡村模式。

五、南部东区

（一）地理基础与资源特征

南部东区包括胡志明市以及巴地-头顿、平阳、平福、同奈和西宁5个省份。该地区地处广阔的平原，从中南部丘陵过渡到湄公河平原，属亚热带气候，全年气温高且几乎不变，年降水量1 500—2 000毫米，旱季降水量较少。气候